K-조선의 여명과
스코틀랜드 그리녹의
함성

K-조선의 여명과
스코틀랜드 그리녹의
함성

발행일 2025년 4월 25일
지은이 황성혁 김헌 박정봉 김종기 조태연
펴낸이 모두출판협동조합(이사장 이재욱)
펴낸곳 모두북스
표지 이영훈 오신환
디자인 김성환 디자인플러스

ⓒ 황성혁 김헌 박정봉 김종기 조태연, 2025

등록일 2017년 3월 28일
등록번호 제 2013-3호
주소 서울 도봉구 덕릉로 54가길 25 (창동 557-85, 우 01473)
전화 02)2237-3301, 02)2237-3316
팩스 02)2237-3389
이메일 seekook@naver.com

ISBN 979-11-89203-59-7(03810)

*책값은 뒤표지에 씌어 있습니다.

K-조선의 여명과
스코틀랜드 그리녹의
함성

황 성 혁
김 　 헌
박 정 봉
김 종 기
조 태 연

MODOOBOOKS

| 발간사 |

그리녹(Greenock) 시대

황성혁

1972년 1월 4일 현대건설 조선사업부에 경력사원으로 처음 출근했다. 그날 많은 평생 동지가 함께했다. 대학 졸업 후 기계공장에서 근무하다가 전공을 살릴 수 있는 조선소로 직장을 옮겼고, 그것도 조선소 건설의 첫삽 뜨는 작업부터 참여한다니 가슴 설레는 일이었다.

그러나 걱정이 앞섰다. 세계적 대형조선소 건설의 꿈과 한국이 지닌 능력 사이에는 너무 큰 거리가 있었기 때문이다.

더구나 처음 지을 배가 초대형 유조선이었다. 산더미 같은 VLCC의 크기를 가늠할 수가 없었다.

1972년 3월 23일, 김종필 총리를 모시고 울산 전하만에서 기공식을 가졌다. 황무지를 개간하여 옥토를 만들고 거기다 세계 제일의 조선소를 짓겠다는 대장정의 첫걸음이었다.

'마누라 없이는 살아도 장화 없이는 못 산다.'라는 진흙 뻘밭과 벌이는 전쟁의 시작이었다. 기공식을 위해 내가 만든 괴상망측한 오감도(烏瞰圖)는 그 뒤로 한동안 조선소 입구에 서 있었다.

모든 일은 '번갯불에 콩 구워 먹듯' 진행되었다. 1972년 3월 28일 스콧 리스고(Scot Lithgow) 조선소로 서른 명 정도의 일차 연수생이 출발했다. 6개월 동안의 연수 과정이었다. 스코틀랜드(Scotland)의 젖줄인 클라이더(Clyde)강의 상류에 자리 잡은 경제 산업의 중심지 글래스고(Glasgow), 강의 하류 쪽으로 조선소가 있는 포트 글래스고(Port Glasgow)가 붙어 있었다.

그에 연결된 작은 마을이 우리가 머물렀던 그리녹(Greenock)이다. 손이 큰 정주영 회장께서 엘든 하우스(Eldon House)라는 아담한 이층집을 통째로 빌리고 식사를 담당할 아주머니까지 딸려 보냈다.

거기서 Port Glasgow에 있는 Scot Lithgow 조선소까지 시내버스로 통근을 했다.

새 조선소가 지으려고 하는 것과 꼭 같은 VLCC를 거기서 짓고 있었다. 설계 도면도 같았고 작업방식도 비슷했으며, 좀 구식이긴 했지만, 같은 장비들을 썼다. 진수대의 길이가 짧아 배를 반토막씩 지었다. 완성된 뒤 밀어내어 강 위에 띄워놓고 두 토막을 하나로 만드는 위험하고 비효율적인 방법을 쓰고 있었다.

그러나 그곳은 황무지에서 온 사람들에게는 기화요초가 만발한 옥토였다. 바짝 마른 해면이 물기를 빨아들이듯 배우고 배웠다. '모르는 것이 힘이다.'라는 구호로 시작했던 연수생들의 마음에 "해볼 만하다"라는 자신감을 심어준 6개월이었다.

1980년대초 내가 런던지점장을 하던 시절 Scot Lithgow 조선소가 나를 초청했다. 1972년에 조선소를 경영하던 경영진은 한 사람도 남아 있지 않았다. 조선소의 독립적 경영을 마감하고 영국 최대의 해운회사였던 Cunard 해운에 합병되어 해운회사가 필요로 하는 선대 관리 업무

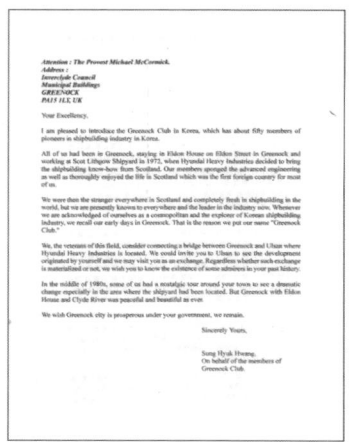

그리녹 시장에게 보낸 초청 편지

를 맡고 있었다. 보유 중인 컨테이너 선의 가운데를 자른 뒤 그 사이에 큰 토막을 넣어 배의 용량을 키우는 사업을 계획하고 있었는데, 그에 대한 기술지원을 요청해 왔다. 그때 유행처럼 세계적으로 시행되던 공사였다. 별 어려운 일은 아니어서 우리가 도와주기로 약속했다.

조선소를 떠나며 나는 새 경영진에게 덕담 한마디를 남겼다.

"당신들은 세상에 없는 훌륭한 선생님이었어. 일어서지도 못하는 우리를 두 발로 걷게 했고, 배 짓는 법을 가르쳤으며, 드디어 당신들을 가르칠 수 있는 능력까지 전해준 거야."

2013년에 Greenock을 방문했다. Eldon House 현관문 앞의 초인종을 누르자 잠옷 입은 젊은 여인이 나타났다. 집은 40여 년 전과 꼭 같았다. 아담하고 깔끔했다. 그러나 사람은 달랐다. 그녀는 40여 년 전에 그 집에 한국 남자 30여 명이 살았었다는 것도 몰랐고, 그 집 주인이 유명한 잔소리꾼, 그러나 마음씨 고왔던 Mrs. Fullerton이었다는 사실도 몰랐다. 심지어 그 동네를 먹여살렸던 영국에서 제일가는 조선소가 근처에 있었다는 말은 들어보지도 못한 모르쇠 시골 아낙이었다.

조선소는 황무지가 되었다. 그 시절 곳곳에 널브러져 있던 철판 한 조각 벽돌 한 덩어리 남아 있지 않았다. 무엇보다 귀를 멍멍하게 하던 철판 두드리는 소리, 눈을 멀게 하던 용접 섬광, 그 위로 내지르던 구수한 Scottish 억양의 고함 소리는 어디에도 없었다. 조선소에는 잡초가 무

Scott Lithgow 조선소 기술연수 26주년이 되던 1998년가을,연수원들중 17명이 현대중공업 앞 Diamond Hotel에서 김형벽 회장이 초청한 오찬에 참석하여, 훈련생 시절의 애환과 초창기 각자의 실무 경험담을 공유하면서 보람과 자긍심을 가졌다.

성하게 자랐고, 몇 년 동안 서 있었다는 '개발 예정 지역'이라는 입간판 곁으로 Clyde강의 스산한 바람만 스쳐 지나가고 있었다.

   그 사이 Greenock 시장을 'Greenock Club'의 이름으로 한국에 초청한 적이 있었다. Greenock에서 얻어온 몇 알의 밀알이 한국의 토양에서 자라 백배로 천배로, 아니 백만 배로 불어난 풍요로운 수확을 보여주고 싶었다. 우리의 진솔한 고마움을 표시하고 싶었다. 그러나 수줍어하는 시골 시장에게서는 회신이 없었다.

   황무지였던 울산 전하만과 미포만은 세계 조선의 성지(聖地)가 되었다. 기화요초가 만발한 낙원(樂園)이다. Greenock Club, 그때 거기서 밀알을 옮겨와 낙원을 이룩한 우리 조선업의 선구자들 모임이다. 이제 회원 모두가 여든을 넘겼다. 흐뭇한 눈길로 우리의 피땀이 감추어진 동산을 내려다보며 한유(閑遊)한다.

   아아 우리는 신선(神仙)이다.

| 時論 |

K-조선(造船)의 여명(黎明), 부침(浮沈), 광명(光明)

조태연

이순신 장군이 만든 전함(戰艦) 거북선이 환생한 듯한 이름인 K-조선은, 지난 50여 년간 부침을 거치며 발전과 도약을 거듭하더니, 지금 또다시 서광이 비치면서 K-방산(防産, 해군 함정)과 함께 재도약의 단계에 접어들었다.

스페인 해군이 13세기경에 창설된 이래, '위대하고 가장 축복받은 함대'라는 명성을 얻으면서, 15세기 말부터 신대륙을 발견함으로써 식민지 개척에 앞장섰던 '무적함대'는, 1588년 영국-에스파냐 해전에서 영국에 패했다. 실제로는 프랜시스 드레이크라는 해적에게 패배당한 것이다.
그 이후에도 스페인의 제해권은 오래 유지되었으나, 무적함대의 존재감에는 균열이 가기 시작했다. 원래 스페인 해군은 전함설계와 건조에서 영국보다 우위에 있었으나 불안한 정치 상황과 해군 정책의 실패로 영국 해군에게 우위를 내주었고, 결국 1805년 스페인-프랑스 연합함대가 명장 넬슨 제독이 지휘한 영국 해군과 트라팔가 해전에서 싸웠으나 패전하였다. 넬슨 제독은 이순신 장군과 마찬가지로 전쟁 중에 전사했다.

스페인의 무적함대가 트라팔가 해전에서 영국에 패배한 이후에 바로 몰락의 길을 걸었던 것이 아니라 오히려 더 강해졌다. 이 전쟁에서 패배한 이후 15년간 많은 신대륙 식민지에서 더 많은 보물을 얻었고, 해군도 재편되었다.

그러나 스페인은 그 많은 금은보화를 국가 경제에 도움이 되는 생산 활동에 이용하지 않고 소비에만 열중하여 지속성과 발전을 기대하기 어려웠다. 이와 대조적으로 영국은 식민지에서 획득한 자산이 생산활동으로 전환되었고, 이로써 무적함대 최강의 자리, 즉 제해권은 영국으로 넘어가게 되었다.

우리는 늘 역사에서 배우는 바가 있다.

'해가 지지 않는 나라' 영국이 제해권을 장악한 영광은 영국의 조선(造船) 역사와 맥을 함께 한다고 볼 수 있다. 영국의 본격적인 조선 역사는 대략 1800년대 범선(帆船) 조선 기술에서 시작되었다고 본다. 영국의 제해권은 조선 기술의 발전과 함께 항해술(航海術)이 더해져서 더욱 확장되었다.

1857~1858년 세포이 항쟁 이후, 인도 무굴제국 황제를 폐위시키고, 1858~1876년 기간에 영국의 동인도회사가 인도를 간접 통치하기에 이른다. 이후 1877년에는 영국 빅토리아 여왕이 황제가 되는 영국령 인도제국이 탄생하고 1948년까지 이어졌다.

20세기 초 영국 조선 선진 기술의 백미는 누가 뭐라고 해도 1912년 4월 북대서양에서 빙하에 부딪혀서 침몰했던 당시 세계 최대 최고급 호화 여객선 타이타닉호가 아닐까? 타이타닉호는 1차산업혁명의 산물로 증기기관 구동, 배 전장 269m, 폭 28m, 배수 톤수 52,000톤, 탑승 인원 2,200명, 시속 23노트였다. 당시 외판 이음 공법은 물론 리벳 공법이었지만, 100여 년이 지난 지금의 기준으로 봐도 선박 규모는 상당히 큰 편이다. 당시 이 사건으로 영국이 세계 조선 종주국의 지위에 있음을 증명하는 계기가 되기도 했다.

독일은 1900년대 초에 강대국의 상징이었던 해군력을 급속하게 키웠고, 1916년 5월에는 영국이 갖고 있던 해상지배권에 도전장을 냈다. 유틀랜드 해전은 전함 몇 척이 국지전을 벌이던 그 이전의 양상에서 벗어나 본격적으로 쌍방이 수십 척의 함정들이 맞서 전투를 벌이는, 근대 해전사에서 꼽을 최초의 대해전(大海戰)이었다.

이 유틀랜드 해전에서 근대 100년 동안 세계 제1의 해군력을 뽐내고 있던 영국은 전함의 설계 건조 능력과 화력의 우위에도 불구하고, 해군 역사 30년밖에 안 되는 독일에 일방적으로 승리하기는커녕 오히려 전술적으로는 패배함으로써 영국의 해군이 몰락하는 시발점이 되었다고 역사가들은 평가하고 있다.

해군 함정을 앞세운 세계 조선 강대국의 지위는 1, 2차 세계대전을 겪으면서 미국으로 넘어갔다. 미국은 1900년대 초에 당시 시어도어 루즈벨트 대통령의 야심 찬 백색함대(Great White Fleet) 계획에 따라 대규모 해군을 건설하기 시작했다. 이때부터 성장한 미국의 조선 인프라는 2차 세계대전을 거치면서 독일과 일본을 압도했고, 전쟁의 흐름을 연합군 쪽으로 돌리는 데 결정적인 역할을 했다. 2차 대전 후에도 미국은 다른 국가가 따라올 수 없는 초대형 항공모함을 비롯하여 첨단의 잠수함들을 연이어 건조했다.

필자가 1978년 8월, 뉴욕지사에 선박 영업차 부임했을 때, 당시 미주 지역 본부장이던 김모 전무가 건넨 첫 마디의 조언이 1920년에 법제화

된 'Jones Act'에 대한 내용이었다. 미국에서 연안 운항용 상선과 해군, 해경 선박은 자국 내의 조선소에서만 건조하도록 의무화한 법령이다. 그러니까 미국 내 선주 중에서 해외에 운항하는 선박을 소유하거나, 운영하는 선주들을 상대로만 영업을 시작해야 한다는 뜻이었다.

그러나 역설적으로 이렇게 보호받아 온 미국 국내 조선소들의 상선 건조에 관한 경쟁력은 1970년대 이후 현저히 떨어졌다. 필자가 1979년과 1980년에 휴스턴, 뉴올리언스, 포틀랜드 지역의 Todd Shipyard, Avondale Shipyard, Tacoma Shipyard 등을 방문했을 때는 이미 일반 상선은 경쟁력을 잃어서 해양 시추선, Jack-Up Rig, Pipe Laying Barge선, Supply Vessel 같은 특수선류 건조에 집중하고 있었다.

일본제국이 러시아 태평양 함대의 극동 뤼순군항을 기습 공격하여 큰 타격을 입히자, 러시아는 발트함대의 파견을 결정한다. 그러나 희망봉을 돌아 머나먼 원정길에 오른 발트함대는 1905년 5월 쓰시마[對馬島] 해전에서 일본에 대패하며 결국 러일 전쟁에서 일본에 승리를 헌납한다. 이로써 포츠담조약이 체결되고, 1910년에 한일 강제 합방이 되는 원인으로 작용한다.

1950년대까지는 영국, 독일, 이탈리아, 덴마크 등 유럽과 미국이 세계 조선산업을 양분했다고 하지만, 일본도 태평양 전쟁을 도발하기 이전부터 이미 해양 강국의 반열에 올라 있었다.

1941년 12월 일본제국이 진주만 기습 공격을 도발하며 촉발된 태평양 전쟁에서, 미국이 히로시마와 나가사키에 원폭을 투하함으로써 1945년 8월 15일 항복할 때까지 연합군(미국, 중국, 영국, 소련)에 파괴된 일본의 함정 규모는 전함 11척, 순양함 39척, 항공모함 25척, 구축함 135척, 잠수함 131척이다. 파괴된 전함 숫자만 보더라도 그 당시 일본

해군력의 규모가 얼마나 거대했는지 짐작할 수 있다.

일본은 2차 세계대전이 끝난 1950년대 후반 이후에도 상선 부문에서 세계 조선 강대국의 지위를 차지하게 되었다. 강선(鋼船) 제작에 리벳 공법을 벗어나 용접공법이 개발되고, 블록 공법으로 공기를 획기적으로 단축함으로써 경쟁력을 높여 일본은 조선 선진국으로 도약하였고, 기술혁신을 이룩하여 2000년까지 반세기 동안 세계 1위의 조선 최강국 지위를 지켰다.

필자는 1972년 10월 스코틀랜드 스콧 리스고 조선소에서 4개월 기술 연수를 받은 후 귀국하기 전, 1973년 2월과 3월 일본 시코쿠에 있는 가와사키 중공업의 사카이데 조선소에서 기술 연수를 받을 기회가 있었다. 이 시기는 일본 조선산업이 개화기에 접어들었을 때여서, 스콧 리스고 조선소는 일본과 비교할 때 이미 사양화의 길을 걷고 있음을 실감할 수 있었다.

사카이데 조선소는 일감이 많아서 쉴 새 없이 도크와 조립장이 돌아가면서도 질서정연하게 깨끗했고, 스콧 리스고 조선소는 일감이 없어 한산하면서도 다소 지저분한 분위기였다.

일본은 2000년대 초 이후 건조량 점유율이 떨어지면서, 시장 주도권을 한국과 중국에 내주게 된다. 현대중공업은 실제로 이미 1985년에 단일조선소로서 건조량 세계 1위를 달성했고, 1993년에는 한국의 조선소 전체 수주량이 세계 1위를 차지했다.

그러한 일본 조선사의 추락은 1980년 말에 일본 정부와 조선 산업계가 추진한 구조조정의 결과이다. 경쟁력 제고라는 목표 아래 조선사 간 합병이 이루어졌고, 대형 도크를 폐쇄하는 일까지 있었다.

또한 벌크선(撒物船)을 중심으로 원가 절감을 위해 표준화 작업이 이루어짐으로써 이후 새로운 선형의 수요에 대한 경쟁력을 상실했다. 일본 조선사(造船社)는 2000년대 이후 급격히 증가한 고객의 다양한 선형과 사양(仕樣) 요구에 신속하게 부응하지 못하여 기술력에서도 한국의 조선소에 뒤지게 되었다고 본다.

일본은 대학 조선공학과 인원을 축소함에 따라, 설계 엔지니어 등 기술 인력이 부족해졌고, 필자가 2000년대 초에 한국선박기술(주) 고문으로 재직할 때는 일본 조선사의 설계 일감을 주문받기도 하는 등 일본의 조선 인프라 자체가 많이 취약해진 상태였다.

한국은 1980년대 말과 1990년대에 일본의 조선산업 구조조정과는 다르게, 극심한 노사분규를 극복하면서도 생산시설을 확충했다. 메가 블록 공법, 육상 건조 공법 등 생산기술 혁신을 감행했고, 고급 인력 확대와 함께 LNG, LPG선, 해양 플랜트 등 고부가가치 프로젝트 개발에 적극 투자를 아끼지 않음으로써 2000년대 초에는 명실상부한 세계 조선 1위의 자리를 확보하게 되었다.

잘나가던 국내 조선산업은 2008년 글로벌 금융위기가 닥치면서 바로 해운산업의 위축으로 이어져 신조(新造) 물량 감소로 연결되었다. 한국조선해양플랜트협회에 따르면, 조선산업 종사자 수는 2015년 약 15만 명이었는데, 코로나19 사태 이후 2022년에는 약 9만 2,000명으로 현저하게 감축되었다. 생산 인력뿐만 아니라 설계, 연구 인력까지도 감소했다.

불황에 시달리던 국내 조선산업은 최근에 LNG선, 친환경 선박, 자율주행 선박, 스마트 선박 등 새로운 첨단 기술을 요구하는 기술 집약형 선박 수요가 증가하고 있어서 부활(復活)의 조짐을 알리고 있다.

그런데 당면한 문제가 있다.

불황기에 생산 현장을 떠났던 양질의 생산 인력이 돌아오질 않아 많은 부분 외국인 근로자로 그 공백을 채우고 있다. 국내 조선업계에서는

1990년대 일본 조선산업의 전철을 밟지 않기 위해 부단히 대책을 강구하고 있다.

중국에서는 19세기 중반인 1850년경에 강남(江南)조선소의 설립으로 조선공업이 태동하였고, 개혁개방 이전에는 유럽 국가와 마찬가지로 국방의 한 방편으로 발전시켜 왔다. 1980년대 이후 일반 상선 건조를 활성화하여 내수 위주로 운영되었으나, 1990년대에 본격적으로 수출선에 진출하여 조선 현대화 정책을 내세우고 중추적 기반 산업으로 성장시켰다.

2000년대 초에는 전국에 380여 개의 조선사가 가동 중이었다. 2000년대 중반에는 중국 조선사들의 선박 건조량이 세계 건조량의 18%를 차지하면서 한국, 일본과의 거리를 좁혀나갔다. 아직도 벌크선, 탱커, 소형 컨테이너선 등이 주력(主力) 선종(船種)이지만, 대형 디젤엔진 제작 기술이 거의 한국 수준에 도달했고, 최근에는 5,000TEU 이상 대형컨테이너선을 수주하는 등 고부가가치 선형에서도 급속히 성장하고 있다.

중국 조선사들은 건조량을 확대하면서 세계 조선산업 지배력 확대에 나섰다. 2024년 하반기에는 전년 대비 약 50% 증가한 8,700만 DWT의 신규 계약을 체결하면서 세계 시장 점유율 75%를 차지하여 도약 단계에 올라섰다. 이렇게 중국이 급격하게 성장한 배경은 컨테이너선, 자동차운반선, 가스선, 친환경 선박 발주가 증가함에도 중국 외에는 세계적으로 건조 용량이 부족하기 때문이다.

중국 조선산업 경쟁력의 배경은 무엇일까?

우선 낮은 철강 비용이 수익성을 높여주고, 중앙정부와 지방정부가 합심하여 중소 조선사 지역의 실업률 해소를 위해 지원하고 있으며, 대형조선사는 다양한 선종으로 포트폴리오를 확대하여 한국과 일본이 지배하던 VLCC, VLGC, 자동차운반선 분야에서도 경쟁력 제고에 매진 중이기 때문이다.

중국에서는 특히 2024년에 중앙정부 차원에서 획기적인 정책을 내놓았다. 조선산업 구조조정의 일환으로 1위 CSSC(중국선박집단유한공사), 2위 CSIC(중국선박중공업집단) 국영 조선사를 합병한 것이다. 이로써 단일 조선사로 세계 제1위의 조선사가 등장하면서, 세계 조선 수주량의 3분의 1을 소화할 수 있는 대형조선사가 생긴 것이다.

한국 조선사 입장에서는 수주 경쟁력 면에서 다소 영향이 있을 수 있으나, 이들 조선사는 설계·생산 기술 면에서 이미 표준화 공유를 해왔고, 한국 조선사들은 여기에 대응해 왔기에 현재로서는 큰 영향이 없는 것으로 평가하고 있지만, 예의주시해야 할 중대한 환경변화이다.

2024년 중국공업정보화부에 따르면, 중국 조선산업은 건조량, 수주량, 수주잔량 등 3대 지표에서 모두 15년 연속 세계 1위를 차지했다. CSSC 그룹 산하 3대 조선사는 2024년 5일에 한 척씩 선박을 인도(引渡)하는 기록을 세웠다. 이 조선사들은 질적으로도 큰 변화를 보여서, 11만 톤 석유제품운반선, LNG 이중연료 자동차운반선, 6만 톤 다목적선 등 고부가가치 선박은 물론이고, 친환경 선박 대세에 편승하기 위해 총력을 기울이고 있다

한국, 일본 조선산업의 상대적인 점유율 하락은 중국 조선산업의 불공정거래에 따른 결과물이기도 하다. 한국과 일본은 WTO 체제하에서 공정거래를 하고 있어 정부의 직접지원은 없다. 수출입은행이나 산업은행의 연불수출금융 등 간접 지원은 중국의 실크로드와 같은 시장개입과 국영 조선사에 대한 금융지원과는 다르다.

특히 한국의 중소 조선사는 여전히 은행 선수금 환급보증(RG)을 받는 데 어려움을 겪고 있고, 이것이 한국에서 중소 조선사들이 거의 문을 닫

은 요인이다. 필자가 2000년대 초에 한 중형조선사 대표이사를 역임했을 때도 수주보다는 은행 RG 문제가 더 큰 애로 사항이었다.

한국과 일본 조선산업의 또 하나 당면한 큰 문제는 양질의 노동력 공급이다. 2016년 이후 조업 물량 감소에 따라 조선업 종사자가 대거 생산 현장을 떠났다. 이들은 2021년 이후에 대량의 건조 물량이 확보되었음에도 돌아오지 않아, 건조 물량을 소화하는 데는 어려움을 겪어야 했다. 외국인들로 대체하고 있으나 생산 현장의 인력 부족 현상은 지금도 현재진행형이다.

중국이 한국, 일본 다음의 조선 강국으로 부상할 수 있는 요소 중 또 하나는 중국을 추종할 수 있는 후속 조선 국가가 나타나지 않기 때문이기도 하다. 아시아권에서는 베트남, 인도 등이 후보군에 있으나 철강, 기자재 연관 산업, 설계, 기술력, 노동력, 기후 여건 등 낙후된 조선 인프라 요소들이 경쟁력을 저해하고 있다. 과거 한국의 대기업이 브라질, 루마니아, 필리핀에서 조선소를 운영해 봤으나 모두 실패하였다.

조선업과 해운산업이 갈수록 친환경화, 디지털화하면서 선박 운항이 더욱 복잡해지고 고도의 기술력이 필요해짐에 따라 조선산업이 단순한 굴뚝산업이 아니라는 것을 누가 부인하겠는가.

조선산업의 한·중·일 삼각 구도는 앞으로도 오래 지속되지 않을까.

영국의 클락슨 리서치의 발표에 따르면, 2024년 한국의 세계 조선 수주 점유율은 2016년 이후 8년 만에 최저 수준으로 하락하였다. 중국 조선사들의 저가 공세에 한국의 조선사는 고부가가치 선박에 치중하지만, 전체 수주량은 내려갈 수밖에 없다.

2024년 1월~11월간, 세계 총 6,000만 CGT(2,160척) 신규 발주량 중에, 한국 1,100만 CGT(248척), 중국 4,180 CGT(1,518척)으로, 중

국에는 소형선 비중이 많은 것을 고려하더라도, 한국 18%, 중국 69%로 커다란 간격을 보인다. 다만, 수주잔고(受注殘高) 면에서는 2024년 말 현재 3년 치가 넘는 물량을 확보하고 있으므로, 한국 조선사의 점유율 하락은 중국 조선사들의 시설 확충에 따른 물량 공세에 그 원인이 있다고 해석할 수도 있다.

2024년 말 현재, 한국 조선사들의 수주 잔고는 HD한국조선해양 205억 6천만 달러, 한화오션 81억 5천만 달러, 삼성중공업 68억 달러이다. 탑3 조선사 외의 조선사들은 극히 부진한 상황이다. 한편 한국 해운사들도 지난 2020~2023년 사이에 꾸준히 중국 조선사에 벌크선 31척, 컨테이너선 14척 등을 발주하기도 했다. 만일 이러한 추세가 지속되고 중국 조선사들이 고부가가치 선박 건조에도 진출한다면, 한국 조선사들은 과거 유럽과 일본의 조선사처럼 점진적으로 경쟁력 약화의 길을 밟을 수도 있으므로 경계해야 한다.

중국의 세계 조선 시장 장악을 단순히 시설 확충과 저가 공세에만 원인을 돌릴 수가 없다. 위에서 언급한 국영 조선사 2대 그룹 합병뿐만이 아니다. 중국의 조선산업은 정부의 '해양 굴기'를 실현하기 위한 핵심 수단이기도 했다.

다시 말해서 중국의 해군 전력 현대화 사업 노력은 1990년대 초중반부터 30여 년간 이어지면서 현재의 함정 보유 규모는 세계 최대인 370척이라고 하며, 2030년까지 425척이 목표라고 한다. 미국의 해군력 보강 대책이 발등의 불로 떨어진 이유이다. 이런 배경으로 인해 미국이 중국의 조선산업을 견제하면서 동맹국 지원에 나섰다고 볼 수도 있다.

중국의 일반 상선 보유량도 일본(8,778척), 그리스(5,932척)를 능가하는 13,588척이다. 한국의 보유량은 3,062척이다. 중국은 상선 보유량에서도 압도적인 해양 강국으로 손색이 없다.

세계 상위 5대 조선사의 2024년 3월 현재 수주잔량은 CSSC 658척, HD현대 421척, 삼성중공업 140척, 중국 양지장 182척, 한화오션 104척이다. 이들 5대 조선사가 세계 수주잔량의 50%를 차지하고 있다.

한국의 조선사들은 가스 운반선, 대형컨테이너선, 친환경 선박 등에 편중되어 있고, 중국 조선사들은 벌크선, 중소형 컨테이너선, 유조선이고, 가스 운반선도 일부 시장을 잠식함으로써 선종에서 다양한 포트리오를 구성하고 있다. 가스 운반선과 컨테이너선에서만 한국 조선사가 비교우위를 보이고 있지만, 그 격차가 축소되고 있다.

중국의 조선사들은 일본과 한국 조선사들이 경험했고 향후 닥칠지 모르는 노동 인력 부족에 미리 대응하기 위해서 생산 현장의 지능화, 디지털화를 한국보다 더 빠르게 진행할지도 모른다.

2024년 기점으로 세계 수주시장 점유율은 중국 70%, 한국 17%, 일본 5% 정도로 중국의 시장 확대가 현실화하고 있다. 그러나 실제 건조 능력 점유율은 중국 50%, 한국 30%, 일본 10% 정도로 본다.

2024년 3월 미국 철강노조를 포함한 5개 노조가 중국 해운, 물류 및 조선업의 불공정거래에 대한 조사를 요구했다. 중국이 반(反)시장정책을 기반으로 세계 물류 네트워크를 장악하고 있다고 판단하기 때문이다. 또한 중국의 조선업이 미국의 해군력을 위협하고 있다고 2024년 2월에 월스트리트지가 보도했다. 독일조선해양협회에서도 독일 해운업이 중국의 조선업에 지나치게 의존하고 있다고 우려한 바 있다.

중국은 양안(兩岸), 대만해협에서의 지속적인 해상 공개훈련을 통해 무력시위를 하고 있다. 남중국해에서의 중국 위협에 맞서, 필리핀해역에서 미국, 일본, 프랑스 항공모함이 무력시위를 하는 것은 중국의 해군력에 밀리면서 미국이 연합전선을 펴는 것이라는 분석이다.

미국이 중국의 조선산업을 견제하기 위해 동맹국을 지원하고자 적극 나서는 분위기이다. 미국은 냉전 시대 막바지였던 1988년에 해군 함정 565척을 보유했다가 2015년 말에 271척으로 반토막이 났다. 미국 트럼프 대통령은 2016년 당시 후보였을 때 해군 함정 350척 보유를 공약했다. 그러나 그동안 공약대로 실현된 것은 없었다.

2020년 말 미국 해군 함정 보유 척수는 291척이고, 현재도 대략 290척 정도 운영 중이라고 알려져 있다. 향후 30년 계획에 따르면 약 1조 750억 달러를 투입하여 대략 390척까지 증대시킨다는 계획이다(항공모함 6척, 탄도미사일 잠수함 10척, 버지니아급 공격형 잠수함 59척 포함). 그동안 퇴역할 척수를 감안하면 실제로 신조(新造)해야 하는 척수는 30년간 약 200척, 즉 연간 6척 이상은 완공해야 할 것이다.

중국의 해군은 현재 370척의 함정을 운영 중이고, 2030년까지 425척 보유를 계획하고 있다고 한다. 미국은 2차 대전 이후 해군조선소 11개 중 7개를 폐쇄했고, Norfolk, Portsmouth, Puget Sound, Pearl Harbour 4곳만 남았다. 현재 중국과 미국의 조선 건조 역량은 200대 1 정도로 차이가 심각하다고 한다.

한국은 1963년 충무급으로 미국 플레쳐급 구축함을 들여온 이후 본격적으로 해군 함정 역사가 시작되었다고 볼 수 있다. 국내 최초 구축함 건조 KDX 사업은 1978년 율곡571 사업으로부터 출발했다.

- 1단계: 3,900톤급(배수량) 구축함(광개토대왕함, 을지문덕함, 양만춘함)
- 2단계: 4,400톤급 구축함(충무공이순신함, 문무대왕함, 대조영함, 왕건함, 강감찬함, 최영함)
- 3단계: 7,600톤급 이지스함(세종대왕함, 율곡이이함, 서애류성룡함)

8,200톤급 이지스함 정조대왕함이 2024년 말 해군에 인도되었다. 한국해군은 KDDX 한국형 차기 구축함 사업을 추진하고 있다.

　미국 상원에서는 지난 2월에 '해군 및 해안경비대 준비 태세 보장법'을 발의했다. 기존의 존스법을 수정 또는 폐기하여, 상호방위조약이 체결된 동맹국에는 해군 함정과 해안경비대 경비함 건조를 허용하는 법안이다. 다만 조건은 미국보다 건조 비용이 저렴해야 한다.

　이런 수요를 만족시킬 경쟁력을 갖춘 국가는 사실상 한국과 일본뿐이라는 관측이다. 원자력잠수함을 제외한 구축함 사업, 군수지원함, 해안 경비함, 보조함/비주력함 위주(爲主)로 허용할 것이라는 예상이다.

　실제로 HD현대중공업은 최근 미 해군 당국에 이지스 구축함 5척의 건조를 제안한 것으로 알려지고 있다. HD현대중공업은 한국해군 이지스함 대부분을 설계, 건조, 인도한 실적을 보유하고 있고, 미국 알레이버크급과 동등한 성능의 이지스함을 건조할 능력을 가진 것으로 전해진다. 다만, 이지스함을 해외 동맹국에서 건조하기 위해서는 앞서 언급했듯이 미국내에서의 법적 제도적 장벽을 해결해야하는 선결 과제가 남아있다. 양국간의 이지스 통합전투체계를 바탕으로 전략적 협력을 모색할 수 있다는 관측이다.

　기존 경비함과 군함들의 MRO(유지·보수·수리·정비) 수요도 자연히 따라올 것이다. 한화오션은 이미 미국 동부 필라델피아에 있는 필리조선소를 인수하여 가동에 들어갔고, HD현대중공업도 미국조선소 인수를 검토 중이라 한다. HD현대중공업은 1987년 뉴질랜드에 8,400톤급 군수지원함을 건조, 인도함으로써 한국에서 최초로 해외 방산 수출의 물꼬를 텄다. 필자는 뉴질랜드 웰링턴 해군본부에서 이 군수지원함 계약 협상을 담당했고, 계약식에도 참석했다. 이 지원함이 퇴역하면서 같은 나라 해군 후속 23,000톤급 군수지원함을 다시 HD현대에서 건조하여 2020년에 인도함으로써 매우 뜻깊은 함정 건조 역사를 썼다.

HD현대는 필리핀 해군에 호위함 2척을 인도했고, 2026년에 초계함 2척을 인도할 계획이며, 2028년에는 연안경비함 6척을 인도할 예정이다. 또한 페루해군과는 현지 시마조선소와의 기술제휴를 통해 호위함, 원해경비함, 상륙함 등 4척을 현지 건조할 예정이다.

한편 한화오션은 2024년 하반기에 미국해군 함정 MRO 사업 수주에 나서, '윌리 쉬라(군수지원함)' 및 '유콘(급유함)'의 정기 수리를 수주했다. '윌리 쉬라' 호는 건조된 지 16년 된 함정으로, 2025년 3월 6개월간의 MRO(유지·보수·정비)를 성공적으로 마치고, 미국해군에 인도되었다. 이 군수지원함은 한국의 조선사가 미국해군에 수리하여 납품한 첫 번째 군함이 되었고, 향후 한국의 조선사들이 미국해군 함정 MRO 사업에 참여할 전망은 밝다. 앞에서도 언급했지만, 함정 숫자상으로는 중국이 이미 미국을 압도하고 있기 때문이다. HD현대중공업도 2025년 상반기부터 미국해군 MRO 사업에 참여할 예정이라고 하며, 연간 미 해군 MRO 사업 규모는 20조 원 정도로 추산된다.

HD현대중공업과 한화오션은 2025년 2월에 양해각서를 체결하고, 앞으로 해외 수주에서 해상함정 프로젝트는 HD현대중공업이, 잠수함 프로젝트는 한화오션이 참여하기로 합의했다. 사우디아라비아의 해군력 증강 사업, 캐나다의 초계 잠수함 사업 등 100조 원 규모로 추정되고 있는 해외 방산(防産) 수출시장이 눈앞에 펼쳐지고 있다.

한국형 차기 구축함(KDDX)도 방산 수출에서 기대를 모은다. KDDX 사업은 선체와 이지스 시스템을 전부 국내 기술로 건조하는 첫 국산 이지스 구축함이며, 총 6척을 건조할 계획이고 사업비는 7조 8,000억 원에 이른다. 이 이지스 구축함은 중동 국가들이 큰 관심을 보이는 선형이다.

여러 여건으로 미뤄볼 때 황금알을 낳는 거위를 만날 기회가 아닐까.

역사는 해군력으로 제해권을 장악한 국가가 강대국이 된다는 사실(史實)을 가르치고 있다.

중국이 일반 상선 건조뿐만 아니라 해군 함정 분야에까지 강력한 '해양굴기(海洋堀起)'를 내세우는 중국몽(夢)에 대응하기 위하여 한국도 조선, 해운, 방산, 금융 등을 아우르는 통합적 해양 정책을 시급히 수립해야 한다. 삼면(三面)이 바다로 둘러싸여 있고, 국가 경제를 수출에 의존하며, 자원이 부족하고 우수한 인적자원과 첨단 기술 산업을 보유한 한국이 훗날 조선(造船)을 중국이나 베트남에 의존해야 하는 시대를 상상할 수 있을까. 본격적인 K-조선의 역사는 이제 50여 년이라고 할 수 있고, 그 역사의 시작인 여명기(黎明期)에 손을 잡고 애환(哀歡)을 함께하며, 힘을 모았던 스코틀랜드 스콧 리스고 조선소 연수생들, 많은 동료 인재 중에 일부 뜻을 같이하는 저자들이 이 책을 엮어내고 꾸몄다.

이 책 원고를 쓰고 편집하는 동안 K-조선에 한줄기 커다란 서광이 비쳤다. 2024년 11월, 그것은 바로 당시 트럼프 대통령 당선인으로부터 "한국이 미국해군 함정 획득 사업에 참여해 달라."는 러브콜이었다.

필자는 인류가 지구상에서 이룬 조선(造船)의 역사는 바다를 장악하기 위한 해군(海軍)의 힘의 역사에서 비롯되었다는 사실을 이 글을 통해 제시하며 결론을 도출해 내고 싶었다. 이제 이 글을 맺으면서, K-조선이 불변의 동맹국인 미국해군의 함정사업에도 적극 참여함으로써 K-방산(防産)과 함께 초창기 조선입국(造船立國)의 정신을 다시 되새기는 계기로 삼고, 어떠한 시련이 닥쳐도 K-조선의 광명을 지켜낼 것임을 믿는다.

지금도 경영, 설계, 생산 현장에서 불철주야(不撤晝夜) 연구·개발하고 땀 흘리는 유능한 후배들이 부단한 기술개발과 경쟁력 향상으로, 영원불멸의 세계 최강 K-조선을 굳게 이어갈 것을 필자는 믿어 의심치 않는다.

그런 믿음은 불변이고 확고하다.

차례

04 　발간사　|　그리녹(Greenock) 시대_황성혁

08 　時論　　|　K-조선(造船)의 여명(黎明), 부침(浮沈), 광명(光明)_조태연

25 　정주영과 K-조선

45 　황성혁　|　스콧 리스고 조선소, 제자가 스승이 되다

63 　김　헌　|　한국 조선산업 연대기의 출발점

95 　박정봉　|　스콧 리스고 조선소 연수와 보이는 관리

139 　김종기　|　조선(造船)과 함께했던 내 청춘의 분투기

183 　조태연　|　현대와 함께 조선입국(造船立國)의 길 위에서

현대조선·현대중공업·HD현대중공업 연혁

- 1970년 12월　　　26만 톤급 그리스 유조선 건조 계약
- 1972년 3월　　　　조선소 기공
- 1973년 12월 28일　현대조선 최초 설립일
- 1974년 6월　　　　조선소 준공, 1·2호선 진수
- 1976년 7월　　　　사우디 주베일 산업항(OSTT)공사 계약
- 1978년 2월　　　　현대중공업으로 사명 변경
- 1985년 3월　　　　현대중공업 건설장비 사업부 설립
- 1986년 11월　　　 10억불 수출탑 수상
- 1994년 6월　　　　국내 최초 LNG선 인도
- 2007년 12월　　　 100억불 수출탑 수상
- 2008년 12월　　　 세계 최초 선박 年 102척 인도
- 2010년 9월　　　　대형엔진 생산 1억 마력 달성
- 2012년 3월　　　　선박 1억GT 달성
- 2023년 3월　　　　HD현대중공업으로 사명 변경

창업자
정주영

정주영과 K-조선(造船)

철강도 준비되니 배를 만들면 어떨까요?
거북선 지폐로 조선 한국의 초석을 놓다
정주영의 학위는 경영학박사가 아니라 유머
마지막 관문, 리바노스의 유조선 2척
"임자, 해보기나 했어?"
마침내 첫 배를 띄우다
우리 해군의 이지스함 진수
유조선 공법과 정주영의 족적

정주영과 K-조선(造船)

한국의 조선산업에 대해 살펴볼 때 도무지 이해하기 어려운 점이 있다. 회사는 말할 것도 없고, 조선소조차 마련하지 않은 상태로 배를 수주했고, 납품할 배를 만들어 가면서 조선소도 짓고, 회사도 설립했다는 사실은 현대중공업의 연혁(沿革)을 살펴보면 알 수 있다.

어떻게 이런 일이 가능했을지 맥락을 짚어보는 일이야말로 한국의 조선산업, K-조선의 선사(先史) 시대와 역사(歷史) 시대의 연결고리를 아우르는 팩트 체크가 될 것이다.

가장 궁금한 점은 언제 누가 조선산업을 발상했을까 하는 부분이다. 기업가였던 정주영이 전혀 준비가 되지 않은 상태로 불쑥 조선산업에 뛰어들 생각은 하지 않았을 테니 말이다.

유력한 주장 중의 하나는 박정희 대통령이 정주영 현대그룹 회장에게 조선소 설립을 강요하다시피 했다는 설(說)이다. 조국 근대화라는 화두에 의기투합(意氣投合)했던 박정희와 정주영의 이심전심(以心傳心)의 결과라고 하기엔 앞뒤가 잘 연결되지 않는다.

조선산업의 연원으로 짐작해 볼 수 있는 계기는 뜻밖에도 1964년 12월 박정희 대통령의 서독 방문에서 찾을 수 있다.

서독을 방문한 박 대통령에게 서독 총리가 대뜸 "왜 쿠데타를 일으켰어요?"라고 물었고, 박 대통령이 "나라가 공산화되지 않도록 지키기 위해서입니다. 우리가 나라를 지킬 수 있도록 돈을 좀 빌려주십시오."라고 동문서답인지, 우문현답인지 진심을 담아 대답하자 독일 총리가 다음과 같이 충고했다는 일화이다.

"나라를 잘 살게 하려면 고속도로를 만드십시오. 그 고속도로 위로 자동차가 달리게 하십시오. 자동차를 만들려면 철이 필요하니 제철소도 세워야 할 겁니다."

여기서 퍼즐 하나가 맞춰지는 듯하다. 박정희 대통령의 서독 방문이 1964년 12월이고, 경부고속도로의 첫 삽은 1968년 2월 1일인데, 2년 5개월 걸려 1970년 7월 7일 완공된다. 포항제철의 설립일이 1968년 4월 1일이고, 현대자동차는 1967년 12월에 설립된다. 독일 총리의 충고에 딱 맞아떨어지는 '근대화 스케줄'인 셈이다. 더구나 경부고속도로는 물론 포항제철의 건설에도 현대건설이 음양으로 관련되어 있으니, 박정희와 정주영의 의기투합이라고 해도 틀린 말은 아닐 성싶다.

철강도 준비되니 배를 만들면 어떨까요?

인터넷에 게재된 〈정주영 회장과 거북선〉이라는 기사(記事)에 재미있는 내용이 나온다. 맨땅에 헤딩하는 조선(造船) 이야기다. '1970년 5월 초 어느 날 밤, 정주영은 청와대 뒤뜰에서 박정희 대통령과 함께 앉아 있었다.' 때와 장소로 봐서 서독 방문과 그 이후의 근대화 일정에 비춰봐도 상당한 연관성이 있어 보인다.

어쨌건 정주영이 "죽어도 조선만은…" 맡기지 말아 달라고 애원하는 자리였던지, 막걸릿잔을 나누면서도 침묵이 길어졌고, 정주영은 평소 담배를 피우지 않았지만 박 대통령이 권하는 담배를 거절할 분위기가 아니었다고 한다. 정주영은 박 대통령이 불을 붙여준 담배를 뻐끔뻐끔 피우고 있었는데, 드디어 박 대통령이 입을 열었다.

"한 나라의 대통령과 경제 총수 부총리가 적극 지원하겠다는데 그거 하나 못하겠다며… 체념하고 포기를 해요? 어떻게 하든 해내야지! 임자는 하면 된다는 불굴의 투사 아니오?"

기사(記事)는 정주영도 실은 조선소를 한번 해보고 싶다고 생각하긴 했지만, 제반 여건상 그때는 아니고 나중 일로 여기고 있었는데, 박 대통령은 당장 조선(造船)에 뛰어들라고 압박했다는 것이다.

그 이유에 대해서도 포항제철이 관련되어 있다. 곧 포항제철이 완공되는 때였고, 포항제철에서 생산되는 철을 대량으로 소비해 줄 산업이 필요했다는 것. 사실 포항제철을 건설하면서 적정 규모에 대해 이런저런 이야기가 있었지만, 장래를 내다보고 손 크게 짓는 바람에 자동차 수요로는 간에 기별도 가지 않을 정도가 되었고, 자동차 수요와는 비교할 수도 없는 조선 쪽으로 눈을 돌렸다는 것이다.

당시 김학렬 경제부총리는 먼저 삼성 이병철에게 조선 사업을 권유했고, 정주영은 삼성 이병철에게 거절당한 뒤 자신에게 화살이 날아왔다는 것도 알고 있었다. 결국 정주영은 그날 박 대통령에게 조선(造船)을 맡아서 하기로 승낙하고 말았다. K-조선은 박정희 대통령의 발상에서 싹이 텄고, 정주영 회장의 승낙과 실행으로 출발했다. 세계를 주름잡는 대한민국의 조선산업이 이렇게 조금은 뜬금없어 보인다는 느낌이 들기는 한다. 출발이 어떠했든 이후의 진행이 역사를 만드는 과정이었고, 이 책의 주제인 〈그리녹의 함성〉도 크게 한몫했다는 사실을 부인할 수 없다.

"각하의 뜻에 따라 제가 한번 해보겠습니다."

이렇게 대답한 정주영은 마음을 다잡았다.

"그래 한번 해보는 거야! 못 할 것도 없지! 그까짓 철판으로 만든 큰 탱크를 바다에 띄우고 동력으로 달리는 게 배지, 배가 뭐 별건가?"

어렵고 힘든 일과 맞닥뜨리면, 쉽고 단순하게 생각하는 정주영의 특기가 발휘되는 순간이었다. 정주영은 조선업자로 조선소 건설을 생각한 게 아니라 건설업자로서 조선소 건설을 생각한 것이다. 배를 큰 탱크로 생각하고 정유공장 세울 때처럼 도면대로 철판을 잘라서 용접하면 되고 배의 내부 기계는 건물에 장치를 설계대로 앉히듯이 도면대로 제자리에 설치하면 된다고 여긴 셈이다.

거북선 지폐로 조선 한국의 초석을 놓다

조선(造船)을 결정했지만, 당시 우리나라에는 조선소를 지을만한 돈이 없었다. 조선소를 지으려면 해외에서 차관을 들여와야 하는데 해외에서 차관 얻기란 하늘의 별 따기였다.

그래서 일본에도 가고 미국에도 갔지만, 아무도 정주영을 상대해 주지 않았다. 오히려 미친놈 취급만 당하고 말았다.

"너희 같은 후진국에서 무슨 몇십만 톤의 배를 만들고 조선소를 지어?"

이런 식이었다. 좀처럼 화를 내지 않는 정주영이었지만, 속으로 울화가 치밀면서 약이 바짝 올랐다. 그때부터 특유의 '하면 된다!'라는 모험심이 발동하기 시작했다.

거북선이 그려진 500짜리 지폐. 정주영 회장이 K-조선의 초석을 놓는 데 비장의 무기 역할을 했다.

"안 된다고? 그래 누가 이기나 한번 해보자! 하늘이 무너져도 솟아날 구멍이 있다는데, 내가 못 할 줄 알아?"

당장 필요한 건 돈이었다. 해외에서 차관을 얻으려면 3번에 걸친 관문을 뛰어넘어야 했다. 일본과 미국에서 외면당한 정주영은 영국 은행의 문을 두드리기로 했다. 그러나 영국은행 버클레이즈와 협상을 벌였으나 역시 신통한 반응은 얻을 수 없었다.

우선 돈을 빌리기 위해선 영국식 사업계획서와 추천서가 필요했다. 그래서 정주영은 1971년 영국 선박 컨설턴트 기업인 A&P 애플도어에 사업계획서와 추천서를 의뢰했다. 타당성 있는 사업계획서와 추천서가 있어야 은행에서 돈을 빌릴 수 있었기 때문이다. 얼마 후 사업계획서는 만들어졌지만, 추천서는 해줄 수 없다고 했다.

정주영은 영국 A&P 애플도어 회장의 추천서를 받기 위해 직접 런던으로 날아갔다. 그의 품에는 조선소를 지을 울산 미포만의 황량한 모래사장을 찍은 흑백사진 한 장이 전부였다. 런던에 도착하여 일주일 만에 A&P 애플도어의 찰스 롱바톰 회장을 어렵사리 만났다. 그러나 롱바톰 회장은 비관적인 말만 되풀이하고 있었다.

"아직 배를 사려는 사람도 나타나지 않았고, 또 현대건설의 상환능력과 잠재력도 믿음직스럽지 않아 힘들 것 같습니다."

"그렇다면 한국 정부가 보증을 서도 안 됩니까?"

"한국 정부도 그 많은 돈을 갚을 능력이 없는 걸로 알고 있습니다.

모든 일이 물거품이 되려는 순간, 궁즉통(窮卽通) 궁하면 통한다는 정주영식 기지(奇智)가 발동했다. 정주영은 문득 바지 주머니에 들어있는 500원짜리 지폐가 생각났다. 지폐 그림은 바로 거북선이었다. 정주영은 주머니에서 거북선 그림의 지폐를 꺼내 테이블 위에 펴놓으며 말했다.

"회장님, 이걸 잘 보세요. 이 지폐는 자랑스러운 우리나라 역사를 그려낸 지폐인데, 이 그림은 거북선이라는 철로 만든 함선이지요. 영국의 조선 역사는 1800년대부터이지만 한국은 영국보다 300년이나 앞선 1500년대에 이 거북선을 만들었고, 이 거북선으로 일본과의 전쟁에서 일본의 함선을 괴멸시킨 역사적인 철갑선입니다. 한국이 가지고 있는 무궁무진한 잠재력이 바로 이 돈 안에 담겨있으니 다시 한번 고려해 주시기 바랍니다."

롱바톰 회장은 의자를 당겨 앉으며 지폐를 들고 꼼꼼히 살펴보기 시작했다. 앞면에는 한국의 국보 1호인 숭례문이 있고 뒷면에는 바닷물 위에 떠있는 배가 그려져 있었다. 거북이와 많이 닮은 배의 모습이었다.

"정말 당신네 선조들이 실제로 이 배를 만들어 전쟁에서 사용했다는 말입니까?"

"그렇고 말고요. 공연히 지폐에까지 싣겠습니까? 우리나라 이순신 장군이 만든 배입니다. 한국은 그런 대단한 역사와 두뇌를 가진 나라입니다. 불행히도 산업화가 늦어지는 바람에 좋은 아이디어가 묻혀 있었지만, 잠재력만은 대단한 나라입니다. 우리 현대도 자금만 확보된다면 얼마든지 훌륭한 조선소와 최고의 배를 만들어 낼 수 있습니다. 회장님, 버클레이즈 은행에 추천서를 보내주십시오."

정주영은 조금도 기죽지 않고 당당한 태도로 롱바톰 회장을 설득했다. 롱바톰 회장은 잠시 생각한 뒤 지폐를 내려놓으며 손을 내밀었다.

"당신은 정말 훌륭한 조상을 두었소. 우선 조상들에게 감사해야 할 겁니다."

롱바톰 회장의 얼굴에 어느새 환한 미소가 번졌다.

"거북선도 대단하지만, 당신도 정말 대단한 사람이오. 당신이 정말 좋은 배를 만들기를 응원하겠소!"

그러면서 롱바톰 회장은 환한 미소와 함께 축하 악수를 청했다.

수많은 프레젠테이션과 완벽하게 만든 보고서에도 "No!"를 외쳤던 롱바톰 회장의 마음을 움직인 것은 바로 500원짜리 지폐 한 장이었고, 이런 결과는 정주영의 번뜩이는 기지(機智)의 산물이었다.

　그날 롱바톰 회장은 현대건설이 고리 원자력발전소를 시공하고 있고, 발전 계통이나 정유공장 건설에 풍부한 경험도 있어 대형조선소를 지어 큰 배를 만들 능력이 충분하다는 추천서를 버클레이즈 은행에 보내주었다. 정주영의 기지로 첫째 관문을 통과하는 순간이었다.

정주영의 학위는 경영학박사가 아니라 유머

　며칠 뒤 버클레이즈 은행의 해외 담당 부총재가 점심을 같이하자는 연락을 해왔다. 점심 약속 하루 전 정주영은 호텔에서 초조와 불안 속에서 시간을 보내느니 만사 제쳐놓고 관광이나 하는 게 나을 것 같았다. 그는 현대건설 수행원들과 셰익스피어 생가와 옥스퍼드대를 둘러보고 낙조 무렵에는 윈저궁을 관광했다.

　이튿날 정주영은 우아한 영국 은행의 중역 식당으로 안내되었다. 자리에 앉자마자 버클레이즈 은행의 해외 담당 부총재가 물었다.

　"정 회장의 전공은 경영학입니까, 공학입니까?"

　소학교만 졸업한 정주영은 짧은 순간 아찔했을 법하다. 그러나 태연하게 대꾸했다.

　"아, 제 전공이오? 그보다 우리가 당신네 은행에 제출한 사업계획서는 보셨는지요?"

　"네, 잘 봤습니다!"

　정주영은 순간적으로 전날 관광하러 옥스퍼드대에 들렀을 때 보았던 졸업식 광경을 떠올리며 능청스럽고 태연하게 농담을 던졌다.

"어제 내가 그 사업계획서를 가지고 옥스퍼드대에 갔더니 한번 척 펼쳐보고는 바로 그 자리에서 경영학 박사 학위를 주더군요."

'학력은 짧아도 사업 경험은 누구보다 많다.'라는 식으로 구질구질하게 변명하거나 얼버무리는 대신 정주영은 오히려 그의 배포를 보여주는 유머로 응답했던 셈이다. 그러자 부총재가 껄껄 웃으면서 말했다.

"옥스퍼드대 경영학 박사 학위를 가진 사람도 그런 사업계획서는 못 만들 겁니다. 당신은 그들보다 더 훌륭하군요. 당신의 전공은 유머로군요. 우리 은행은 당신의 유머와 함께 당신의 사업계획서를 수출신용보증국으로 보내지요. 행운을 빌겠습니다!"

이 얼마나 멋지고 통쾌한 일인가?

정주영의 유머 한 마디가 그 어려운 차관을 성사(成事)시킨 것이다. 바클레이즈 은행의 부총재가 정주영을 만나자고 한 까닭은 자신들이 빌려줄 돈으로 조선소를 만들려는 CEO의 됨됨이를 보기 위해서였다고 짐작할 만했다.

부총재는 이 정도로 만만한 자신감을 가진 CEO라면 대출을 해 주어도 아무 문제가 없겠다고 마지막으로 확인한 셈이었다.

따지고 보면 정주영이 은행 쪽으로부터 오케이 사인을 받은 건 사전에 치밀한 준비가 있었기 때문이다. 실제로 현대건설은 치밀한 사업계획서를 만들었고, 그 치밀함을 인정한 은행이 이미 대출을 결정했다. 물론 은행에서는 사전에 현대가 건설한 화력 발전소, 비료 공장, 시멘트 공장을 치밀하게 조사했고, 정주영의 학력인들 조사하지 않았을 리 없다. 그러면서 화룡점정(畵龍點睛)으로 CEO 정주영을 살폈고, 정주영의 배포가 최종적인 확신으로 이어진 셈이었다.

이렇게 해서 두 번째 관문도 통과했다.

마지막 관문, 리바노스의 유조선 2척

그러나 아직도 마지막 관문이 남아 있었다. 가장 어렵고 힘든 관문이었다. 영국 은행이 외국에 차관을 주려면 영국 수출신용보증국(ECGD)의 보증을 받아야 했는데, 수출신용보증국 총재는 배를 살 사람의 계약서를 가지고 와야 승인해 줄 수 있다고 고집했다.

"만약 내가 배를 구매한다고 가정해 봅시다. 작은 배도 아니고, 4~5천만 달러짜리 배를 세계 유수의 조선소들을 다 제쳐놓고 선박 건조 경험도 전혀 없고, 아직 조선소조차 없는 당신에게 배를 주문하겠습니까? 설사 당신네가 배를 만들 수 있다고 해도 사주는 사람이 없으면 어떻게 원리금을 갚을 수 있겠소? 당신이 나라면 배를 주문할 사람도 없는데 차관(借款)보증을 해 줄 수 있겠소? 그러니까 배를 살 사람이 있다는 확실한 증명을 내놓지 않는 이상 나는 이 차관을 승인할 수 없소."

정말 난감했지만, 정확한 지적이었다. 당시 우리나라는 너무도 가난한 나라였다. 그런 가난한 나라에서 거대한 배를 만든다는 건 불가능한 일이었는지도 모른다. 배를 만든다고 해도 그 배를 믿고 사 갈 사람이 없었다고 할 수 있다. 정주영은 다시 울산 미포만의 황량한 바닷가 사진을 꺼내놓고 시름에 잠겼다.

"정말 내가 봐도 나 자신이 한심하구나. 나처럼 정신 나간 사람을 찾아야 일이 성사될 텐데, 어쩐다?"

그렇다고 쉽사리 좌절할 정주영은 아니었다.

"내가 누구냐? 천하의 정주영 아니냐? 여기서 무너질 내가 아니지."

그날부터 마음을 다잡아 먹고 존재하지도 않는 조선소에서 만들 배를 사줄 선주를 찾아 나섰다. 무기라곤 허허벌판 같은 미포만의 모래사장 사진 한 장이 전부였다.

"당신이 내 배를 사주겠다고 계약만 하면 내가 영국에서 돈을 빌려 이 백사장에 조선소를 짓고 배를 잘 만들어 주겠소."

미친놈 취급당하기 딱 좋은 말이었다. 그런데 한 사람 만나고, 두 사람 만나고, 세 사람 만나니까, 또 한 번 만나고, 두 번 만나고, 세 번 만나니까 그런 정신 나간 사람도 있었다. 그는 바로 선박왕 오나시스의 처남이었던 그리스의 '리바노스'였다.

리바노스는 미포만의 백사장 사진 한 장만 보고도 정주영(鄭周永)의 배포를 믿고 배를 건조하는 계약을 체결했다. 선박에는 세계적인 인사인 리바노스지만, 鄭周永의 사람 됨됨이에 밀려 파격적으로 정주영과 계약을 맺었다. 鄭周永 역시 그에게 파격적인 조건을 제시했다.

"틀림없이 좋은 배를 만들어 준다. 대신 값은 싸게 해 주겠다. 만약 약속을 못 지키면 계약금에 이자를 얹어주겠다. 그래서 계약금도 조금만 받겠다. 우리가 배를 만드는 진척 상황을 보고 조금씩 대금을 내라. 우리가 만든 배에 하자가 있으면 인수를 안 해도 좋고, 원금은 몽땅 되돌려주겠다!"

정주영은 리바노스가 보낸 자가용 비행기를 타고 스위스에 있는 그의 별장에 가서 유조선 2척을 주문받았다.

이렇게 해서 마지막 관문까지 넘어섰다.

"임자, 해보기나 했어?"

정말 불가능을 가능으로 만들고, 무에서 유를 창조한 신화적인 이야기다. 그 뒤부터 정주영은 부하직원이 어렵다고 하면 "임자, 해보기나 했어?"라고 채근했고, 그 말은 대한민국 경제 발전 역사를 상징하는 유행어의 하나가 되었다고 한다.

정주영은 귀국하여 곧바로 박정희 대통령을 만났다. 박 대통령은 청

현대울산조선소 기공식. 회사를 설립하기도 전에 배부터 만들기 시작한 정주영 식의 경영 방식을 상징적으로 보여주는 장면이다. 연혁을 살펴보면 1970년 12월 26만 톤급 그리스 유조선 건조 계약, 1972년 3월 조선소 기공, 1973년 12월 28일 현대조선 최초 설립, 그리고 1974년 6월 조선소 준공과 1·2호선 진수로 이어진다.

와대 정문 앞까지 달려 나와 그를 맞았다. 정주영이 그때 지도를 펼쳐놓고 볼펜으로 그려가며 본인의 구상을 설명하자, 박 대통령은 빙그레 웃으며 비서들에게 "정 회장이 볼펜으로 그리는 대로 공장을 짓도록 해 주고, 정부에서 지원할 수 있는 것은 무엇이든 지원해 주라."고 지시했다. 그리고 박 대통령은 울산 조선소 현장에 자주 들러 막걸리를 같이 나누며 정주영을 격려하곤 했다.

하지만 여기까지는 준비 작업에 불과했다.
먼저 배를 만드는 조선소를 짓고, 그 조선소에서 다시 배를 만들어야 하는 조선(造船)의 일이 눈앞의 과업이었다.
그런데 이때 정주영은 그의 특기인 역발상의 창의력을 발휘했다.
조선소를 짓고 배를 만드는 것이 아니라 조선소와 배를 동시에 만들기로 한 것이다.
"조선소는 조선소고, 선박 건조는 선박 건조다. 반드시 다 지어진 조선소에서 선박을 만들어야 한다는 법이라도 있어?"
그러면서 정주영은 조선소 건설과 선박 건조를 병행해서 진행했다.
먼저 스웨덴에서 배 만드는 설계사를 데려왔다. 배 만드는 기술을 가르쳐 달라고. 배 만드는 공장도 없으면서 모래사장의 모래를 굴삭기로 퍼내 웅덩이를 파놓고 거기에 올라오는 물을 펌프로 퍼내 가면서 그 웅덩이 속에서 최초의 배를 만들었다.
공장도 없이, 물론 독크도 없이, 모래를 퍼내 놓고 그 속에서 리바노스가 주문한 배 한 척을 만들면서 동시에 방파제를 쌓고, 바다를 준설하고, 안벽을 만들고, 도크를 파고, 14만 평의 공장까지 지었다. 거의 모든 직원이 새벽 4시면 일어나 여기저기 고인 웅덩이 물에 대충 얼굴을 씻고 일터로 나가 밤늦게까지 일하고 숙소로 돌아와 구두끈도 못 푼 채 잠을 자며 배를 만들고 조선소를 지었다.

바로 이 무렵이 이 책에 기록을 남기는 그리녹의 스캇 리스고 조선소 연수생들의 이야기도 함께 시작되는 시기라고 할 수 있다. 대개 현대건설 조선사업부로 공채되어 2차례에 걸쳐 연수를 받고 돌아와 울산의 조선소 현장에서 역사적인 배를 건조했던 주인공들이기 때문이다.

정주영도 거의 울산에서 살다시피 했다. 어쩌다 서울에 와도 새벽 4시면 어김없이 서울에서 울산으로 내려갔다. 이른 새벽 남대문 근처를 지날 때면 부부가 그날 팔 물건을 리어카에 싣고 남편은 앞에서 끌고 아내는 뒤에서 밀며 지나가는 장사꾼들을 보곤 했다. 그럴 때마다 정주영은 자신도 모르게 목젖이 뜨거워졌다. 저렇게 새벽부터 열심히 일을 해야만 생계를 꾸려갈 수 있고 자식을 키울 수 있는 것이 우리나라의 현실임이 너무도 가슴이 아팠다.

'그래! 모든 이들의 삶은 다 그 자리에서 나름대로 진지하고 엄숙한 것이다. 얼마 안 되는 하루 벌이를 위해서도 저토록 필사적으로 열심인데……'

훗날 정주영은 그들에게 마음에서 우러나는 유대감과 존경심을 많이 느꼈다고 술회한다. 그때마다 '그래, 다 같이 노력해서 하루빨리 잘 사는 나라를 만들어야지.' 하는 생각으로 주먹에 불끈 힘을 주었다고 한다.

마침내 첫 배를 띄우다

현대라는 이름으로 만드는 최초의 배가 완성되던 날, 막아 놓았던 바닷물을 딱 틔웠다. 물이 웅덩이로 쏴~ 하고 쏟아져 들어오면서 배가 붕

떴다. 그리고 잠시 후, 붕 뜬 배가 바다 쪽으로 쭉 밀려 나갔다. 세상이 온통 뒤집어졌다. 직원들은 서로 부둥켜안고 덩실덩실 춤을 추며 눈물바다가 되었다. 단 한 척의 배도 만들지 못했던 우리가 마침내 세계적인 대형 선박을 만든 것이다.

이것이 세계 제1의 조선 국가로 성장하게 된 바탕이 되었다.

건조 능력 70만 톤, 부지 60만 평, 70만 톤급 드라이도크 2기를 갖춘 국제 규모의 조선소 준공을 본 것은 1974년 6월. 기공식을 한 1972부터 2년 3개월 만이었다. 이날 박정희 대통령은 준공식에 참석하여 '造船立國(조선입국)'이라는 휘호를 써 주었다.

현대조선은 그렇게 세워졌다.

그러나 한창 잘나가는 듯하던 조선 사업에 위기가 닥쳐왔다. 바로 1973년에 불어닥친 오일쇼크 때문이었다. 오일쇼크로 인해 유조선을 주문했던 사람들이 배를 가져가지 않겠다는 취소가 잇따랐다. 현대조선이 만든 배 가운데 3척이 울산 앞바다에 그냥 떠 있었다. 그중 1척은 해운왕 오나시스의 처남 그리스의 리바노스가 주문한 유조선이었다.

이제 막 걸음마를 내딛기 시작한 현대조선으로선 휘청할 수밖에 없었다. 그런데 이번에도 위기를 기회로 만드는 정주영의 역발상이 등장했다.

"만들어 놓은 배를 가져가지 않으면 우리가 그 배를 가지고 새로운 사업을 하면 되잖아?"

정주영다운 발상이 위기를 기회로 만들었다. 1976년 3월 인도하지 않은 초대형 유조선 3척을 가지고 아세아상선을 설립했다. 우리나라에서 수입해 오는 기름을 우리가 우리 유조선으로 운반하겠다는 생각이었다. 하지만 그동안 우리나라에 기름을 실어 나르던 외국 선박회사들이 가만히 있을 리가 만무했다. 아세아상선에 수송권을 넘겨주는 대가로

1,400만 달러를 요구했다. 정주영은 받아들이지 않았다.

"그것은 말도 안 되는 억지지. 내가 택시를 타다가 자가용을 샀는데, 택시 회사에 택시 타지 않는데도 돈을 줘야 한다고? 그동안은 우리한테 유조선이 없어서 자기네 배를 택시처럼 돈 주고 빌려 쓴 것인데 우리가 배를 만들고 우리 배로 우리 기름을 운반하겠다는데 운반하지도 않고 돈을 내놓으라니, 말도 안 되는 소리! 그런 요구는 절대 받아들일 수 없다."

정주영은 뚝심으로 버텼다. 8개월을 버텼더니 3백만 달러로 떨어졌다. 그래도 옴짝달싹 안 하고 버텼는데, 결국 10월도 안 주고 우리 기름을 현대 아세아상선에서 운송할 수 있었다. 거기에는 박정희 대통령의 뚝심도 큰 힘이 되었다고 한다. 그렇게 출발했던 아세아상선이 지금은 현대상선이 되었다.

오일쇼크로 몹시도 정주영을 힘들게 했던 현대조선은 세계적인 조선 기업으로 손꼽히는 현대중공업이 되었다.

이것저것 구실을 붙여 다 만들어진 유조선을 안 찾아가려고 떼를 썼던 리바노스! 그러나 정주영은 그를 고마운 사람으로 생각했다고 한다. 어쨌든 황량한 모래벌판 사진 한 장을 보고 배를 주문해 주었던 지난날의 고마움을 잊을 수가 없었기 때문이다.

우리 해군의 이지스함 진수

그로부터 33년이 지난 2007년 5월 25일, 현대중공업 도크에서 우리 해군의 이지스함이 진수됐다.

정주영이 처음 조선소를 짓겠다고 했을 때, 우리 해군은 미군이 폐기처리한 구축함을 가져다 페인트칠해서 쓰고 있었다.

천지개벽(天地開闢)이란 이런 일을 두고 하는 말인가 보다.

이날 진수식에서 정몽준 회장은 500원짜리 거북선 지폐 이야기를 하며 아버지 정주영 회장을 그리워했다 한다.

지금 전 세계의 바다에 새로 나오는 배 5척 중 1척이 현대중공업 제품이고, 10척 중 4척이 한국산이라고 한다.

한국의 조선소들은 중국에 싼 가격으로 발주(發注)하는 배들은 거들떠보지도 않는다고 한다. 그래도 주문이 너무 밀려 배를 만들 도크가 없다니 K-조선(造船)의 장래가 계속 쾌청이면 좋겠다.

길이 200m에 15층 높이의 배를 땅 위에서 조립해 바다로 끌고 가서 띄우는데, 이런 신공법은 한국의 조선소에서만 하고 있으며 선박 엔진 또한 세계 최고라고 한다. 엔진을 만드는 공장의 상무는 입에 침이 마른다.

"우리 기술자들을 나라의 보물입니다. 이들이 만드는 선박 엔진이 세계 시장의 45%를 싹쓸이하고 있거든요."

그런데 2014년부터 불어닥친 불황의 여파로 몇 년 동안 고전을 하긴 했지만, 지금은 세계의 선주(船主)들이 다시 한국으로 몰려들고 있다. 모래바람이 휘날리던 미포만은 이제 배 조립품을 놓을 자리가 없을 정도로 비좁아졌다. 그곳에선 3일마다 1억 달러짜리 거대한 배가 한 척씩 쏟아지고 있다.

현대중공업 사람들은 "배를 찍어낸다."라고 한다. 세계 조선 역사에 이런 일은 없었다고 한다. 한 척의 배를 만든 이익금으로 오늘날의 현대중공업이 만들어진 것이다. 그래서 정주영은 무에서 유를 창조해 내는 사람이라고 했나 보다.

유조선 공법과 정주영의 족적

1984년 '정주영 유조선 공법'이 또 한 번 세계를 놀라게 했다. 당시 충남 서산간척사업 A지구 매립공사는 6.4㎞만 연결하면 완공되는 사업이었다. 이 사업으로 생기는 육지는 여의도 면적의 43배에 해당하는 엄청난 땅이었다. 그런데 바다를 막아 옥토를 만드는 국가사업의 마지막 물막이 공사에서 문제가 생겼다.

이곳은 조석 간만의 차가 크고 드나드는 물의 양이 3억 4천만 톤, 밀물 때의 유속은 초당 8미터에 달해 20톤에 달하는 돌망태를 넣어도 그대로 물에 휩쓸려 버렸다.

흔히 최종 물막이 공법은 케이블과 바지선 등 해상장비로 물막이 구간의 바닥을 점차 높여가는 점고식(漸高式)과 덤프트럭 등 육상장비를 이용해 점차 구간을 좁혀가며 축조하는 점축식(漸縮式), 그리고 이들 두 방법을 같이 쓰는 병행식 등이 있었다. 하지만 서산 간척지 공사는 빠른 유속으로 인하여 통상적인 공사 방법으로는 도저히 불가능했고, 엄청난 비용과 작업기간이 오랫동안 소요될 것이 불을 보듯 뻔했다.

이때 정주영이 그 누구도 생각지 못한 아이디어를 내놓았다.

대형 유조선으로 조수를 막아 놓고 물막이 공사를 하면 시간과 비용이 크게 절감되지 않겠느냐는 이야기였다. 이 획기적인 공법의 사용으로 계획 공기 45개월 가운데 36개월을 단축 9개월이라는 짧은 기간에 방조제를 쌓는 성과를 올렸으며, 280억 원의 경비도 절약함으로써 세인을 놀라게 했다.

정말 정주영다운 배포요, 정주영다운 공법이었다. 이 기술은 학계에서도 주목하여 '유조선 공법'이라는 이름으로 지금은 세계 여러 나라에서 배우고 있다고 한다.

우리나라 경제계의 큰 별 정주영은 2001년 3월 21일 당신이 설립한 서울아산병원에서 87세를 일기로 세상을 떠났다. 정주영 회장이 타계

했을 때, 미국 CNN 방송이 한 시간 이상 특집방송을 내보냈는데, 이것은 미국 역사상 처음 있는 일이었다고 한다.

정주영의 호는 아산(峨山)이며, 1915년 11월 25일에 농부인 아버지 정봉식(鄭捧植)과 어머니 한성실(韓成實)의 6남 2녀 중 장남으로 강원도 통천에서 태어났다. 여덟 살에 통천송전소학교(通川松田小學校)에 입학하여 열세 살에 졸업했고, 그와 함께 졸업한 동창생은 27명이며, 그의 유일 학력이자 최종학력은 소학교 졸업이다.

2000년 5월 현대 명예회장직에서 물러났고, 1987년 제1회 한국경영대상, 1988년 국민훈장 무궁화장, 1998년 IOC 훈장과 노르웨이 왕실 훈장을 받았다. 사후에는 2001년 5월 제5회 만해상 평화상이 추서되었고, 이후 5년 뒤인 2006년 11월 미국 타임(TIME)지에 의해 아시아의 영웅으로 선정되었다. 2008년에는 DMZ 평화상 대상이 특별 추서(追敍)되었다.

거인 정주영!
대한민국 근대사에 신화를 창조하며 큰 획을 그은 경제대인(經濟大人)! 세계 굴지의 경제대국(經濟大國)으로 손꼽히는 오늘의 대한민국이 있기까지 그가 이룩한 업적은 실로 대단했다고 할 수 있다.

[이 글은 창조이엔이의 웹사이트에 실린 작성자 민들레 님의 글 〈정주영 회장과 거북선〉을 바탕으로 내용을 보완하여 정리했습니다.]

스콧 리스고 조선소,
제자가 스승이 되다

모르는 것이 힘

테트라포드를 블록이라 다수결로 결정

외국 나온 첫날 당한 일

바짝 마른 해면이 물기를 빨아들이듯…

그대의 찬 손

뒤바뀐 스승과 제자 사이

황성혁

- 마산고등학교 졸업
- 서울대학교 조선공학과 졸업
- 현대중공업 LONDON 지점장
- 황화상사 대표
- 석탑산업훈장 수훈

- 저서

『넘지 못할 벽은 없다』
『Let There Be A Yard』
『사랑, 인생길에서 익다』
『축복 I·II·III』(대하소설)

스콧 리스고 조선소, 제자가 스승이 되다

모르는 것이 힘

"모르는 것이 힘이다."

그것은 그때 우리의 입에 붙어 다니던 상투어였다. 그것은 몰라도 너무 모른다는 자조어이기도 했고, 가는 곳마다 저지르는 실수에 대한 변명이기도 했고, 빨리 좀 배워서 남들처럼 알고 일을 해야겠다는 조바심의 표현이기도 했다.

1972년 1월 4일 현대건설 조선사업부에 첫 출근을 했다.

내 또래의 오륙십 명의 까막눈들이 초대형 조선소라는, 거기서 지을 VLCC라는 거대한 코끼리 다리를 더듬고 있었다. 작은 조선소에 근무한 경험이 있는 사람들도 몇 있었지만, 대부분이 기계공장이나 건설 현장으로부터 모여든 간부사원들이었다.

그해 3월 23일 조선소에서 기공식이 있을 예정이었고, 김종필 총리가 참석하기로 되어 있었다. 내가 미래의 조선소를 그린 조감도를 기공식 전까지 설치하라는 지시를 받은 것은 기공식을 열흘쯤 앞둔 때였다. 명색이 공과대학 조선과를 나왔으면서도, 대학 졸업 후 기계공장만 다녔기 때문에 조선에 관해 자신 있는 것이 아무것도 없었다.

나는 동료들의 협조를 얻어가며, 우선 영국의 기술 용역회사가 보내

온 조선소 배치도를 가지고 조감도 작업을 시작했다. 두 개의 도크와 소조립 공장, 대조립 공장, 강재 하치장, 그리고 남쪽 언덕에 훈련소, 동쪽 언덕에 본관 건물 정도가 건설이 확정된 시설이었다.

그것들로는 조선소 부지로 예정된 120만 평이 넘는 공간을 채울 수가 없었다. 모든 시설들을 실제 크기보다 훨씬 키워서 그려 넣어도 그 공간을 메울 수가 없었다. 축구장을 큼직하게 여섯 개를 그려 넣었다. 축소한 조감도를 제작소에 보내기 전에 정주영 회장께 보여 드렸다.

"이게 뭐야?"

"축구장입니다."

"축구하러 울산 내려가는 거야?"

"땅이 넓어서 채워 넣을 것이 없습니다."

"철판을 구석구석에 쌓고 블록을 많이 그려 넣으란 말이야."

동료들과 함께 간판 제작업자와 밤낮없이 궁리하여 여러 가지 안을 만들었다. 수백만 톤쯤 될 철판이 빌딩처럼 여기저기에 쌓여 올라갔다.

블록이 문제였다. 조선에 대해 귀동냥이라도 한 사람은 저마다 최신 조선 기법으로 블록 공법을 말하고 있었다. 블록을 적당한 크기로 편한 장소에서 만들어 도크에서의 작업을 최소화하자는 아이디어였다.

그러나 한 번도 배를 지어보기는커녕 이제 새로 조선소를 만들겠다고 하는 처지에 정확하게 블록의 크기나 모양을 아는 사람이 없었다. 일본의 조선 관계 잡지 공부를 많이 한 친구들과 함께 여러 잡지에서 특징적인 블록의 사진을 골라내기로 했다.

테트라포드를 블록이라 다수결로 결정

결국 다수결로 블록 형태가 결정되었다.

지금 생각하면 방파제 건설에 쓰는 테트라포드(Tetrapod)가 어느 조선소 사진에서나 안벽에 가지런히들 쌓여 있었다. 그것이 가장 특징적인 블록의 형태라고 다수결로 결정했다.

수만 개의 장대한 테트라포드가 조선소 조감도의 구석구석을 메우게 되었다. 그렇게 하고도 실제 크기보다 몇 배나 큰 축구장이 두 개가 들어갔다. 나는 그 커다란 조감도를 용달회사의 삼륜차에 실어 울산으로 떠나보낸 뒤 그 일을 까마득히 잊고 있었다. 스코틀랜드로 훈련 떠날 날짜가 다가왔기 때문이었다.

1980년대 초 선박영업부가 서울에서 울산으로 옮긴 뒤 맞닥뜨린 가장 큰 충격은 그 조감도와의 만남이었다. 간부 식당의 바깥벽에 거대한 낡은 간판 하나가 뒷면을 앞으로 하고 한동안 벽에 기대어 있었다. 아무도 거들떠보지 않은 채 버려져 있었다.

어느 날 나는 문득 '이것이 그것이 아닐까?' 하는 생각을 했다. 뒤집어 보았다. 그것이었다. 해괴한 그림이 거기 있었다. 테트라포드와 철판과 축구장으로 대부분의 공간을 메운 조선소가 거기 있었다. 그것은 꽤 오래 조선소 입구에 버티고 서 있었다는 말도 들었다.

나는 후배들에게 그 그림을 보여 주었다. 그들은 그것이 무슨 그림인지 알아보지 못했다. 10년이 지나 도크의 숫자도 몇 배로 늘었고, 그 황량하기만 하던 벌판이 공장과 블록, 부품들로 발 디딜 틈이 없어졌으니 당연한 일이었다. 그것은 전혀 조선소의 모양이 아니었던 것이다. 후배 한 사람의 핀잔이 있었다.

"저것이 조선소라고요? 어떻게 저것을 조선소라고 그렸어요?"

나는 대답했다.'

"조감도뿐인가. 조선소가 모두 그랬는데, 알았으면 어떻게 덤볐겠어?

몰랐으니까 그렇게라도 저질렀지."

외국 나온 첫날 당한 일

그해 3월 28일, 조선소의 1차 연수 팀이 그리녹의 스콧 리스고 조선소로 떠났다. 함께 떠난 30명 가까운 사람들 대부분에게 외국 여행은 그것이 처음이었다.

어떻게 김포공항에서 환송을 받았는지, 어떻게 일본 공항에서 비행기를 갈아탔는지, 벙벙하고 얼떨떨한 채로 스무 시간 이상 비행기에서 지내고 나니 코펜하겐이었다. 코펜하겐에는 아침 일찍 도착했다.

글래스고우까지 가는 비행기는 오후에 있었다. 기다리는 동안 쉬도록 비행기 회사는 오이로파 호텔에 방을 정해 주었다. 프론트에서 이름들을 적고 무리를 지어 각자의 방으로 올라갔다.

내가 탄 엘리베이터에는 우리 동료 일곱 명이 함께 탔다. 버튼을 누르자 엘리베이터는 덜커덩하고 요란한 소리를 내며 떠났고, 우리의 칠층에 이르자 덜커덩하고 섰다. 그런데 문이 열리지 않았다.

엘리베이터가 서면 자동적으로 문이 옆으로 쓰윽 열려야 하는데, 문이 꼼짝도 하지 않는 것이었다. 그러더니 우리가 잠깐 머뭇거리는 동안 덜커덩하더니 엘리베이터는 재빨리 내려가기 시작하는 것이었다.

한국을 떠나기 전 선배들이 해외여행에서 저지른 실수들을 귀에 못이 박히도록 들어왔었다. 그래서 한국을 떠나기 전 우리만은 그러지 않으리라고 다짐했었다.

'아, 외국 나오는 첫날부터 촌놈 짓이 시작되는구나.'

모두가 조급해졌다. 어물어물하는 사이에 엘리베이터가 덜커덩 일층에 도착했다. 엘리베이터가 일층에 서자마자 일곱 개의 둘째 손가락들은 경쟁하듯 동시에 칠층 버튼을 눌렀다. 엘리베이터는 덜커덩 다시 올라가기 시작했다.

칠층에 이르는 몇 초 사이 문을 열기 위해 모든 짓을 다했다.

어디엔가 문을 여는 버튼이 있을 텐데 도무지 찾을 수가 없었다. 칠층에 이르는 몇 초 사이에 엘리베이터 내부에 있는 볼트너트들은 모두 손톱으로 돌려 보고 쇠붙이들은 모두 손가락으로 비틀어 보고 틈새라는 틈새는 손톱으로 몇 번씩 헤집어 보았다.

모두의 얼굴은 그 몇 초 사이에 기름땀으로 뒤덮이고 손과 손톱이 엉망이 되었지만, 엘리베이터는 의연히 제가 하고 싶은 일만 하고 있었다. 칠층에 서면 덜커덩할 뿐 문은 열리지 않았고, 순식간에 덜커덩 다시 내려갔다.

우리는 엘리베이터가 일층에 도착하자마자 다시 한번 칠층 버튼을 눌렀고 다시 똑같은 일이 반복되었다.

다시 내려갈 때는 모두 탈진이 되어 있었다.

"해외에 나가면 못난 꼴 보이지 말자고 그렇게 다짐을 했는데, 서구문화가 주는 수모는 결국 피할 수가 없구나."

누군가가 탄식을 했다.

우리보다 더 당황했던 사람은 일층에 있던 도어맨이었다. 귀신이라도 붙은 듯이 엘리베이터가 일층과 칠층 사이를 덜커덩거리며 쉬지 않고 오르내렸기 때문이다. 우리가 다시 일층에 도착했을 때 그가 불쑥 문을 열고 들어왔다. 우리는 하얗게 질린 얼굴로 그를 쳐다보았다.

누군가가 힘없이 말했다.

"문을 열 수가 없어서요."

도어맨은 얼굴 가득 웃음을 지으며 들어서더니 칠층 버튼을 누르는 것이었다. 덜커덩 칠층에 도착하자마자 그는 힘 하나 들이지 않고 문을 앞으로 밀었고, 그것은 약 올리듯 부드럽게 활짝 열리는 것이었다.

"우리 호텔이 너무 오래되어 이 구식 엘리베이터를 아직 쓰고 있습니다. 자동장치가 설치된 엘리베이터를 타시던 손님들은 가끔 애를 먹지요. 죄송천만입니다."

도어맨의 말씀이었다. 그저 앞으로 밀기만 하면 열리는 수동문이었다. 우리는 복잡한 자동문을 생각했고, 버튼을 눌러야 문이 열리는 것으로만 생각했고, 그 버튼을 못 찾아 그토록 당황했던 것이다.

바짝 마른 해면이 물기를 빨아들이듯…

조선소가 있던 포트 글래스고우(Port Glasgow)의 다음 동네인 그리녹(Greenock) 마을의, 엘든 하우스(Eldon House)라는 이름의 예쁜 이층집에 짐들을 풀었다. 스코틀랜드의 젖줄 클라이드(Clyde) 강가에 있는 아름다운 동네였다.

짐을 푼 뒤 쉴 틈도 없이 우리는 기갈난 사람이 물에 덤벼들 듯 일에 달려들었다. 스코트 리스고 조선소와 설계 및 기술공급 계약이 맺어져 있었고, 60명 정도의 간부들에 대한 여섯 달 동안의 기술 훈련도 거기에 포함되어 있었다.

스코트 리스고 조선소에서는 이미 26만 톤급 VLCC 건조가 상당한 공정까지 진행되고 있었다. 기관실 부분은 거의 완성되고 있었고, 두꺼운 철판들이 배의 모양새를 짜내고 있었다.

조선소와 배의 구석구석을 누비며 우리는 바짝 마른 해면이 물기를 빨아들이듯 보는 것, 듣는 것 모두를 흡수했다. 그때까지 VLCC에 대한 우리의 지식은 초보적이고 유치했다. 배의 길이가 110층짜리 건물을 눕혀놓은 것과 같고, 갑판에는 축구장 두 개가 넉넉히 들어가며, 기관실은 마산 한 도시에 전등을 켤 수 있는 전력 공급 발전소와 같은 용량이라는 등 장님이 코끼리 다리 만지듯 막연한 수주이었다.

가까이 다가가 맞닥뜨려 보았을 때 그 물건은 생각보다 훨씬 크고 무겁고 막막했다. 그들이 짓고 있던 배는 우리가 계획하는 배와 똑같은 것이었지만, 선박 건조 방식은 우리와 좀 달랐다. 장소가 좁아 배를 반토막씩 육지에서 지어 진수시킨 뒤 물 위에서 한 덩이리로 만드는 복잡하고 위험한 공법을 쓰고 있었다.

우리 연수생들에게는 별 상관없는 일이었다. 설계실에서, 철판 절단 공장에서, 용접하는 곳에서, 탑재하는 곳에서, 품질관리 부서에서 하는 개별적인 작업은 다를 바가 없었기 때문이다. 우리는 그 물건의 진실한 모습을 알아내기 위해 잠자는 시간까지 쪼개야 할 형편이었다.

어느 날 아침, 공정관리를 맡은 친구가 말했다.

그는 공정별 시간 관리에 관심이 많았다.

"오늘은 품질관리요원(QC)의 타임 체크를 해야겠어. 끈질기게 하루 종일 따라다니면서 행동 시간표를 아주 상세하게 만들어 낼 거야."

그러나 그의 거창한 계획은 점심시간이 되기도 전에 물거품이 되고 말았다. 지겹게도 따라다니는 그를 달고 검사관은 느닷없이 변소로 돌진해 들어갔다. 밖에서 머뭇거리고 있는 그를 향해 검사관은 변소 안에서 소리를 질렀다.

"어이, 여기야 여기. 따라와, 용변하는 것도 체크해야지."

설계 담당자에게 VLCC는 경이와 좌절의 대상이었다. 일반적인 예상과 상식을 뛰어넘는 그 새로운 설계 개념은 경탄의 대상이었지만, 어느 것 하나 제대로 손에 잡히는 것이 없었다.

더욱이 처음에는 그저 좌절의 대상이었다.

기술적으로 언제나 업계보다 앞서가고 있던 로이드 선급협회도 VLCC의 개념과 제조 방식, 구조해석 등에 있어서 충분한 규정을 마련하지 못하고 있었다. VLCC의 폭발적인 수요에 따라 나름대로의 건조 기법을 개발해야 했던 조선소가 오히려 설계와 건조 방식에 있어서 선급협회를 이끌고 있는 부분이 많았다.

연수 초기에 설계를 담당하던 한 친구는 그가 느꼈던 좌절감을 이렇게 표현했다.

"이건 배가 아니야. 어느 구석 하나 기본적인 원칙에 맞는 게 없어. 이건 필요에 의해 급조된 괴물이야. 단지 괴물일 뿐이야."

저녁이 되면 보고서를 썼다.

먹지를 넣어 두 장의 사본을 만들고, 원본을 조선소로 보냈다. 형식적인 보고서가 아니었다. 온갖 정성을 다 기울였다. 그날 본 것, 배운 것을 모두 상세하고 알기 쉽게 썼고, 관련 자료와 스케치들을 덧붙였다. 그 보고서들은 작업 착수 준비를 하고 있던 조선소의 각 부서가 요긴하게 사용하였다.

당연히 보고서에 대한 조선소의 반응도 진지했었다. 보고서에 대한 질문과 그에 대한 추가 자료 요청이 많았다. 그에 따라 보고서는 때로는 상당한 두께가 되기도 했다. 보고서는 울산의 조선소 건설과 선박 건조 준비에 중요한 길잡이가 되었었다. 자료가 근본적으로 부족했던 조선소의 담당자들은 어떤 종류의 지식이라도 흡수할 준비가 되어 있었고 잘 소화해 냈다.

초창기 조선소의 핵심이었고, 그 뒤 한동안 한국 조선공업을 이끌었던 1차 연수팀 멤버를 생각나는 대로 열거하면 아래와 같다.

오창석, 배종덕, 정태도, 정태조, 도일웅, 현승기, 유억겸, 김정제, 김헌, 김종기, 이송득, 황성혁, 김정호, 윤성현, 김영훈, 서 준, 권수훈, 정호현, 황무수, 유준호, 김익영, 이경배, 이정길, 최재영, 이경정, 차승철, 박한규, 김옥대

스코틀랜드에서의 생활은 보람도 컸고, 어려움도 많았다. 언어소통의 어려움이 많은 일화를 낳았다. 교과서의 영어도 어려운데 스코틀랜드 사투리는 일상생활을 어렵게 했다. 철판 두드리는 소리로 노상 귀가 멍멍한 조선소에서 기술자들과의 대화는 더욱 어려울 수밖에 없었다.
조선소 식당에서 점심 때마다 만나는 런던 친구가 있었다.
대학을 나온 뒤 바로 보험회사에 들어갔고, 들어가자마자 조선소로 연수를 나왔다는 것이었다. 그것은 정상적인 코스였다. 그는 언제나 찡그린 얼굴이었다.
"너처럼 잘생긴 친구가 그렇게 찡그리고 있으면 보기가 안 좋잖아. 얼굴 좀 펴라고."
그는 나를 건너다보고만 있었다. 말이 없는 친구였다.
"무슨 문제가 있어?"
"큰 문제가 있지."
"무슨 문젠데?"
"언어 장벽."
런던 사람과 스코틀랜드 사람 사이에 언어 장벽이 있다는 것은 좀 과장된 이야기겠지만, 오히려 우리의 어려움을 잘 설명할 만한 경우로 기억하고 있다.
거꾸로 런던은 스코틀랜드 사람들에게 이 세상에서 가장 외로움을 느끼게 하는 도시라고 했다. 스코틀랜드 사람이 런던에서 스코틀랜드 사

투리로 길을 묻기라도 하면, 잉글랜드 사람들은 겉으로 말은 안 하지만, 스코틀랜드 사람들이 가장 싫어하는 표정을 짓는다는 것이었다.

'세상에 어쩌면 그렇게 촌스러운 영어를 할 수밖에 없느냐?'

그들은 그 잉글랜드 사람의 표정을 그렇게 해석하고 있었다.

그레엄 오차드(Graham Orchard)라는 아주 가까운 친구가 있었다. 연수생 담당관이었다. 그의 아버지는 스코트 조선소의 잠수함 건조 담당 본부장이었다. 그는 내게 특별히 친절했다.

어느 날 저녁 우리는 그의 집으로 초대를 받았다. 저녁을 마치고 환담하는 중이었는데, 방 안이 더웠다. 나와 함께 갔던 김종기 씨가 말했다.

"이티스 워엄(It is warm)."

아무도 알아듣지 못했다. 그는 같은 말을 반복했지만, 마음씨 좋은 노부부와 오차드는 눈만 동그랗게 뜨는 것이었다. 그래도 오차드의 말투에 더 익숙해 있던 내가 눈치를 채고 끼어들었다.

"이티스 워름."

'름'에 엑센트를 두고 말했다. 그러자 그들은 금방 알아들었다. 오차드의 어머니는 온갖 호들갑을 떨며 창문을 열었고 선풍기를 가져오는 것이었다. 이처럼 일상적인 단어의 사소한 발음의 차이에도 대화는 단절되곤 했다. 베르드(Bird), 게를(Girl), 슈테른(Stern) 등이 특징적으로 기억에 남는 스코틀랜드식 발음이다.

혼자 다니면 쭈뼛거리기만 하고 길도 제대로 묻지 못하면서, 여럿이 길에 나서면 길가는 여자들에게 실없는 짓들을 하곤 했다. 앞에 가는 여자가 예쁘기라도 하면 큰소리로 떠들어댔다.

"아이야, 먹음직한데!"

우리말로 하다가 조금 지나서는 그것이 영어로 바뀌었다.

"이터블(eatable)한데, 이터블해."

앞사람에게 들릴 정도로 큰소리로 시시덕거리곤 했다. 앞에 가던 여인이 돌아보기라도 하면 짐짓 모르는 척 딴 곳을 보며 한국말로 핀잔을 주었다.

"뜻도 모르면서 아는 척은 왜 해?"

우리는 '이터블(eatable)'이란 표현이 우리가 지어낸 것이어서 스코틀랜드 사람들은 아무도 못 알아들으리라 생각했었다.

그러나 그들도 섹시한 여자를 보면 '이터블'이라고 한다는 이야기를 듣고, 그것을 사전에서 확인한 것은 스코틀랜드에 도착한 지 몇 달 뒤였다. 이미 골목골목에서 수많은 여인 꽁무니에 '이터블'이란 꼬리표를 달아놓고 난 뒤였다.

그대의 찬 손

정구 잘 치고 시원하게 샤워하고 밥 잘 먹고 잠 잘 자고 난 어느 새벽이었다. 갑자기 배가 찢어질 듯이 아팠다. 같은 방을 쓰던 김종기 씨에게 업혀 버스 타고 경찰 순찰차까지 동원해서 찾아간 곳이 그리녹 왕립병원(Greenock Royal Infirmary)이었다.

내가 그 병원이 생긴 이래 처음 입원한 극동 사람이라고 했다. 맹장염이라고 하면서도 그들은 되도록이면 수술을 하지 않으려고 했다.

수술 시간을 앞당기기 위해 나는 필요 이상으로 소리소리 지르며 엄살을 부렸다.

점심시간이 지나고도 한참 후에야 수술은 시작되었다. 얼굴 색깔이 다른 사람의 몸이라 자신이 없었던지 맹장 하나 꺼내고는 여덟 바늘 넘게 꿰맸다고 했다. 나의 맹장은 그 병원에서 한동안 방부제 속에 넣어 보관되었다는 말을 들었다.

병실에는 40여 명의 환자가 있었는데 간호원은 세 명뿐이었다. 그들은 출간해서부터 퇴근할 때까지 시계 바늘처럼 시간에 맞춰 환자 사이를 오갔다. 빈둥거리거나 시시덕거릴 여유가 전혀 없었다.

체온을 재고 나서 배식을 하고 회진에 따라다니고 약을 갖다주는 일들이 조금도 빈틈없이 기계적으로 이루어졌다.

나는 그들의 부지런함에 감탄을 하면서도 그 기계적인 대접에 불만이 많았다. 그래서 혼자 군시렁거리곤 했다.

'이국에서 몸이 아픈 외로운 사람의 심란한 마음 좀 따뜻하게 해주면 어디가 덧나냐?'

어느 날 아침 조그맣고 통통한 간호사가 와서 차가운 손으로 기계처럼 내 손목을 짚고 맥을 보기 시작했다, 나는 속삭이듯 말을 걸었다.

"아, 그대의 조그만 손은 얼어 있구나(Your tiny hands are frozen: 푸치니의 오페라 〈라 보엠〉에 나오는 아리아 '그대의 찬 손'의 영어 제목)."

그녀는 얼굴이 빨개지며 기뻐했다.

그날 저녁 그녀는 마흔 명의 청중 앞에서 그 아리아를 요청했고, 나는 땡기는 맹장 수술 부분을 거두어 누른 채 그 노래를 부르지 않을 수 없었다. 그녀의 손은 언제나 차가웠지만, 그 뒤부터 다정한 말이 한마디씩 얹혀 있었다.

퇴원할 때는 퇴원 서류에 사인만 하면 되었다. 돈 한 푼 요구하지 않았다. 그냥 나오기가 너무 허전해서 담당 의사와 간호원들에게 양주 한 병과 초콜릿을 한 통씩 나누어주려고 준비했다. 그러나 옆 침대의 환자로부터 야단을 맞았다.

"그들은 정당한 월급을 받고 근무를 한다. 당신이 선물을 주면 선물을 줄 수 없는 우리들은 어떻게 되겠느냐?"

나는 준비했던 그 선물들을 도로 들고나올 수밖에 없었다.

스코틀랜드의 가장 아름다운 계절인 7월 어느 날로 기억한다.

그날 우리는 글래스고우 남쪽, 머더웰(Motherwell)이라는 작은 도시로 가서 정경화 씨의 바이올린 연주를 감상하기로 되어 있었다. 조선소에서 조금 일찍 나와 외출 준비를 하고 있는데, 김정호 과장이 심각한 얼굴로 나타나 불쑥 말했다.

"황 형, 정구치러 갑시다."

"아니. 곧 연주회에 가야 되잖아?"

"그것 때문에 그래요."

"그것 때문이라니?"

"연주회에 가서 정경화 씨에게 꽃다발을 줘야 하지 않아요. 그걸 나보고 주라는 거예요."

우리 사이에서 가장 귀공자 타입의 미남에 총각이니, 꽃다발을 주기엔 그가 적임자였다. 그는 남자들 사이에서는 의젓하고 덤벙거리지 않는 성격이었다. 그러나 객지에서 아름다운 여인에게 꽃다발을 준다는 것이 그토록 가슴을 설레게 했던 것이다. 그의 마음을 가라앉히기 위해 나는 그의 정구 파트너 노릇을 했다.

그는 땀을 빼고 마음을 가라앉힌 뒤 머더웰로 향했다. 클라이드 페어 인터내셔널(Clyde Fair International) 측이 일 년에 한 번씩 주관하는 스코틀랜드 예술 축제였다. 정경화 씨는 스코틀랜드 국립 교향악단과 순회 연주 중이었고, 그날 차이코프스키의 이태리 기상곡과 멘델스존의 바이올린 협주곡 등 우리 귀에 반가운 곡들을 들려주었다. 그녀의 뛰어난 아름다움과 열정적인 연주는 모든 청중을 사로잡았고, 특히 객지에 와 있는 연수생들의 어깨를 한없이 높여주었다.

연주가 끝난 후 김정호 과장은 쭈뼛거리며 단상으로 올라가 예정대로 꽃다발을 증정했다. 돌아오는 길에 내가 물어보았다.

"꽃 줄 때 뭐라고 한마디 했어?"

"글쎄 문자 좀 쓰려고 했는데, 안 되대요. '외국에서 국위 선양하는 것을 보니 자랑스럽습니다.' 이런 이야기를 하려고 했는데…."

"했어?"

"아니 내가 말하기도 전에 정경화 씨가 '뭐 이런 걸 다 가져오셨어요. 고맙습니다.' 그러잖아요."

"손에 키스라도 해줄 걸 그랬지."

"악수한 것만 해도 어딘데, 나 이 손 며칠 동안 안 씻을 거예요."

뒤바뀐 스승과 제자 사이

1980년대 초, 그러니까 우리가 훈련을 마치고 돌아온 지 10여 년 후에 리스고 조선소를 다시 방문할 기회가 있었다. 그 조선소가 조선소로서의 기능을 거의 잃어가고 있을 때였다.

영국 최대 재벌 중의 하나인 트라팔가(Trafalgar) 그룹이 리스고 조선소를 인수했다.

트라팔가 그룹 산하에 있던 쿠나드(Cunard) 해운이 컨테이너선 개조 공사를 그 조선소에 맡기기로 결정했고, 그 공사를 하기 위해서는 컨테이너선 건조에 경험이 많은 조선소의 기술 협조가 필요했다.

쿠나드 해운은 현대조선이 도와주기를 바란다고 했다. 10년 사이에 스승과 제자가 뒤바뀐 셈이었다. 현재 운항 중인 여러 척의 컨테이너 운

스콧 리스고 조선소가 있던 자리

반선의 한가운데를 갈라서 그 사이에 큰 토막을 넣어 배를 키우고 더 많은 컨테이너를 실을 수 있도록 하자는 프로젝트였다.

   조선소를 방문해서 시설들을 검토하고 어떤 범위의 기술협력을 할 수 있을지 의논하자고 했다.

   조선소는 깨끗하고 잘 정돈되어 있었고 조용했다. 죽은 조선소였다. 귀를 멍멍하게 하던 철판 두드리는 소리도, 기름투성이의 작업복들도,

발 디딜 틈도 없이 어지러져 있던 잡동사니들도, 투박하지만 구수하던 스코틀랜드 사투리의 고함 소리도 없었다.

우리의 옛 친구들, 다우니도 퍼거슨도 오차드도… 정들었던 얼굴은 한 사람도 거기 없었다.

조선소를 돌아보며 가슴에 넘쳐흐르는 감회를 어쩔 수 없었다. 이제는 옛 영광과 명성을 다 잃어버린 이 조선소와, 그 씨앗을 가져다 열 배, 백 배, 천 배로 수확을 늘려 번영을 누리는 우리 조선소와의 끈끈한 인연을 생각하지 않을 수 없었다. 그것은 뼈가 저리는 고마움이었다.

관련자들과 점심을 나누며 나는 내 마음속 고마움을 전했다.

"당신들은 좋은 선생님이었어. 모른다는 것밖에는 가진 것이 없었던 완벽한 무식꾼들을 잘 가르쳤지. 기술을 가르쳤을 뿐 아니라 스스로 일어설 수 있는 지혜와 용기를 가르쳤지. 다른 사람들에게 배운 많은 다른 조선소들은 결코 그와 같지 않았어. 특히 일본 사람들이 가르친 조선소가 여럿 있지만, 결코 당신들과 우리 사이 같지 않았어. 누구도 우리처럼 스스로의 두 발로 자립하지 못했어. 당신들은 우리에게 배를 가르쳤고, 배 젓는 법을 가르쳤고, 이제 당신들을 가르치도록 우리를 가르친 거야."

그들에 대한 고마움을 제대로 표현할 방법이 없었다.

그 고마움은 우리 스스로에 대한 대견함과 겹쳐 있었다. 그 낯선 사람들과 작별을 한 다음 리스고 조선소를 떠나면서 나는 그들에게 무언가 도움이 되어야겠다는 다짐을 수도 없이 되풀이하고 있었다.

한국 조선산업 연대기의 출발점

여명기를 회고하다
그리녹에서의 추억
초대형(超大型) 조선사(造船社)로의 입지(立志)
현대건설 조선사업부 입사 면접시험 에피소드
회장 승용차 문 열어주는 서비스 보이 역할 세 차례
조선사업부 과도기(過渡期) 생활
현대 조선사업부의 업무분장(業務分掌)과 연수 출국
정감에 겨운 양고기 맛

사단법인 김종식 미술관 이사장
김 헌

- 부산고등학교 (1959~1962)
- 부산대 조선공학과 (1962~1966)
- 해병대 소위 임관 (1966)
- 해병대 중위 전역 (1968)
- 대선조선(부산) 재직 (1969~1971)
- 현대조선/중공업(주) 재직 (1972~1984)
- 영국 스콧 리스고(Scott Lithgow) 조선소 기술 연수 (1972. 4~9)
- 일본 Sakaide 조선소 기술 연수 (1972. 10)
- 한국 초유 Off-Shore Project PM 성공 (시추 Launching 船 건조, 1977)
- 프랑스 TGZ社, GT社와 LNG 船 기술 협약 체결 (1978)
- 동광산업사 설립 경영 (1985)
- 동광산업엔지니어링 개설 경영 (1986~1996)
- 김종식 화백 기념관 창립 (1989)
- 김종식 화백 기념관 이전 운영 (2008)
- 사단법인 김종식 미술관 설립 (2018)
- 김종식 제2미술관 건립 운영 (2019)

- 편저서(編著書)
  『남장 김종식 오직 그리다』(새로운사람들, 2021)
  『요놈들 봐라』(아동문고, 새로운사람들, 2022)
  『스스로 기약하여』(고교동기 기념 문집, 새로운사람들, 2012)

한국 조선산업 연대기의 출발점

여명기를 회고하다

사람이 있고서야 역사(歷史)가 이루어지는 것이 아닌가?

조선소(造船所)든 뭣이든 유능한 종사자가 있어야 마땅한 운영이 이루어지는 것이다. 초대형 조선소를 통한 조선입국(造船立國)이라는 대명제(大命題) 아래 정주영(鄭周永) 회장은 조선소 건설에 필요한 차관(借款)을 얻기 위해 동분서주하는 한편으로 영국의 A&P APPLEDORE 엔지니어링사(社)와 기술 협약을 체결하면서 이를 통하여 영국 글래스고(Glasgow) 인근에 있는 스캇 리스고 조선소(Scott Lithgow Shipyards)에서의 기술 연수 프로그램을 입안했다. 그것은 '현대의 엔지니어들'을 6개월씩 2차례에 걸쳐 기술훈련을 시키는 일이었다.

아울러 정주영 회장은 영국의 버클레이즈(BARCLAYS) 은행에 차관 신청을 하고, 또 당장 찾아내기 불가능해 보이던 마뜩한 선주(船主)를 발굴하여 선박 계약금을 접수함으로써 영국 수출신용보증국(ECGD)의 어려운 관문을 통과하고는, 드디어 꿈같던 차관 도입을 성사(成事)시킨 후 1972년 3월 23일, 현대조선소 기공식이 제대로 이루어지게 했다.

울산의 전하만(田下灣)에서 도크(dock)를 파는 토공건설(土工建設)이 진행되던 시기에 우리 Scott Lithgow 기술연수원들은 자부심과 보람과 감사의 마음으로 대망(大望)의 장도(壯途)에 올랐다. 우리 연수원들이 영국에서 거주하던 엘든 하우스(Eldon House)는 그리녹시(Greenock City)에 소재했다. 우리는 6개월 동안 엘든 하우스에 머무르며 스캇 리스고 조선소에서 기술 연수를 수행한 뒤에 귀국하였다. 그리고 많은 세월이 흘러 우리가 모두 '현대'에서 조선소 생애를 마친 다음, 퇴사 후 결성한 친목회(親睦會)가 '그리녹 클럽(Greenock Club)'이다.

이런 일련의 연대기(年代記)가 반세기도 더 지난 지금 돌이켜보면 하나의 진솔한 섭리(攝理)의 역사(歷史)인 것처럼 느껴진다.

그리녹에서의 추억

나는 지금 눈을 지그시 감은 채 그때 그 시절을 회상해 본다.

지금부터 52년 전 우리의 '그리녹 연수 시절(研修時節)'이 주마등처럼 스쳐 지나간다. 구글(google)의 지도(地圖) 화면을 스마트폰에 띄워놓고 영국 스코틀랜드의 글래스고(Glasgow) 서쪽 클라이드(Clyde)강 하구(河口)에서 강을 끼고 남북으로 마주 놓인 그리녹(Greenock)과 헬렌스버러(Helensburgh) 주변을 응시(凝視)한다.

해외의 이국(異國) 풍경에 설레던 호기심과 함께 그리녹은 우리 연수(研修) 생활의 터전이었고, 세계적으로 유명한 여배우 데보라 카(Deborah kerr, 1921~2007)의 고향인 헬렌스버러는 내 청춘의 보금자리 가운데 하나로 동경(憧憬)의 대상이자 그리움이 아련한 곳이다.

연수 기간 중 휴일이면 클라이드(Clyde)강에서 낚시질해 건져 올리던 물고기들은 내 마음의 풍요(豐饒)를 부풀려 일으키고 아름다운 추억의 파노라마를 불러온다.

이제부터 시기순으로 그 연대기(年代記)를 전개해 보자.

초대형(超大型) 조선사(造船社)로의 입지(立志)

1970년대 초, 부산 영도의 중형조선소에서 재직할 때 나는 깜짝 놀랄

영국 글래스고(Glasgow) 공항에 도착 직후(1972년 4월 초), 공항 청사 내에서 여행의 감회를 교류하며 몇 사람이 함께 포즈를 잡았다.

조선산업 정보를 알았다. 생산실적 보고 브리핑을 위해 사장실을 출입하던 중, 중역들 사이에 오가는 대담 내용이 귀를 솔깃하게 했다.

"조만간 현대건설에서 정주영 회장이 초대형 유조선을 지으려고 하나 봐, 그 조선소를 차리기 위해 간부공채(幹部公採)를 공시할 것 같아."

나는 유연승어선(有延繩漁船, Long Liner Vessel)과 해경 경비정만 전문으로 건조하던 생업(生業)에서 탈피하여 더 원대한 꿈을 꾸기 시작했고, 얼마간의 시일이 흐른 후에 마침내 공채 시험에 합격하여 현대건설 조선사업부 소속으로 입지(立地)가 변천(變遷)되었다.

현대건설 조선사업부 입사 면접시험 에피소드

1971년 말 현대건설 조선사업부 간부 공채를 위한 최종면접 시험장은 정주영 회장실이었다. 냉랭한 중역진으로 편성된 배석 면접관들에게 둘러싸인 채 드디어 회장님과 나의 막바지 질의응답이 이어졌다.

"당신은 전직의 그 소형 조선소에서 주로 300톤급의 조그마한 배들을 만든 것 같은데, 우리의 새로운 조선소에서는 앞으로 100,000톤이 넘는 VLCC 초대형 선박을 만들려고 한다. 조그만 배들을 만들던 당신의 경험이 우리 사업에 무슨 도움이 될 것 같습니까?"

정 회장의 질문에 나는 번개처럼 솟구치는 오기를 속으로 되삼키며 또박또박 답변하였다.

"예, 회장님. 300톤의 어선이나 260,000톤의 V.L.C.C(Very Large Oil Carrier) 유조선이나 배는 다 똑같다고 생각합니다."

나는 회장실을 나서면서 '불합격할지도 모르겠다.'라는 우려 섞인 냉

연수생들을 환영하는 '항공 쇼'에 초대받아 탑승 직전의 비행기 앞에서(72년 4월). 스콧리스고 조선소에서 연수생들을 환영하는 '항공 Show'를 기획하여 항공사가 대기시킨 비행기 앞에 호기심과 흥분으로 도열(堵列)한 일행.

한국 조선산업 연대기의 출발점 _ 김헌

기를 느꼈다. 그런데 열흘 후에 부산의 집으로 '현대'의 전보가 날아왔다.
"귀하는 3일 후에 현대건설 조선사업부로 출근하시오."
당시 현대건설 조선사업부는 서울의 현대 본사 안에 있었다.

회장 승용차 문 열어주는 서비스 보이 역할 세 차례

영광의 공채 입사로 한껏 고무된 채 서울로 올라와 사직동의 하숙집에서 무교동 현대건설 본관까지 걸어서 출근했다. 그 시절에 나는 부산의 고향 집에 다녀오지 않는 대부분의 주말이면 새로 탄생하는 대형 조선소에 대한 희망과 의욕 때문에 일요일에도 일찍 회사로 출근하였다.

(이때만 해도 스물여덟 살의 총각이었으니 행동과 의지가 신속 간명했다.)

일요일 아침 7시경 사옥 현관 앞마당으로 걸어서 들어서는데 검은색의 큼직한 승용차가 뒤따라 진입하는 것이 아닌가. 느낌이 좀 그래서 옆으로 돌아보니 서서히 정차하는 승용차의 창문 속으로 정주영 회장님이 앉아계셨다.

나는 해병 장교 출신으로 제법 의전 상식과 눈치는 있었다. 순간적으로 현관 계단 위쪽의 수위실 쪽을 바라보았다. 그곳에서는 아무 기척도 없었다. 이런 상황에서는 "아이쿠, 회장님!" 하며 수위나 관리인이 버선발로라도 달려 내려와 차 뒷문을 열면서 반갑게 인사를 올려야 하는 것이 아닌가? 토요일인 어젯밤 과음을 했던지, 또는 졸고 있는지 몰라도 아무튼 직무 유기인 셈이다.

나는 불화살 같은 충동으로 기민하고 자연스럽게 승용차 뒤의 오른쪽 문 옆으로 다가서서 공손하게 문을 열었다. 회장님 표정이 묘했다. 수위 녀석은 안 보이고 웬 젊은이가 당당하게 승용차 문을 당기고 서 있으

스콧 리스고 조선소 연수 시절 주거지로 임차했던 엘든 하우스(Eldon House) 앞에서(72년 5월). 정원 입구에서 건물을 배경으로.

니 다소 의아스러워하시는 듯했지만, 내가 현대 직원이라는 사실은 간파하신 것 같았다.

회장님은 큰 몸을 일으키고 차 밖으로 나오셔서 힐끗 나를 한 번 흘겨보시고는 아무 말 없이 현관의 엘리베이터로 뚜벅뚜벅 걸어가신다, 나도 바쁘게 내 사무실(5층)로 가기 위해 3보쯤 뒤에서 회장님을 따라 엘리베이터로 들어섰다. 회장실은 7층, 내 책상은 5층에 있었다.

이 시절만 해도 엘리베이터는 존귀한 시설인데 규모는 작았고 기능 수준도 열악했다. 그런고로 이 시설은 주로 VIP 용도였고, 직원들은 대부분 계단을 이용했다. 그런데 내가 왜 회장님과 함께 엘리베이터를 탔을까? 짐작하건대 자청해서 일요일에 특근(特勤)하는 입장이고, 또 잠시

라도 회장님을 보좌한다는 기사도 정신에다 웬만큼은 신변의 보위까지 감당해야 할 듯해서 자연스레 공동의 공간 속으로 따라붙었던 것 같다.

아무튼 회장님은 엘리베이터 속에서 큰 키로 서서히 나를 뒤돌아보셨다. 나는 조금 건방져 보이는 태도로 과감히 5층 버튼을 누르고 회장님께 공손히 목례(目禮)를 올리고는 당당하게 5층에서 먼저 엘리베이터를 내려 빠르게 내 책상으로 향했다. 이 아침의 에피소드가 이루어지는 동안 회장님과 나 사이에는 아무 대화도 없었고, 또한 어떤 설명도 필요가 없었다.

초대형 조선소 창설 때문에 현대건설(주) 조선사업부 요원들은 모두 정신없이 들떠 있었다. 내가 입사해서 4개월 후 영국으로 6개월의 해외 연수를 떠나기 전까지 두어 달 사이에 정주영 회장님의 승용차 문을 열게 되는 일이 일요일의 똑같은 시각에 똑같은 장소에서 꼭 세 번 일어났다. 세 번 승용차 문을 열어드렸고, 두 번 엘리베이터를 동승(同乘)했다. 내가 스스로 생각해 봐도 참 기막힌 경험이라고 자평하면서도 은근히 자랑스럽기도 했다.

"헌이 너는 이제 죽었다. 회장님과 엘리베이터를 같이 탔으니 건방지기 짝이 없는 무례와 월권행위다. 어떤 불이익이 닥칠지 모른다."

서울에 있던 고등학교 동기생에게 그 얘기를 했더니 대뜸 공갈치듯 겁을 주었지만, 내 나름으로는 오히려 자랑으로 삼을 만한 배짱은 가지고 있었다.

조선사업부 과도기(過渡期) 생활

천하 굴지의 기업 '현대'에서 차출된 요원들과 또 공채를 통해 선발된 우리 영입사원들은 누구랄 것도 없이 과연 경외(敬畏)스러운 인재들이었다. 그들 중 실제로 조선소 출신이 아닌 사람들은 자기의 전공 분

그리녹(Greenock) 서남쪽 30km 지점의 밀포트(Milport) 섬에서 동료들과 함께 자전거를 임대하여 섬을 일주 순회하며 탐방하다(72년 5월).

야에서는 한몫할지 몰라도 조선 전문지식의 특수성과 기술력에는 한계가 있을 것으로 생각하여 나는 특강 시간을 이용하여, '조선 설계(Ship Lines Design)'에 대해 강론(講論)했다. 강론의 목적은 '배의 기본을 알고 선박에 친밀해지자.'는 것이었는데, 요컨대 "선체의 어느 공간일지라도 평면도(Ground Plan), 측면도(Side Plan), 정면도(Front Plan)를 통해 공유하는 여느 위치는 하나의 점(Dot)으로 귀결된다."라는 논지(論旨)였다. 그 결과 부서원들로부터 정확한 이해에 도움이 된다며 따뜻하게 호응하는 강평을 얻었다.

현대 조선사업부의 업무분장(業務分掌)과 연수 출국

나의 조선 전문업무는 소조립직(小組立職)이다. 소조립이란 선체외판과 갑판으로 에워싸이는 선체 내부 구조물로서 재화중량(Dead Weight Tonnage) 26만 톤 원유 운반선(Crude Oil Carrier)의 경우 강재 종합

스콧 리스고(Scott Lithgow) 조선소 연수 중 설계실에서 필자의 데스크에 모인 스탭들과 협의·대담하던 중에 포즈를 취하다(72년 6월).

일과 중 15분 정도의 휴식 시간을 이용하여 조선소 간부들과 함께 갖는 즐거운 티-타임 모임에서(72년 6월).

중량은 5천여 톤으로 수만 가지 형상과 크기, 두께의 강판(Steel Plate)을 조립하여 내구재(內構材) 용접을 하는 공정이다.

그러니까 공정상으로는 조선소에서 용접불꽃(Welding Arc) 발생을 맨 처음으로 개시하는 부서가 된다.

경제가 어렵고 외환보유가 적어 해외여행이 제한받던 그 시절에 '조선입국'이라는 대명제 아래 우리는 드디어 해외연수를 출발한다. 1972년 4월 1일이었다. 1차 연수단 30여 명에 포함되어 나는 김포공항을 출발하여 앵커리지, 코펜하겐, 런던을 기착경유(寄着經由)하여 스코틀랜드 글래스고 공항에 도착했고, 이어서 약 1시간 거리에 있는 소도시 그리녹(Greenock)으로 기차를 타고 이동했다. 엘던 하우스(Eldon House)라는 전셋집 두 채를 빌려 주거를 정했다.

정감에 겨운 양고기 맛

초대형 조선 사업을 위해 경남 울산의 전하만에 드라이도크(건선거, 乾船渠) 공사로 흙을 파고 쪼개던 1972년 5월 어느 날, 정주영 회장은 한 달 전인 4월 초부터 출국하여 영국 스코틀랜드 글래스고시(市) 인근의 스캇 리스고 조선소에서 기술 연수를 받고 있던 우리 연수생들을 직접 만나보고 또 위무하기 위해 그리녹(Greenock)으로 출장을 오셨다.

정주영 회장은 양고기 요리를 잘하는 틴톤(Tinton) 호텔 레스토랑으로 우리 연수생들을 초대해서 만찬을 베푸셨다. 나는 6개월 연수를 마친 후에 귀국하면 새로 만들어진 현대조선소에서 소조립 공장장으로 부임하기로 내정된 입지에서 나날이 열심히 공부하며 희망차게 생활하고 있었는데, 정 회장님의 순방으로 매우 고무되었고 또 감사가 넘쳤다.

정회장께서는 우리의 노고를 치하하시면서 "양고기는 따뜻할 때 제

일반 관광객들이 많이 찾는 관광 명소 에딘버러(Edinburgh) 성채를 처음 관광하면서(72년 7월).

맛이 나는 법이야. 눈치 보며 사양하지 말고 자- 마음껏 맛있게 많이들 드시게나" 하시면서 먼저 갈비를 뜯으며 분위기를 선도하시는 게 아닌가. 나는 마치 고국에 계신 우리 아버지를 느끼면서 정회장의 사려 깊은 정감에 공명했다.

스캇 리스고 조선소(Scott Lithgow Shipyards)

대영제국시절의 전형적 대형조선소로서 건선거(Dry Dock)는 없는 대신 활선대(Slipway)위에서 우리가 울산조선소에서 지을려는 유조선(26만톤)과 동형급(同型級)선박을 짓고있었다. 이미 이곳의 조선사업은 사양화(斜陽化)에 들고있어 운영속도와 활기는 겉보기에 다소 저조해보이나, 관련사업을 함께 추스르는 주 공장내외의 방계시설까지 과거전성기의 조선소 편제는 그대로의 관록을 자랑하고 있었다. 우리 연수생들은 각기 해당관련부서에 기탁하여 연수를 시작했다. 주무전문부서와 관

관광버스를 이용하여 유명한 관광지를 찾는 스코틀랜드 풍물 관광 중 Loch(호수) 명소인 호숫가에서 폼을 잡아 보며(72년 8월).

련 참고부서를 커리큐럼(Curriculum)을 안배(安配)해서 수습(修習)했다. 나는 이곳 설계실에서 과히 보람있는 경험을 습득한 것이 있는데 그것은 조선설계전산화 프로그래밍(Programming)기법이었다. 과거 생산직에서만 운신했던 나로서는 마치 장구한 박사논문을 엮는 것 같은 희열과 보람을 얻고 시뮬레이션(Simulation)경험을 이루었다.

연수생활상(研修生活相)

정규의 일과는 공동생활로서 조선소 각 공장으로 출근하여 과업을 수행하였고 석식 후에는 자율적으로 간담회도 열었다. 고국에서 영양사 주방장을 선임. 파견하여 우리의 식생활을 원만하게 지원해주었고, 각자는 자기침실에서 그날의 연수에 관한 주요내용을 복수로 작성해서 원본은 한국본사로 발송해서 업무보고하고 부본은 자기보관하였다.

주말에는 낯설고 흥미로운 이국풍물을 관망하였고 간혹 강으로 나가

글래스고 박물관 앞에서(72년 9월). 박물관 입구의 벤치에서 '어떻게 좋은 것을 잘 찾아볼까?' 갸웃한 표정을 지어본다.

서 낚시도 하였다. 그런데 놀랄일은 참으로 물고기가 많이 잡히는 것이었다. 낚시를 하는데도 마치 그물을 쳐 끌어올리듯 하였으니, 그리고 근교의 조그마한 섬을 찾아 자전거를 임대하여 바이킹 여행도 했지만 지금도 뇌리에 남는 것은 하루종일 관광버스에 편승하여 아름답고 심오한 스코틀란드의 대자연 풍광을 만끽한 것이었다.

우리는 고국본사에서 수령하는 월급봉투외에 해외연수 현지수당을 지급받았다. 요즘 금액으로는 약 삼백만원 정도의 돈이었는데 이것을 받으면서 나는 중대한 결심을 했다. 금액을 삼분하여 하나는 고국에 계신 아버지를 위해서, 또 하나는 내 미래의 신부를 위해 혼수물(반지)를 구입하는 일, 마지막 하나는 생전 처음맞는 선진외국체재(滯在)에서 선진의 문화, 관광체험에 매진하자는 것이었다. 나의 아버지는 화가이시다. 화가로서 예술은 깊고 생활은 외로우시다. 나는 장남으로서 항상 집을 떠나있고 더구나 지금은 해외에 있게되어 죄송한 마음이다. 나는 아버지를 위로하고 격려해드리기 위해 당시로서는 한국에서 유회구(油繪具)물감(oil

제2차로 명받은 일본 연수를 위해 방문한 사카이데(SAKAIDE) 조선소 간부들과 함께(72년 10월).

paint)이 부진하던 점을 감안해서 좋은그림 많이 그리시는데 도움이 되도록 매달 영국을 포함해서 유럽산 제품의 물감을 구입해 공수(空輸)시켰다.

국제우편을 통한 결혼중매작전

어머니로부터 온 고국소식중에서 나를 위한 중매이야기가 있었다.
신부감은 부산 동래출신이며 이화여대 미술학과에 재학중인 나의 여동생과 선후배사이가 되는 신부감의 여동생이 협력하여 중매한 결과라고 하였다. 편지와 동봉한 색시감의 사진을 본 뒤에 귀국후로 모든 것을 미루기로 하고 궁금함을 달랬다.

귀국을 막는 또 다른 연수명령(일본 사카이데 조선소)

영국연수기한이 거의 종료되어가던 9월 하순의 어느날 나를 포함

Ro-Ro선(船) 탐색을 위한 일본 출장 중에(75년 10월). 난데없이 긴박한 출장 명령으로 서울-도쿄, 도쿄-나가사키까지는 항공편, 나가사키-사세보의 오오시마 조선소까지는 승용차를 이용한 출장이었다. Ro-Ro선 내부구조인데, 차량 전용 탑재구획으로 설정된다.

한 연수생 5명은 귀국하지않고 일본국 사카이데 조선소(SAKAIDE SHIPYARDS)에서 약 1개월간 두 번째 연수과업을 수행하라고 하는 추가의 임무가 부여되었다. 한창때의 내청춘 숫총각이 난생처음으로 만나보고자 하는 신부감에 대한 열망도, 영국연수기간에 누적되어온 피로도 모두 잊고 9월 말에 함께 귀국하던 동료들과 일본국 동경에서 헤어져서 우리5명은 사카이데로 향하는 신간선(新幹線) 고속철도에 올랐다. 사카이데 조선소는 가와사키(川崎)계열의 신규 대형사로서 우리가 예정하고 있는 동급의 VLCC를 건조도크에서 짓고 있었는데, 우리 회사가 착목한 목표는 사카이데의 최신, 유사, 편이한 환경조건에서 연수시키려는 배려에서였다. 아무튼 2차선발대 5명은 크나큰 사명감을 갖고 열심히 임무를 완수하였다. 그런데 부언하자면 이 연수사례를 통하여 차후의 현대조선과 사카이데간의 대규모 연수협약이 성공리에 이행되었다는 점이다.

소조립공장(Sub Assembly Shop)의 특징

소조립 공정(小組立 工程)은 수많은 동종(同種)의 패턴(Pattern)을 가지며, 수많은 부재(部材)를 취합해서 용접완성하고 조선소의 다음 공정

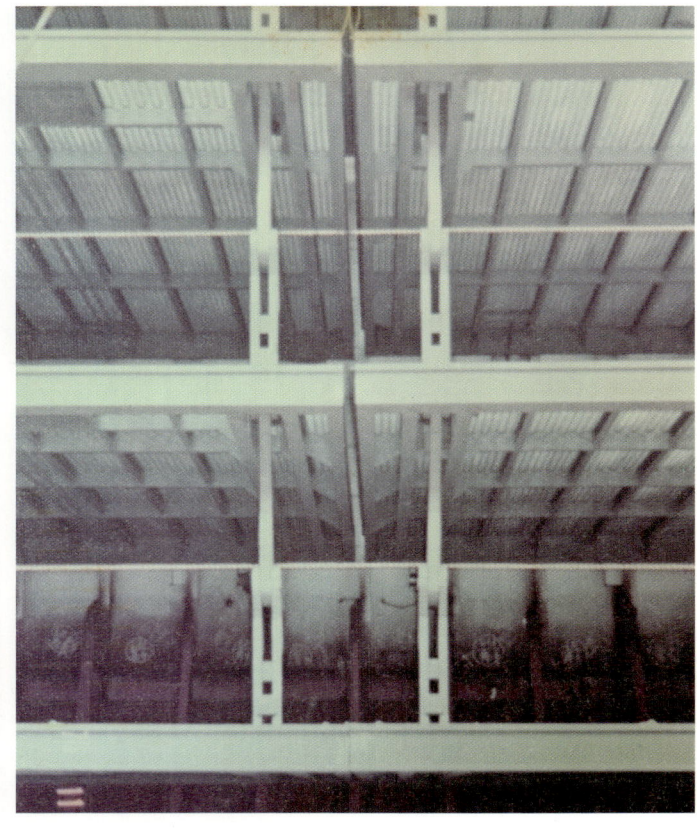

Ro-Ro선 카 데크(car deck) 공법 확정(76년 3월). 필자가 정찰 출장하고 귀국한 뒤 Ro-Ro선 차량 갑판(car deck) 설계를 정립하여 제작한 공사 내용과 같다.

인 대조립(Unit Assembly) 공장으로 배송, 보급시킨다.

 소조립 구조물을 제작하는데 있어 외형상으로 괄목할 만한 규격은 선체 격벽판 조립물과 선저외판 내부에서 일렬종대로 들어앉는 센터 거드(Center Girder)가 있다. 센터 거드는 판재(Single Plate, 약 4m×8m, 8mm두께)에 면재(Face Plate)가 직각으로 붙는 T-용접의 대표적인 사례로서 한쪽의 T-용접을 마친후에 다음용접 공정을 위해서는 대형물을 뒤집어 엎는 전도(轉倒)가 뒤따라야 하는데 이를 위해 제작공장 상부에 설치된 OTC(Overhead Travelling Crane, 천정크레인)를 이용해서 전도를 시키지만 그 찰나의 관성 모멘트가 발생해서 충격사고의 위험이 따른다. 이 사고를 예방하기 위한 궁리 끝에 나는 폐타이어를 마련하여 완충을 병행하면서 안전작업을 유도하였다. 우리의 백 이사께서 걱정이 되어 작업현장을 지켜보던 장면이 기억에 생생하다.

 소조립 공장에서는 자체개발로 제작을 돕는 치공구(治工具)를 제작, 마련해야한다.

 조립용도에 따라 다양한 종류의 치공구가 필요하니 나는 강판 잔재(殘材)를 이용하여 수많은 보조공구를 제작, 비치(備置)하였다.

배재 전쟁(配材 戰爭)

 절단가공(강판을 자동절단기계로써 절단한 후 부재기호, 명칭을 마킹(표식)한 공정)한 부재는 그 운반수단인 롤러 콘베이어(Roller Conveyor)를 타고 소조립공장으로 흘러들어가게끔 시설배열이 되어 있지만 너무나도 수가 많고 여러 가지 형태와 크기가 다 다르고 보니 결과적으로 양쪽부서간에는 부재의 인계인수상에서 차질발생이 빈번하고 이들의 추적과 확인에 장해가 따른다. 차질발생의 요인으로는 ①콘베이

OFF-SHORE PROJECT '35,000DWT TILTING BARGE' 건조 작업 모습(77년 10월). 미국 BROWN & ROOT 사(社)가 발주한 한국 초유의 '해상 시추용 Jacket 투하 Tilting Barge'로서, 현대조선소는 Off-Shore 공사를 개척할 유일한 호기를 손에 넣었다. 우리 기술력으로는 한계에 다다른 고정밀·고난도의 작업이 이루어졌고, 짧은 공기에도 불구하고 가까스로 관철하여 공사를 성공시켰다.

어로부터 이설적치(移設積置)上의 오류 ②가공자체의 망실(忘失)오류 ③ 가공이중의 오류 ④가공마킹오류 ⑤소조립오작에 따른 중복소요에 의한 동일재 수령 넘버링上의 문제 ⑥조선소내 타부서 전용(轉用)사유에 따른 도난 등에 의해 추정해볼 수도 있다.

이 배제의 차질문제는 너무나도 다양하고 빈번하여 오죽하면 정주영 회장께서도 부재와 배재의 진정한 의미를 각인(刻印)하고 "철판 자른 것을 부재(部材)라 하고, 부재를 번호에 맞춰주는 것을 배재(配材)라고 한다."(註. 정주영 회장의 자서전, 「나의 살아온 이야기 이땅에 태어나서」 187쪽)고 이해하며 배재업무의 철저관리를 강조하였다.

소조립공장에서의 위임관리제도 탄생

소조립은 조선소에서 선박내부구조물을 제작함에 있어 부재를 제 위치에 맞추어서 배열구성(이때는 가용접용으로 Tack Welding을 한다)

Off-Shore Project Manager 시절(77년 11월). 프라이드와 뚝심의 독불장군처럼 열정과 의욕으로 무장하고 현장을 누비면서 Off-Shore Project의 선주(船主) 감독관과 함께.

시키는 취부(取付)작업과 전담용접작업으로 대별된다. 그래서 다양한 부재들, 동선이 붐비고 또 공기준수 때문에 후공정(대조립)으로부터 쫓기는 듯 재촉받는 입장등 때문에 작업장 내에는 소음, 분진, 긴장속에서 안전사고의 재해강도가 높은편이었다. 또한 조선소의 직영작업자만으로 배정된 작업물량을 처리해 내는데는 한계가 있어 회사경영진에서는 회사외부에서 보조작업업체를 모집하여 소조립공장에 배속시키고 이들의 기술향상과 경영지도를 주문했다. 그리고 이들 외부업체의 관리지도를 '위임관리'라고 호칭하며 소조립공장의 경영관리성과를 보아 이 제도를 조선소 각 공장으로 확대 재편성하여 하청제도를 정격

화시키도록 시행했다. 소조립공장은 어려운 조건에서도 주의깊게 최선의 관리를 주도하여 위임관리제도를 성공시켰으며, 그후 시일이 흐르면서 조선소 전체로 하청제도를 전면화시키는데 효시(嚆矢)의 부서가 되었다. 그러나 아쉽게도 경영진에서 이 제도의 착수시점에서 '제도 정착에 성공하면 소조립부서에 포상(褒賞)하겠다.'고 한 당초의 약속은 지켜지지 않았다. 요즘은 이런 하청 개념의 용어를 '협력업체'로 포괄해서 많이 쓰고 있다.

정회장 바다속에 빠졌다가 다시 살아나다. (1973년 연말경)

현대중공업(주)는 조찬회의를 한다. 직원 중 간부급은 회장, 사장, 본부장이 주재하는 이 회의를 누구나 참석해서 이른 아침밥을 함께 먹으며 회의을 하는 것이다. 어느 추운 겨울날 아침, 이 날도 모두들 "고된 또 하루가 시작되는구나." 하면서 우직하게 밥을 먹고 있었다. 그런데 식

Off-Shore Project Barge선 인도일 전야, 현대조선 영빈관의 'Off-Shore Project 완공기념' 축하 파티장에서 선주(船主) 부인 Mrs. GOOD와 담소하며 유대를 강화하다(78년 2월).

당 문이 홱 열리더니 우리의 친애하시는(?) 회장님이 들어오시며 "우리 현대 잠바는 이 시보리(소매 조임 밑단)가 잘 된 것 같아."하면서 진곤색 점퍼의 소매 끝을 거듭 쓰다듬는 것이 아닌가. 자초지종은 다음과 같이 회장님이 말씀하셨다. 그는 서울에서 울산으로 조선소에 오면 너무 좋으며 바쁘게 현장을 점검한다. 이날도 겨울 아침 꼭두새벽에 혼자서 현장 순회용 승용차를 몰며 전하만 의장안벽 부두갓길을 서행하고 있었는데 새벽이니까 사위가 어두컴컴한 채 무엇인가 장애물이 막아와서 피하려고 급히 핸들을 꺾었더니, 글쎄 노면은 얼어있고 차는 관성을 받아 계속 옆으로 미끌어지며 마침내는 바닷물길 속으로 빠져 들어갔다. 여기의 수심은 대형선이 접안 계선 할 수 있는 십여 미터의 깊이이다. 정회장은 너무 놀랐고 차가 점차로 가라앉아 가자 당황했지만 빨리 운전대 측 도어를 열어야겠다는 생각을 하고 문을 밀쳤지만 꿈적도 하지 않았다. 크게 불안했다. 순간적으로 떠오르는 생각이 "힘을 가다듬어 모으고 수압을 역이용해서 돌파를 해야겠다."고 작정했다. 반대편 유리 창문으로 몸을 쏠려 버튼을 내리고 쏟아져 들어오는 바닷물의 수압에 보태어 젖 먹던 힘을 다해 손 발길을 함께 밀어 붙였더니 차문이 조금 들썩하였다. 천만다행! 이 기회를 이용해 계속 '힘을 넣어 드디어 문을 젖히고는 급히 탈출하여 수면으로 떠올랐다. 차가운 바다위는 황량하였지만 우선 살고부터 봐야겠다는 생각이 미치자 목을 젖히고 큰소리로 "사람살려! 거기 누구없소?"를 외쳐댔다. 천우신조인가, 이때 회사의 경비대에 갓 입사한 신출내기 경비원이 근처의 초소앞에서 무슨소리인지 바닷속에서 울려오는 외침을 흘려듣고는 관심을 집중했다. 점점 소리나는 곳으로 달려가니 바닷속에서 누가 허우적거리며 고함을 지르고있지않은가. "밧줄을 던져라, 로프를 내려라." 바닷속에서 덩치큰 누구를 끌어당겨 올려놓고보니 잘 모르지만 아마도 회장님이신 것 같다. "오! 고맙소. 자네 소속은 어디인가? 경비원이라고? 이름은? 수고많았어." 가져다바친 타월로 물기를 대충 털면서 "그런데 자네 소원은 무엇인가?" 좀 후에 "경비대장"이라고 수줍은 듯이 발설하는 경비원의 주문을 듣고는 "자네 내일부터 경비대장해" 이렇게 바닷가 안벽 위에서 현지임명의 인사체결이 이루어졌다. 우리 부서장들은 밥을 먹는 둥 마는 둥 회장님의 말씀에 정신을 놓고 있었다. 점퍼 소매를 칭찬한 것은 바닷물이 잘 스며들지않게 디자인과 제작이 잘 됐다는 말인 것을 알았다. 나는 서서히 힘이 느껴졌다. "세상은 생동하고 아름답게 살 만하다."고 소리가 울려온다. "오늘도 열심히 또 한몫 하자꾸나." 우리들은 힘차게 회의실 식당문을 박차고 각기의 부서를 향해 흩어졌다.

산업기술 정찰(偵察)을 위한 특별 출장명령 (한국초유의 Ro-Ro선(船) 개발사례)

남보다 빠른 진급으로 생산부의 차장(次長)이 된 나는 생산기술의 개발과 작업능률 향상을 위한 창의적사고를 도출하는 개발전담부서를 이끌고 있었다. 어느날 회사의 최고경영진에서 나에게 지시하는 출장명령이 나왔다고하여 알아보니 일본 규슈 지역에 있는 어느 조선소에 긴급출장을 다녀오라는 것이었다. 내용인즉 그 조선소의 안벽에 계선되어있는 어느 기존의 일본 RoRo선(Roll-on Roll-off, 자동차 전용운반선)을 시찰해보라는 것이어서 나는 밤낮을 달려 목적지에 도착했다. 응대(應對)해준 그 곳(오오시마 조선소)의 차장(次長)은 나보다는 십 수년 연장자임에도 불구하고 참으로 친절하고 배려가 깊었다. 이 특수선의 기능과 특징은 무엇인가? 차량갑판의 구조와 설계기술의 요체(要諦)는 무엇일까? 많은 의문점을 품은 채 나는 묵묵히 그저 보이는 것을 눈에 담을 뿐

프랑스 파리의 TGZ, 르하브르의 GTT로 기술 연수 출장을 나온 LNG 전담 요원들인 5명의 과장급 부하직원들과 기념 촬영(78년 5월).

그 외는 아무것도 구할 수가 없었다. 양해를 얻고 스냅사진 몇 장을 찍은 후 친절한 응대에 대한 감사인사를 드리면서 귀국길에 올랐다. 울산조선소로 돌아와서 출장복명을 한 뒤에 나는 그동안 내 눈에 새긴 그 사물들의 원리와 기억들을 복기하듯 풀어헤쳐 스케치도면을 작성해서 기본설계실로 띄어보냈다. 며칠도 안지나서 최고경영진은 나와 동급의 설계실 모 차장을 아예 책상채로 현장에 있는 나에게 배속시키는 놀랄 업무조처(措處)를 하는 것이 아닌가! 나는 황당함을 느끼면서도 기본도면 없는 현장도면을 시행착오개선법을 되풀이해 나가면서 제작하여 상세도(詳細圖)로 준용하는 요령과 함께 나의 특기인 돌관작업을 추구하여 Car

Deck 수십 량(梁)을 시한 내 적기납품할 수 있었다.

한국초유의 Off-Shore Project Manager 선임(選任)

Off-Shore라는 것은 조선사업이 조선소를 중심으로 조성되고 건설되는 것과는 달리 해안(바닷가)을 떠나 멀리 해상에서 이루어지는 시설이나 구조물을 건설하는 공사를 의미한다. 지난(至難)한 공사였지만 아무튼 영광스럽게도 나는 한국 최초의 Off-Shore Project인 BROWN & ROOT BARGE PROJECT의 P M(독립공사관리자)에 선임되었다. 이 Barge 船은 35,000DWT(재화중량톤수)의 규모로서 Off Shore Tilting 전용선의 기능을 가지는데 Barge 갑판위에 실려있는 Jacket(해상구조물)을 선미쪽에 위치하는 Tilting Beam 상부로 밀어낸 다음에 Jacket의 무게중심을 이동시키면서 중력에 의한 바닷속 자유낙하를 수행하는 기능을 가진다. 이 특수기능을 위한 Tilting Beam의 Pin

TECHNIGAZ 사(社)의 Mr. 에티엔(ETIENNE)과 함께(78년 6월).

Holes(36개)을 정밀기계 boring가공하는 수고 이외에도 선각구조의 보강을 위해 고장력강(high tensile steel)을 배열했기 때문에 건조공기 (1977년 4월~1978년 2월)를 경유하는 겨울철 혹한기의 고장력강 용접에서는 crack(균열)발생이 극도로 빈번하여 과연 한니발의 코끼리를 타고 바늘구멍을 통과하는 것보다 더 어려웠다. 작업자들에게 용기를 불어놓고 철야돌관작업도 마다하며, 또한 Incentive 방책까지 강구하면서 가까스로 공기에서 이틀앞에 대사(大事)를 완공시켰다. Barge 船이 떠나가는 안벽에서 선주대표 부인 Mrs. Good이 감사의 징표로 내뺨에 찍은 키스는 나의 뇌리에 영원히 남아있다.

LNG기술협약 체결 - 드디어 한국도 LNG시대에 진입

1978년 프랑스 파리 근교 모리빠(Maurepas)의 LNG기술산업사인 Tecnigaz 본사 사장실에서 Mr. 코차리엔 사장과 나는 서류들을 중심으로 하여 대좌하는 자리를 잡고 현대중공업사 부장과 Tecnigaz사 간의 LNG기술협약문서를 체결하는 서명을 하고 있다. 창밖의 정원에는 한국과 프랑스 양국의 국기가 나란히 펼쳐 휘날리는데 나는 만감이 교차하는 흥분과 함께 기쁨의 환호가 베어나온다. 조국을 위하고 또 현대의 정주영 회장을 대신하여 내가 체결하는 이 문서는 현대에서 다년간의 연구와 모색 끝에 결실된 값진 성과이다. Moss System과는 달리 프랑스 GTT와 마찬가지로 Membrane System이며 LNG Membrane 구조의 이용에 관련한 기술제휴를 목적으로 한다. 현대 본사에서 5명의 과장급을 LNG전담팀으로 배속시켜 3개월 연수교육을 위해 출국했는데 교육과정중에 이 기술협약체결을 한 것이다. Tecnigaz 연수 이후에는 우리모두 르아브러(Le Havre) 市로 옮겨가 GTT(Gas Transport 社)에

GAS TRANSPORT 사(社)의 Mr. 봉조와 함께(78년 7월).

서 연수를 계속하였다. LNG전담팀의 건승을 기원하는 출장업무였다.

현대중공업 기술영업부장 관장(管掌)

기술영업부의 업무는 선주측에서 문의하는 선박의 사양에 맞춘 선가를 예상하여 답신하고, 점차로 선박건조 의향이 무르익어 확정으로 진행되는 사이에 선주와 수차례의 국내외 협의회를 개최하여 선가조정에 영향을 미치는 사양확정을 반영시켜 최종적인 건조가격을 도출하는 영업활동을 한다. 본사에서 하거나 해외로 출장시켜 선주협의회를 개최하는 경우도 있다. 그래서 부서원들은 조선의 전문분야별로 기계, 장치, 부품, 소재류에 관련되는 각 메이커즈(Makers)의 효능과 동향 등에 정통해야 하고 선가반영에 민첩하게 대응해야 한다.

이 시절에는 텔렉스(Telex)가 주요통신수단이었고 조선시장의 영업권역(圈域)에는 시차(時差)문제가 있으므로 수주를 기다리는 조선소의

LNG선 전용부두 시설을 견학하기 위해 마르세이유항구에 정박 중인 LNG선과 하역설비를 시찰하는 출장 중에 하역 안벽에 서서(78년 7월 말).

입장은 밤낮 연속적으로 텔렉스 입전(入電) 정보파악이 필수요건이 되었다. 나는 이 기술영업부장 직분의 소임(所任)을 약 1년 동안 담당하면서 매 일요일마다 아침 일찍 출근하여 텔렉스 내용을 확인하는 수고를 감내(堪耐)하였고 동시에 사명감과 보람을 함께 성취해냈다.

LNG 박람회-휴스턴 컨벤션(CONVENTION) 참가 출장

LNG 기술협약 체결이후 나는 Technigaz Membrane System을 여실히 보여주는 모형모델 탱크(mock-up model tank)를 만들고 탱크 내표면(內表面)에 격자(格子)물결 상(狀)의 Invar Steel 강(鋼)을 씌운 자그마한 실용적 구조물을 시공한 후에 이것을 조선소 내 훈련원(기능사 양성소) 일각에 이전설치했다.

조선소를 방문하는 고위층 주요 인사나 선주 예정자 이거나 Oil/Gas 관련사업자 등이 자유로이 접근하여 견학하면서 LNG 창(艙)의 실체가 무엇이며 또 그 효용성은 어떠한가? 등의 궁금증을 해결할 수 있도록 교시(教示)했는데 많은 사람들이 참관하고 다녀갔다.

　1979년 늦가을에는 미국 휴스턴의 LNG 관련 국제회의에 참석차 출국하여 LNG 분야의 석학, 사업자, 협회자 등 여러부류의 인사들과 접촉, 대담하였고 우리 현대중공업의 booth를 마련해서 우리의 Gas 산업 잠재력을 홍보, 어필했다. 귀로에는 Convention 회장(會場)에서 고맙게도 방문요청을 해준 방산(防産), 항공, Gas 업체 등을 선별해서 방문하기도 했고 보스턴(Boston)에서는 General Dynamic 사(社)의 Quinsy Ship Yard에도 들려보았다.

　시애틀(Seattle)에서 우리支社의 담당자와 저녁을 먹을려고 명소(名所)인 Needle Tower 전망대(지금의 Space Needle)에 올랐는데 고공(高空)에서 태평양의 석양을 굽어보고 있으니 갓 낳은 아들이 생각났다. 출생3일차에 급히 해외출장을 떠나오게 된 미안함을 마음속에 달래고 있던 셋째 막둥이와 아내가 불현 듯이 보고싶어졌다.

미국 시애틀(Seattle)의 Space Needle 속 레스토랑 식사 중에 갓 태어난 아들 생각으로 울컥했던 장면(79년 11월 말). 약 한 달간의 미국 휴스턴 GASTECH 사(社) 출장을 마무리하고 귀국을 앞둔 시점에 경유한 시애틀에서 문득 향수가 발동했다. 갓난아기와 아내가 궁금해지고 식욕이 떨어지면서 노곤해졌지만, 이제부터는 귀국이니까 힘을 내어야겠다고 다짐했던 심경이 회상된다.

그 동안 바쁜 일 속에서 많은 시일이 흘렀으니 그래서 집 생각이 나나 보다. 나는 빠르게 호텔로 돌아와서는 벼락같이 전화기를 집어들고 집으로 국제전화를 호출했다.

서산 방조제 물막이 공사 비책의 배경

1980년대 초입이었다. 현대중공업(주)의 여러 부서장들은 본관 503호 대회의실에 급히 소집됐다. 저번 회의에서도 언급이 있었지만 오늘 회의에서는 무슨 방책이 나와야 할 것 같다. 회의실의 좌장으로서 정회장은 口字로 배열된 좌석 상단 중앙에 앉으시고 우리 부서장들은 쭉 둘러앉았다. 회장의 눈치를 살펴보면서 서로 소곤소곤, 웅성거림, 정회장의 풍한 모습, 또 가까이 앉은 중역들에게 질의문답, 고뇌에 찬 몸부림과 정적의 순간들, 회의실 공간의 전체적 소음, 한참의 시간이 흐른 후에 공사의 성격과 내용적으로 주무부서가 되는 선박 시운전과 해상운송 담당의 시운전부 부서장이 여러 의견들을 통괄 정립하면서 대표적인 방법을 개진했는데 그 내용은 깨어져서 흩어지지 않고 단단하며 물이 뚫고 나오는 방조제의 넓은 물구멍 부위를 전체적으로 막도록 자체중량이 큰 구조물을 현장 맞춤식으로 급조 제작하자는 것인데, 대형 구조물의 제작, 운송, 설치에 연관한 난이성, 그 실효성 등에 의문을 표시하듯 고개를 갸우뚱거리시던 정회장은 여하튼 배처럼 대형이고 중량이 무겁고 구조물이 튼튼한 그 무엇에 투자가 필요하다는 것을 공감하신 듯 했다. 또 한참의 시간이 흘렀다. 이윽고 정회장은 정색을 띠며 "물의 힘은, 수공력은 무서운 게야. 단단히 대처해야 해. 우리 내버려둔 아틀랜틱 배러니스 號는 어떨까?", "그 배를 그곳으로 끌고 가서 가라앉혀 물구멍을 막아버리지—" 우리들은 대경실색했다. 아틀랜틱 배러니스(Atlantic

Baroness)號는 어떤배인가? 그것은 신조선의 첫 시리즈 건조11척의 26만톤 V.L.C.C(초대형 원유 운반선)중에서 2번째의 선박으로서 발주자인 그리스의 리바노스 해운회사가 1호선은 인도해갔고 2호선은 여러 가지 이유 때문에 해약해서 폐기됨으로 놓고 있던 상황이었다. 수천억 원의 자산, 우리의 피와 땀으로 영글어진 소중한 작품이고, 또 상품인데 이 선박을 이런 공사에 돌려쓰다니…. 우리들은 억장이 무너졌다. 그러나 차츰 조금씩 이해하기 시작했다. 그리고 회장님의 충정을 느꼈다. 오죽했으면 이런 결심을 하실까? 회장님의 생각은 아마도 이랬을 것 같다. "이런저런 방법과 불확실한 대책으로 어렵게 고생만 하다가 시간만 떠내려가고 비효율적인 결과만 낳기 보다는 큰돈의 투자로서 확실하고 효율적인 성과를 이루기 위해서는 아깝지만 유조선을 물막이 공사용도로 전용해서 성공을 보장하자"고. 우리는 또 한편으로 감탄했다. 그것은 회의를 주도하시는 관록이셨다. 회의장 내 모두가 위기의식을 느끼고 해결과정을 공유하며 함께 노력하는 것이었다. 안타까움과 희망 속에서 회의는 종료되었다. 드디어 회장님의 단호하고 결의에 찬 용단이 내려졌다. "그러면 서산방조제 물막이 공법은 유조선을 전용하는 것입니다. 자-바로 시작합시다." 이렇게 해서 정주영의 그 유명한 서산방조제 물막이 비책이 발효되었다.

※유조선 물막이 공법은 DWT 260,000톤 V.L.C.C를 서산방조제 수몰 부위 앞으로 끌고 와서 유조선 탱크 속에 바닷물을 가득 채워 수몰에 맞붙혀서 가라앉힌 다음 물막이가 지속되는 동안 주. 부차적인 관련 공사를 시행한 후에 유조선 탱크를 배수시켜 부양시키고 배를 끌어내는 방식이다.

스콧 리스고 조선소 연수와 보이는 관리

연수 기본 일정(17주)과 노조 파업

기관실 기계 설치

기술 협약에 따른 스콧 리스고 기본도면 인수

연수 중의 룸메이트 피랍 비상사태?

연수생 숙소 철수와 인계용 물품(Inventory) 체크

조선 기자재의 국산화

현장 경험을 통한 조직의 건강 진단

쓰레기통으로 살피는 조직의 건강과 관리의 척도

의식과 행동이 뒷받침되어야 할 안전(安全)

기술 축적, 어떻게 관리해야 할까?

창고 관리부터 원가 의식 필요하다

품질관리와 품질보증

사무실의 환경 진단

보이는 관리(Visual Management)

업무의 계량화와 통계화

총량·달성량·잔여량: 총=달=잔

재발 방지

착공 발표회와 완공 발표회

직업인의 도(道), workmanship

'Yes Man'의 고민과 3개월 공기(工期) 단축

끝내면서

박정봉

- 경주중·고등학교 졸업
- 한국해양대학 기관학과 졸업(1964)
- 병역의무 후 승선(乘船) 근무 2년(1965. 5~1967. 9)
  LASCO Shipping(USA), Union Marine(홍콩) 등
- 현대건설/현대중공업 근무(1967. 11. 9~1996. 12)
  품질관리부, 원자력생산부, 해양사업본부 (총괄 전무이사)
- 수상 경력
  현대그룹 회장상 '우수경영자상' 3회 수상
  현대중공업 사장상 '우수경영자상' 3회 수상'
  상공부 장관상 260,000톤 건조 유공자상
- 주요 공사 실적
  철골(6.3빌딩, 롯데월드, 강변도로)
  대교(광안대교, 성수대교, 서해대교, 영종대교)
  해양공사(ONGC, BP, SHELL, MOBIL, ARAMCO)
  원자력발전소(월성 1~2호기, 고리 3~5호기, 울진 1~2호기)
- 세계 최대 단일 해양구조물 신기록 달성
  Exxon Jacket 40,000톤*400M 건조(1988. 8)
  BP Module 육상 건조 선적(1995. 7)

스콧 리스고 조선소 연수와 보이는 관리

1972년 1월 29일부터 그해 10월 15일까지 런던 사무실에서 1, 2호선 메인 터빈과 보일러(Main Turbine & Main Boiler), 발전기, Cargo Oil Pump, Stearing Gear, 기계류 등의 견적을 입수하여 분석하는 등 구매 업무를 보조하였다.

당시 스콧 리스고(Scot Lithgow)에서 건조 중인 250,000톤(VLCC) 신조선 기본도면을 접수하여 본사에 송부하는 업무를 끝낸 다음, 바로 귀국하는 대신 스콧 리스고 2차 연수팀에 합류하여 팀의 총무로 연수에 참여하였다.

벌써 50년의 세월이 흐른 이 시점에서 연수 생활 자체에만 국한하지 않고 전후 과정의 경험담을 이야기하고 싶다. 미리 양해를 구하고 싶은 것은 과거의 관련 데이터를 일일이 기억해 낼 수가 없어 자세하게 소개하기는 어렵지만, 성의껏 적어 보고자 한다.

대한민국 조선(造船)산업의 주춧돌을 놓는 우리의 연수가 가까운 일본에서 이뤄지지 못한 아쉬움이 있었지만, 그럼에도 우리 연수생들의 마음속에는 저마다 "불가능이 어디 있으랴!" 하는 각오가 충만했다.

초창기 간부회의에서 창업주께서 조선에 대해 격려하신 말씀과 그분의 눈빛에서 토해내는 조선에 대한 열기와 의지를 느끼면서 가슴이 뛸 정도로 감동(感動)을 경험했던 일이 떠오른다.

"겁들 내지 마라. 빌딩에 프로펠러 달면 선박이다."

그야말로 기상천외의 발상이 아닐 수 없었다. 비록 현대가 배를 만든 적은 없었지만, 빌딩 세우는 일은 식은 죽 먹기였으니, 이 말이 귀에 쏙 들어왔다. 현대건설은 많은 빌딩 건축은 물론 발전소의 Boiler,

Turbine 등을 설치·운전해 온 경험은 있었다.

"선박에 진동이 심하다고 염려들 하는데, 비포장 자갈밭을 달리는 자동차의 진동보다 더하겠나? 비행기는 공기 속으로 비행하고, 선박은 물 위로 떠서 항해(航海)하는데 진동을 겁낼 게 뭐 있겠나?"

'그렇다. 조선(造船)도 하면 된다. 겁내지 말고 매진하자. 삼면이 바다인 조국에 선박이 없어서 국비로 양성된 우리 해기사들이 국내 상선에 취업도 하지 못하고 제삼국의 선박에 취업하는 서러움을 겪어오지 않았던가. 하늘이 주신 이 역사적인 조선소의 창업이 결코 중단됨이 없이 이루어지고 번영되도록 미력이나마 분골쇄신해야겠다.'

창업주의 격려 말씀을 들으면서 나름 이렇게 다짐했다.

드디어 꿈에도 그리던 250,000톤 VLCC 건조가 진행 중인 연수(研修) 현장에 도착했다. 호랑이를 잡으려면 호랑이 굴에 들어가야 한다고 하지 않았던가. 여건상 많은 연수생이 같이 오지는 못했기에, 함께 온 연수생들은 각오가 남달랐다. 나 역시 팔을 걷어붙였다. 열심히 배우고 알차게 연수하여 돌아가서는 모두에게 연수한 기술을 빠짐없이 전달해야겠다고 다짐했던 것은 당연하다.

연수 기본 일정(17주)과 노조 파업

스콧 리스고에서 나의 기본 연수 일정은 17주였다. 기관실 기계 설치 4주, KINCAID 회사의 설계실 연수 4주, 기관실 기계 설치 12주, 공정 관리와 기타 관리 1주였다.

이와 같은 거창한 계획이었지만, 스콧 리스고(SL)의 노조 장기 파업이라는 변수를 만났다. SL의 파업은 전체 공장이 동시에 파업하지 않고 직종별로 서로 다른 기간에 파업하기 때문에 선각과 기계 직종 간의 공동 작업이 필요한 특수공정은 두 직종(기계-선각)의 파업이 동시에 끝나기를 기다려야 하기에 올바른 연수를 연속으로 하기가 어려웠다.

처음 겪어보는 노조의 파업이었고, 그 파업의 파괴력이 대단했다. 파업을 눈앞의 현실로 지켜보면서 HHI에 이런 파업이 있어서는 안 되겠다고 실감하기도 했다.

기관실 기계 설치

노조 파업으로 모든 연수 일정이 수정되었다. 다행히 기관실의 기기 설치에서 부분적인 기기의 시트(Seat)류 설치를 관찰할 수 있었다. 그나마 다행이었던 것은 프로펠러 샤프트(Propeller Shaft)가 선미를 관통하는 Stern Frame의 Boring과 Main Thrust Bearing의 Seat 설치를 포함한 Propeller 축계(軸系)의 중요한 세팅(Setting) 작업을 오히려 더욱 세밀하게 관찰할 수 있었던 일이다.

　SL의 경우에는 기기별 메이커(Maker)들이 모든 설치 정보와 시트류의 도면을 제공하고 있으므로 HHI가 스콧 리스고와 같은 메이커의 기계를 구매 계약하지 않는 한 관련 세부 데이터를 받을 수 없을 테니 아쉬움이 따랐다.

　그리고 현장의 작업에 대한 별도의 매뉴얼(Manual)은 없었다. 현장 작업에 대해 별도로 기록된 자료는 없고 모두 현장 작업자들이 수십 년간 축적해 온 개인의 경험에 의존하는 형편이었으므로 연수생이 알고자 하는 자세한 설명 정보를 얻기는 힘들었다.

　다행히 필자는 HHI에 입사하기 전에 국내 중형 조선소에서 근무한 경험이 있었고 대형 선박에서의 해상 경력이 있었기 때문에 대부분의 작업 내용을 어렵지 않게 이해하고 따라갈 수 있어서 그나마 다행이었다.

　스콧 리스고에서 인상 깊었던 점은 선급 선주 검사관들의 검사 태도였다. 검사를 위한 검사가 아니라 모든 문제점에 대하여 자문하고 도와서 같이 해결하려는 의지를 가졌다는 사실이 우리와는 큰 차이였고 감명을 주었다. 이런 점이 모두 오랜 전통과 신뢰에서 생기는 기술자들만의 아름다운 모습이었고 한없이 부럽기도 했다.

　이제 막 창립한 HHI의 조선 검사에서는 한국의 조선 기술을 얕보는 선주 선급들의 오만한 자세와 갑질을 견디어 내야 하는 수모가 한둘이 아니었던 점이 떠올라 SL에서 기술자들끼리의 유대(紐帶)가 새삼 부러웠던 셈이다.

기술 협약에 따른 스콧 리스고 기본도면 인수

　A&P는 기술 협약에 따라 SL의 기본도면들인 외판 전개도(Shell Expansion Plan), General Layout(Main Deck), Midship Plan, Fore Peak & After Peak Structure, General Layout of Engine Room Machinery, General CARGO Pipeline 등등의 도면들을 우편이 아닌 인편으로 직접 HHI 런던 사무소에 전달했고, 그 도면들을 필자가 직접 수령(受領)했다. 그만큼 중요한 도면들이었기에 A&P에서는 영국의 조선공학박사인 DR. Lithard가 직접 챙겨서 가져다주었다.

일주일에 한 번 정도로 매번 4~5종의 도면을 각각 5부씩 포장하여 마치 대포알처럼 둘둘 말아서 무겁게 가져왔으며, 그 도면을 접수하고 정리하다 보면 HHI 조선소의 공장을 이제 가동하는 전원 스위치라도 넣는 듯이 흥분된 기분이었다.

도면의 종류도 특이했다. 청도(Blue Print)가 아니라 당시엔 특이했던 백도(파프리카, PAPRIKA) 복사지로 미세한 백색 가루가 입혀져 있었으며, 일반 종이보다는 무거웠고 크기는 약 1.3m X 1.5m 정도로 5부씩 포장하여 직접 인편으로 사무실에 전달되었다.

당시 HHI 사장 Mr. Schow는 이 도면을 보고 무슨 큰일이라도 생긴 듯 흥분하고 긴장하는 것 같았고, 이 도면의 항공 송부(送付)는 꼭 2회차로 나눠서 분리 송부하라고 거듭 강조하였다. 절대로 계란(鷄卵)을 한 바구니에 담아서 운반하지 말라는 의미였다.

각각의 도면을 A3 크기 정도로 밤늦게까지 접고 큰 외피(外皮) 봉투를 만들어 포장을 끝냈다.

그렇게 하고 다음 날 우체국에 항공우편으로 발송하러 갔으나 단번에 접수가 거절되고, 포장에 많은 지적을 받고 되돌아왔다.

말하자면, 노끈을 이용하여 십자형으로 묶어야 하고, 노끈의 매듭마다 왁스로 녹여서 씰링을 하고, 그 씰링 위에는 인장 마크를 찍어야 했다. 이렇게 거듭 지적을 당하면서 두세 번 더 우체국에 들락거린 후에야 겨우 도면을 접수할 수 있었다.

이런 과정을 거쳐 SL의 도면을 순조롭게 인수하고, 항공우편을 이용하여 본사로 발송하였으나 마지막으로 '기관실기계배치도(General Layout of Engine room Machinery) 도면에 문제가 생겼다.

A&P가 가져온 도면은 A3 정도의 크기로 어느 카탈로그나 브로슈어에 실려 있을 법한 샘플 도면에다 명칭만 'General Layout of Engine room Machinery'라고 적어놓은 것이었다.

A&P의 Dr. Lithard는 이것이 해당 도면이라고 하였지만, 필자는 인정하지 못하겠으니 다시 가져오라고 했다.

'아, 아! 대영 제국의 조선공학박사가 어떻게 이런 엉터리 도면을 「기관실 기계배치도」라고 주장한단 말인가?'

그런데 그는 뻔히 알면서도 생떼를 부렸던 것이다. 알고 보니 그들도 내면에 그럴 만한 딱한 사정이 있었다.

다시 말해 HHI가 SL(KINCAID)처럼 모든 기계를 동일한 메이커(Maker)에서 구매하지 않는 이상 그런 상세한 도면을 내줄 수가 없고, 이것은 단지 계약상의 문제일 뿐이라는 것이었다.

불가피하게 필자는 상사 분들과 협의하여 기관실의 기기 레이아웃(Layout) 도면 문제를 해결하고, 기술협약상의 도면 인수 업무를 끝낼 수 있게 되었다.

조선 사업을 시작했음에도 아직은 우리가 처음 건조할 1, 2호선의 형체를 저마다의 가슴속으로 상상해오기만 하던 때가 아니던가?

그 선체의 모습들을 스콧 리스고(SL)에서 입수한 기본도면(Basic Drawing)을 통하여 좀 더 구체적으로 형상화할 수 있다는 기대감으로 가슴이 뛰기 시작했다.

이제는 드디어 무언가 손으로 만지고 느낄 수 있는 분위기가 나타나기 시작했다. 도면이 본사에 도착하면 어떤 분위기일까? 본사 직원들은 마치 제철소 용광로에 새로운 불꽃을 붙이는 '화입식(火入式)'을 할 때처럼 흥분하며 기뻐하지 않을까? 도면을 받은 본사의 분위기를 떠올리며, 조선 사업을 시작하여 맨 처음 만드는 배, 신조선(新造船) 건조에 참여하는 보람을 자축해보기도 했다.

그동안 회사에서는 일본에서 발간되는 조선 분야의 월간 잡지《ZOSEN》을 정기구독하고 있었다. 매달 잡지의 표지에는 언제나 일본 신조선들의 시운전 사진이 인쇄되어 있어서 볼 때마다 많이 부러워하기도 했고, 푸른 바다 위에 흰 거품을 남기며 시원스럽게 항진하는 환상적인 시운전 사진에 매혹되기도 했다.

그러면서 높은 산의 정상을 정복하는 등산가들의 원대한 꿈처럼 우리도 일본에서 건조하는 '신조선'보다 더 멋있게, 동해 바다에서 HHI가 건조한 신조선의 시운전을 해보자고 다짐하기도 했다

연수 중의 룸메이트 피랍 비상사태?

당시에는 해외여행을 하려면 필수적으로 소양교육(반공교육)을 수료해야 했다. 교육의 주된 내용은 해외 생활에서의 대공 관계 금기 사항과 행동 요령들이었다. 연수팀의 총무 직책을 맡고 있다 보니 은근히 이런 부분의 책임자로서 걱정도 따랐다.

그러던 중에 어느 날 룸메이트 A가 저녁에 외출하겠다고 의논해 왔다. 사연인즉, 연수중인 SL 도면실의 영국 친구(?)가 시내의 PUB에서 만나자고 초청을 받았는데 꼭 혼자만 오라고 했다는 것이었다.

설마 그럴 리야 없겠지만, 왜 혼자만 오라고 요구하는지 소양교육의 내용이 겹치며 은근히 걱정이 되었다. 룸메이트의 안전을 생각하여 불가피하게 한 사람을 미행시켜 보냈다.

그랬는데 시간이 얼마 지나지 않아 무사히 귀가했고, 초청자가 나타나지 않아서 헛걸음을 했다고 투덜거리며 돌아왔다.

다음날 출근하여 룸메이트가 왜 초청해 놓고 오지 않았느냐고 따졌더니, 왜 혼자 오라고 했는데 친구를 달고 왔느냐고 오히려 항의를 하더라는 것이다. 흔히 약속을 하고서도 상대가 나타나지 않을 수 있지만, 그 이유가 마치 완벽한 납치(?) 조건을 노리는 게 아닐까 하는 과대망상의 피해의식마저 스멀거렸다.

그런 다음 한주일쯤 지나서 또 초청이 있어 다녀오겠다고 했다. 이번에는 더 긴장이 되어 미행 방법을 달리하며 다녀오게 했으나, 역시 나타나지 않아 만나지 못하고 돌아왔다. 초청했던 상대가 나타나지 않은 까닭은 요번에도 친구가 미행을 하고 있었기 때문이라는 이유였다.

이상한 일이었다. 왜 그랬을까?

필자 나름으로 그 이유를 추측해보니 아마 영국 친구가 트랜스젠더(Transgender)가 아니었을까 하는 정도였다. 그 후로는 별일 없었다. 별것 아닌 듯했던 반공소양교육이 이렇게 효력을 발생했고, 그 결과인지 훈련생 납치 따위는 발붙일 틈조차 없었다.

연수생 숙소 철수와 인계용 물품(Inventory) 체크

드디어 17주간의 2차 연수생 연수가 끝나 철수해야 했다.

일차적으로 모두 떠나고 혼자 남아서 집 정리와 청소를 끝냈다. 그리고 1차 연수팀이 처음 입주할 때 작성했던 가구, 집기, 식당의 식기류, 취사도구, Spoon, Knife 등등의 물품 목록(Inventory) 체크를 시도했다.

그런데 Spoon과 Knife만 예로 들어봐도 그 종류와 명칭이 그렇게 많은 줄 미처 몰랐다. 영국 사람들이 이렇게 복잡한 집기들을 어떻게 구분하고 이름 부르며 사용했는지 이해하기가 힘들었다.

처음에는 영어 사전도 찾아봤지만, Spoon과 Knife 체크는 두 손 두 발 다 들고 포기하는 수밖에 없었다.

가구, 특히 책걸상 의자와 집기의 경우는 모두 나무 재질이고 못을 전혀 사용하지 않은 조립식이었는데, 조심성 없이 사용하여 연결 부위들이 흔들리고 삐걱거리며 부재(副材)가 이탈된 것도 많았다. 불가피하게 순간접착제를 구입해서 많은 가구들을 수리하여 모양은 갖추었지만, 뭔가 눈가림만 한 것 같아서 지금도 꺼림칙한 생각이 들곤 한다.

그런 와중에 집 주인이 더 큰 문제를 거론하기 시작했다. 그동안 많은 인원들이 방마다 전기 히터를 과하게 사용했기 때문에 실내 전선 회로에 과부하가 걸려서 실내 배선을 전부 교체해야 한다는, 그야말로 심각한 문제를 들고 나왔다.

그러던 중에 우연의 일치로 우리와는 관계없이 현지인이 도로변에 전기공사를 하면서 전기공사 업체의 실수로 변압기를 잘못 취급하는 바람에 그 주위의 가정집들에 순간적으로 과부하가 걸리는 사고가 발생하였고, 전기공사 업체에서 그런 사고를 인정하는 바람에 우리는 다행스럽게도 면책이 되었다.

여하튼 우리 연수생들이 편리하게 잘 이용했던 그 숙소는 기념할 만한 곳이다. 당시의 집주인 Mrs. 플라톤 씨에게 대한민국의 조선 산업과 HHI의 발전에 크게 기여했다는 공로로 감사패라도 헌정해야 할 것이며, 언젠가는 그 옛집 앞에 기념하는 안내 표지판이라도 설치하여 HHI의 조선 역사에 기록하고 보존했으면 하는 바람을 전하고 싶다.

조선 기자재의 국산화

먼저 관련 통계자료가 없이 서술하여 효과적인 설명이 이루어지지 못하는 데 대해 양해를 구한다. 돌다리도 두들겨 보고 건너라는 말이 있다. 여기에다 또 덧붙여서, 돌다리를 두들겨 보고도 건너지 말고 기다렸다가 남들이 무사히 건너간 것을 확인한 다음에 그때서야 따라 건너라는 말도 있다.

감히 상상도 하지 못할 250,000톤 VLCC를 최초로 건조하면서 동시에 국산 기계자재를 설치한다는 것은 감히 꿈도 꾸지 못할 일이었다. 더구나 모두들 무사안일의 생각으로 주저하면서 혹시라도 남들이 먼저 국산화에 나서주기를 기다리는 분위기였다. 더구나 해운 경영의 특성상 해상 종사 책임자는 일정 기간 동안 그 선박에 파견근무를 하는 형식이라서 임기에 따라 교체되기 때문에 보수적인 데다 안정적인 운항에 치우치는 경향이 있다. 그래서 내가 아닌 다른 누군가가 먼저 국산화하여 다른 선박에 사용한 실적이 있다고 하면 고려해보는 정도가 일반적인 정서였다.

이러한 해운항만 업계의 보수 분위기라는 두꺼운 벽을 뚫고 개척자의 정신으로 국산화라는 도전에 앞장서서 국가의 조선공업을 발전시키고, 선박 건조의 공기 단축과 원가 절감이라는 두 마리 토끼를 잡는 쾌거를 달성하는 거시적인 결단을 감행한다는 것은 평범한 기술자로서는 상상도 하지 못할 일이다. 그런데 평범한 기술자는 아니지만, 그런 장애물의 벽을 허무는 사람이 있었다.

창업주 정주영 회장이 바로 그 벽을 뚫어낸 사람이다. 선견지명으로 '현대상선(HMM)'을 창업한 정 회장이 HMM의 신조선 여러 척을 HHI에 발주하였을 때가 바로 두 마리 토끼를 잡는 '국산화'라는 절호의 기회가 생긴 것이다.

규정상 중요 기기의 선정은 선급/선주의 승인을 받아야 한다. 선급의 승인은 기술적인 요구사항을 충족시키면 되지만, 선주의 승인은 선급의 조건에다 추가하는 요구가 많다. 다시 말해 많은 운전 실적을 통해 그 기기에서 아직 발견되지 않은 잠재적 문제점과 편리성이 반영되고. 개선·수정되어 신뢰가 쌓여 있어야 한다는 높은 벽이 그것이다.

다행스럽게 HHI와 HMD 양사의 창업주가 같은 분이라 창업주의 경영 이념을 바탕으로 조성된 신뢰와 상호 긴밀한 협의(?)를 통하여 그 높은 장애의 벽을 극복하고 빠르게 국산화가 추진되었다.

때로는 협의가 아니라 HMM의 사전 양해도 없이 HHI의 일방적인 통보로 국산 기자재를 과감히 사용할 때도 있어서 사후에 승인받는 경우까지 있었다. 이렇게 한두 척씩 국산화 실적이 이루어지자, 그 실적과 효과(공기와 원가 등)가 다른 해운사와 외국 선주들에게도 홍보가 되기 시작하여 긍정적인 반응으로 국산화가 확대되고 가속화되었다.

기자재 국산화의 효과는 물어보나 마나였다. 단지 HHI와 HMM의 조선 관련 사업 영역을 뛰어넘어 국가적으로도 엄청난 파급 효과를 나타냈다. 특히 국산 기자재 업체들은 당연히 성장하고 발전하여 국내 조선산업의 튼튼한 협력업체로 발돋움하였을 뿐만 아니라 해외 진출 등으로 영역을 넓히는 계기가 되었다.

만약 이렇게 조선 기자재 국산화가 이루어지지 않았다면 한국의 조선산업은 외국 기자재회사의 장사를 도와주는 허수아비 조선업이 되었을지도 모른다. 아직도 아쉬운 점은 국산화의 위력과 그 효과가 제대로 평가되지 않고 조선의 선각(船殼, 껍데기인 철판 덩어리)에만 치중하여 수박 겉핥기식으로 거론되고 있다는 사실이다. 언젠가는 창업주의 발상(發想)으로 조선 기자재 중소기업의 육성 발전이 이루어진 공로가 심도 있게 평가되기를 기대해 본다.

마지막으로 조선 기자재 국산화의 선봉장 역할을 해주었던 또 다른 주역들에게도 뜨거운 찬사를 보낸다. 일반 해운사의 신조선 감독이나 해기사들은 세계적으로 정평이 난 유명 기기를 설치하여 말썽 없이 편하게 운행하고 있었지만, 현대상선(HMM)의 신조선 감독이나 해기사들은 새로 적용한 국산화 기기들의 잦은 고장이라는 문제점을 겪으면서도 묵묵히 인내하고 극복해 내면서 국산화의 길에 동참했던 분들이니 숨은 주역들이 분명하다고 하겠다.

현장 경험을 통한 조직의 건강 진단

요즘처럼 혁신적으로 발달한 신기술·신경영 시대에 너무나 오래된 옛날 방식의 관리 경험담을 들먹거리려니 달라진 경영 현실 앞에 조금은 쑥스럽기도 하다. 그렇더라도 혼신(渾身)의 힘으로 외치고 노력했던 옛이야기들을 되살려 본다. 어쨌거나 그때는 미친 듯이 일에 매달렸던 경험들이니 구식(舊式)의 사연들일지라도 많은 이해를 바란다.

조직의 건강이란 조직의 구성원과 그 책임자들이 혼연일체가 되어 신바람이 나게 작업을 할 뿐만 아니라 후진을 양성하고 미래를 위한 잠재능력과 기술 축적을 통해 어느 정도의 발전성이 있는가를 가늠하고 살펴보는 것이다.

쓰레기통으로 살피는 조직의 건강과 관리의 척도

경영전문가에 의한 재무제표 분석이나 조직의 구조와 같은 거시적인 진단이 아니라 조직원의 자세나 언어와 같은 아주 사소한 관찰 사항들에 대해 과거 고참 조직 관리자의 경험으로 살피고 냄새를 맡으면서 진단하는, 말하자면 미시적인 진단인 셈이다.

마치 의사가 청진기로 환자를 진단하듯이 오랜 경험에 따른 감각으로 쓰레기통, 안전, 기술 축적, 창고 관리, 품질관리, 사무실 환경 등에 대해 진단하고 분석해 본다. 이것은 마치 꽃의 아름다운 외형을 보는 것이 아니라, 육안(肉眼)으로는 볼 수 없는 꽃의 면목(面目), 꽃에 담겨있는 의미와 꽃의 향기를 감각적으로 살피고 분석하는 것이다.

부엌을 보면 그 집의 살림살이를 알 수 있다고 한다. 마찬가지로 공장의 쓰레기통을 들여다보면 그 조직원들의 교육 훈련, 협동 정신, 참여의식과 관리자의 관리능력을 미루어 짐작할 수 있다.

쓰레기통의 용량이 시원스럽게 충분해야 하고, 그 위치가 구석에 숨겨져 있지 않아야 하며, 수거와 관찰이 편리한 공장 입구에 자랑하듯이 자리 잡고 있어야 한다.

구석에 숨겨둔 쓰레기통은 자칫 관리가 이루어지지 않고 방치될 수 있게 마련이다. 재활용 등 종류별로 분리수거가 되어 있는 수준을 살펴보면 구성원의 질서 의식과 배려·절약의 정신상태를 알 수 있다.

이처럼 하찮은 쓰레기통 하나를 살피는 일만으로도, 쓰레기통 속에 잔재한 쓰레기의 잔여 가치를 따지는 용도가 아니라 바로 관리자의 관리능력을 짐작할 수 있는 상징물이 될 수 있다.

아파트 동별 쓰레기의 분리수거 상태가 거주하는 주민들의 생활 수준과 의식을 나타내는 경우와 비교할 수 있다. 프랑스의 시원한 하수구 시설과 관리체계를 떠올려 보면 쉽게 이해할 수 있을 것이다.

의식과 행동이 뒷받침되어야 할 안전(安全)

의식이란 반복적인 교육 훈련을 통하여 생각 또는 행동이 조건반사적으로 이루어지도록 유도함으로써 한 번 의식화되면 번번이 의도하지 않더라도 자연스럽게 습관화되어 쉽게 잊히지 않는 상태를 말한다.

조선소 초창기에 선주·선급 검시관이 현장을 지나갈 때는 그들의 안전한 통행을 위해 그라인당이나 백가우징 같은 불꽃 작업은 중단해서 배려해 준 적이 있다. 그런데 중단해 줘서 고맙다는 인사는커녕 마치 무엇인가를 감추거나 속이고 있는 것처럼 의심해 온 적이 있었다. 그리고 간혹 안전 보호안경을 착용하지 않아 작업을 중단시킬 경우, 그때마다 화가 나서 '다쳐도 대한민국 사람인 우리 작업자가 다치는데 왜 당신이 참견이야?' 하는 식으로 무식하게 항의할 때도 있었다.

그 후 생산 현장의 경력을 쌓고 세계 굴지의 Oil Major 회사의 공사를 시공하면서 그들의 안전 경영 방침을 통해서 안전에 대해 이해하기 시작하면서 평소 '안전제일'이라고 하면서도 입에 발린 소리로 여기며 소극적이었던 안전 의식을 크게 반성했다.

안전 경영에 대한 그들의 기본적 철학은 '인류의 행복을 위해 공사를 하는데, 안전사고로 인하여 사람을 다치게 해서야 되겠는가?' 하는 데서 출발한다. 이렇게 되면 안전 의식은 세상의 어떤 가치와도 바꿀 수 없는 절체절명의 수준으로 격상된다. 이런 안전 의식을 배우고 체험한 다음에는 그동안 부족했던 필자의 생각을 크게 반성한 바 있다.

흔히들 안전사고의 원인을 작업자의 부주의나 집중력 부족과 같은 형식적인 이유 탓이라고 설명하는 경우가 많다.

이것이야말로 안전을 '주위와 조심'이라는 방패막이에 의존하려는 회피성의 무책임한 변명이다. 말로만 하지 말고 책임자의 사전 조치와 더불어 발생(특히 재발) 방지를 위한 물리적·기계적인 조치를 통해 안전사고가 발생하려야 발생할 수 없도록 해야 한다.

안전관리의 진단은 안전 복장, 정리 정돈, 플래카드, 구호의 여부를 따지는 형식적이고 통상적인 평가가 아니라 관리자와 구성원의 참여의식에서 우러나오는 정신상태를 살펴봐야 한다. 그야말로 뼛속에서 우러나오는 안전 의식은 교육 훈련을 통해 체질화된 정신자세인데, 이런 점을 진단하기 위해 다음과 같은 사항을 살펴보자.

- 중량물을 취급하는 와이어, 후크, 색클 등 모든 색구류는 정기적으로 점검하고, 점검 여부를 어떻게 표식하는지?
- 조명등의 점검 여부와 한두 개의 고장을 무시하는 안일한 자세는 아닌지?
- 전·후 공정 또는 이웃 동료의 피해를 방지할 수 있는 장치는 있는지?
- 안전 교육·훈련의 실시 근거와 방법은?
- 위생 관리의 상태, 환기, 냄새, 온도는?
- 굴러 움직일 수 있는 제품·물체의 관리는?

거듭 강조하거니와 형식적이어서는 안 된다. 작업자의 자세에서 뼛속부터 우러나오는 안전 의식을 갖추어야 한다. 시각적으로만 파악하기보다 전신의 감각으로 진실성을 진단해야 한다.

빳빳하고 새롭고 번들번들한 안전 장구보다 손때와 땀이 배어 있는 안전 장구들을 높이 평가해야 한다.

기술 축적, 어떻게 관리해야 할까?

너나없이 누구나 너무나 많이 외치는 경영 방침 중의 하나이다. 그만큼 중요하다는 뜻이다. 그렇다면 이런 질문에 어떻게 대답할 것인가?

"귀하는 얼마나 많은 기술을 어디에다 어떻게 축적(蓄積)시켰고, 지금도 그것을 찾아볼 수 있습니까?"

상당한 노력을 기울였음에도 직원들의 머릿속에 축적했다면 퇴사해

버리거나 다른 부서로 전출해 버릴 경우, 축적한 기술이 몽땅 사라져 버려서 전혀 도움이 되지 못하는 헛된 기술 축적을 한 셈이 된다.

　축적(蓄積)이란 말 그대로 담기는 그릇이 있어야 한다. 어린아이에게는 돼지 저금통이 담기는 그릇이고, 돈이라면 은행이 바로 축적하는 그릇이 되는 셈이다.

　회사와 같은 조직에는 조직원이 공유할 수 있는 업무 매뉴얼, 작업표준서, 시공요령서가 기술을 축적하는 그릇이고, 여기에 끝없이 기술을 반영하여 실천·개정·관리하는 것이 바로 그 축적의 실행이다. 따라서 기술 축적을 할 수 있는 그릇이 바로 '매뉴얼'류라고 하겠다.

　흔히들 '모두 다 알고 있는 내용을 아까운 시간 낭비하면서 매뉴얼, 표준서, 요령서로 기록하고 있느냐?'고 볼멘소리를 하는 사람도 있는데, 이런 사람은 기술 축적의 기본 목적과 취지를 잘못 알고 있기 때문이다.

　축적(蓄積)이란 현재를 위한 것이 아니다. 지금은 모두 알고 있지만, 미래를 위해 계속 반영(Feedback)시켜서 축적이라는 그릇(매뉴얼 등)에 담아 나가면서 높은 발전을 위한 디딤돌이 되게 하려는 것이다. 특히 오작동이나 실패 등에 대한 새로운 정보나 경험 사례 등을 반영하여 같은 사례가 재발생되지 않도록 하는 장치로 이용해야 한다.

　이렇게 하기 위해서는 책임자가 만들어진 절차 규정을 솔선수범하여 준수하는 것이 필수적이다. 책임자부터 헌법과 법을 지키듯이, 신주 모시듯이 해야 한다. 공들여 만들어 두고 하급자만 꼬박꼬박 지켜 나가도록 하고, 책임자는 무슨 대단한 권리인 양 bye pass 해서는 안 된다.

　만약 현실에 맞지 않으면 수정하고 개정해 가면서 지켜야 한다. 그리고 만들어진 Manual·Procedure·Standard가 제대로 관리되지 않고, 그것을 지키고 따르는 사람만 손해를 보거나 먼지 속에 처박아 둔다면 소용이 없다. 화단의 잡초를 뽑아 내듯 오래되고 필요 없는 내용은 수정하거나 폐기 관리를 해야 한다. 오랫동안 개정을 거듭하며 관리되고, 그 조직과 같이 성장해 온 Manual·Procedure·Standard를 가진 조직은 당연히 높이 평가받아야 한다.

족보가 없어도 당장은 잘 살아갈 수 있고, 훈민정음의 해례본이 없어도 한글은 잘 읽고 쓰고 말하고 있다. 하지만 족보와 해례본이 그토록 귀하고 가치가 있는 보물이듯이 기술 축적의 Manual·Procedure·Standard 역시 제대로 개정 관리되어 운영되고 있다는 사실은 한 조직의 전통과 역사를 말해줄 뿐 아니라 정신적인 보물을 가진 조직이라는 자부심을 주기에 충분하다.

오래전에 과거의 품질보증부에서 조선 초창기부터 만들어 둔 〈선각조립의 정도 관리 요령〉, 〈용접 작업의 표준〉, 〈배관작업의 검사 요령〉 등 수십 권의 표준서 전부를 소각·폐기하라는 상사의 지시를 받았지만, 폐기하기에는 너무 아까워 소각하지 않고 개인적으로 회사 내에 보관해 두고 있다는 정보를 받은 바 있다. 조선 초창기 당시 100여 명의 QC 요원들이 공동으로 만들었던 것들이다.

소식을 접하고 가슴이 찢어지는 안타까움을 느끼면서, 전부를 접수해 와서 그 당시의 분야별(용접/선각/의장) 책임자들에게 나누어 주고 일부는 필자가 보관하고 있다.

만약에 HHI에 박물관이 생긴다면 그곳에 전달하여 기술 축적의 역사를 증언하는 가장 좋은 자리에 전시되었으면 하는 바람이다.

얼마 전에는 텔레비전에서 정말 믿지 못할 소식도 들었다. TV 방송 중에 현대자동차에서 최초로 생산한 차가 'PONY'인데, 회사 내에 보관된 'PONY' 차의 도면이 없다는 소식이었다. 이게 무슨 소리인가 하여 무척 실망스럽고 믿어지지 않았다.

그렇다면 과연 HHI는 첫 선박 '7301'의 도면을 현재 보관하고 있을까? 이렇게 자문해 봤지만, 진실은 알 수가 없다. 이런 도면들은 회사의 족보요 역사인데, 보물처럼 보관하면 얼마나 좋을까 하는 필자의 생각은 그저 노파심일 따름일까?

창고 관리부터 원가 의식 필요하다

자재 창고는 물론 야적장도 창고라고 할 수 있다. 문서, 사무기기, 비품 등을 보관하는 보관실도 창고의 범주에 들어가며, 완제품이 아닌 원자재나 부재를 보관하는 장소다. 일반적으로 완성품이 아닌 원자재에 대해서는 톤(중량), 장수, 개수, 통 등 수량적인 개념으로 접근하기 때문에 그것을 금액으로 환산한 원가 인식에는 무감각한 경우가 많다.

특히 자재관리 업무를 담당하는 책임자들은 일단 원자재가 입고(入庫)되는 순간부터 자재가 아니라 자본 또는 금액의 개념으로 환산한 원가(原價) 개념으로 인식할 줄 아는 원가 의식에 대한 교육 훈련이 필요하다.

원가 의식이란 무엇인가? 무심코 철판을 밟고 다닐 게 아니라, 발자국 흔적이라도 보이면 닦고 지워야 한다. 특히 Workmanship(직업정신)을 갖춘 자재관리 직원들이라면 무감각하게 철판쯤은 밟아도 괜찮다고 생각하는 의식부터 버려야 한다. 수백억 원의 돈(자금)이 비를 맞고 처박혀 있다는 안타까운 생각과 함께 빨리 가공되어 완제품으로 생산되도록 해야 한다는 사명감을 가져야 한다. 평소에도 자재를 귀하게 대하는 마음가짐이 중요하다는 뜻이다.

스포츠맨에게 예의와 규칙을 지키는 스포츠맨십(Sportsmanship)이 필요하듯이 조선 현장에서는 모두가 자기의 업무에 대한 Workmanship을 실천해야 한다. 창고 관리도 마찬가지다. 소극적으로 도둑을 지킨다는 방어·감시의식으로 창고를 지키는 창고지기가 아니라 생산을 도와주고 지원·협조하는 근무 자세로 생산 현장의 작업자를 고객으로 생각하고 고객을 만족시킨다는 자세를 가져야 한다.

창고 관리에서 핵심 과제 중의 하나는 재고 문제이다. 비싼 공간을 차지한 채 재고(在庫)로 쌓여 있는 자재를 식별할 수 있고, 재고성(在庫性) 자재의 판매, 전용, 재활용, 폐기 등 처분 '매뉴얼'을 갖추고 창고를 운영해야 한다. 개인의 기억력이나 먼지의 상태로 재고 기간을 판단해서는 안 되기 때문에 입고 시기를 식별할 수 있도록 기간별로 다른 색깔의 페인트, 태그, 리본 등으로 표시하면서 일목요연하게 관리해야 한다.

예를 들어 빨간색은 1/4분기 입고분, 흰색은 2/4분기 입고분으로 구분하는 방식이다.

그렇게 함으로써 현재의 재고 수량(數量)이 얼마인지, 누계와 연속적인 계량(計量) 수치로, '눈에 보이는 관리'가 이루어져야 한다.

이와 같은 진단과 관리는 자재 창고나 야적장(野積場)에만 적용하는 기준이 아니라, 사무기기·문서·비품·사무용품을 보관하는 보조 보관실에도 똑같이 적용되어야 한다.

어느 날 부서 전용의 창고에 들어가 보고 기절초풍할 듯이 놀랐다는 간부 직원의 이야기를 들은 적이 있다. 아마도 평생 한 번도 들어가 보지 않은 장소라, 귀신이 나올 것 같은 적치 상태를 보고 놀랐을 것이다. 모든 관리를 하급 직원에게만 맡겨둔 채 지시만 하고 한 번도 관심과 도움을 주지 못한 점은 관리자의 책임이다.

관리자에게 필요한 장치, 조명, 선반, 환풍기 등 필요한 설비를 시원스럽게 해결해 주고, 아까운 공간과 수없이 뒤적거려야 하는 시간 낭비의 원흉인 폐기 물품을 과감히 폐기해야 한다.

하급 직원의 타성에 젖은 정리가 아니라 그들이 생각지 못하는 새로운 보조 벽걸이라도 공급해 주어서 관리자의 수준과 회사의 격에 맞는 정리·정돈이 되도록 하여 일등 회의실 같은 공간으로 거듭나도록 한 번 선심을 써보면 어떨까?

품질관리와 품질보증

관리란 목표 달성을 위해 취하는 모든 수단 방법이라고 할 수 있다. 특히 안전관리와 품질관리 분야에서는 최고 책임자의 경영 방침이 벽에만 걸려 있는 훈시(訓示)가 아니라 그분들의 눈빛이나 표정에서 풍겨 나오는 메시지가 회사의 모든 공간에서 실제로 살아 움직이며 지켜질 수 있도록 해야 한다.

"그렇게 적당히 회사에 다니지 말고, 고객이 만족하여 회사가 발전하고 인류가 번영하도록 귀하의 장인정신으로 올바르게 회사를 도와 주기 바란다."

　최고 책임자의 이런 메시지가 눈을 감아도 눈앞에 선하고 귀에 쟁쟁하도록 교육 훈련이 이루어져 조직원 한 사람, 한 사람의 머릿속에 각인(刻印)되도록 해야 한다. 강요가 아니라 자발적인 감동으로 참여의식을 높일 수 있어야 한다. 한 가지 예를 들어보자.

　포항제철의 박태준 회장이 직접 주관하여 불량품을 폐기하는 이벤트를 집행하면서 포항제철 공장 내에는 어떠한 불량품도 있어서는 안 된다고 선언했다. 관계 직원들이 직접 지켜보는 장소에서 외주업체가 납품한 불량제품들을 한곳에 모아두고 과감히 절단하고 소각하여 폐기하는 행사였다. 전 직원에게 전달한 최고 책임자의 불량품에 대한 메시지로 공감을 불러일으키기에 부족함이 없었다. 아울러 이보다 더 강력한 품질경영의 메시지가 또 어디에 있을까?

　검사와 품질관리는 근본적으로 다르다. 하지만 검사와 품질관리·품질보증 체계는 엄격히 분리되어 별개로 운영되는 것은 아니다.

제품, 제조 방법, 고객의 요구에 따라 융통성 있게 조화를 이루며 운영되어야 한다.

일반적으로 검사는 하면 할수록 '불합격품'이 많아지고, 품질관리는 하면 할수록 '불량품'이 줄어든다. 검사는 결과를 따지는 것이므로 검사의 실적을 올리려면 불량이 될 때까지 숨어서 기다리면 된다(?).

반면에 품질관리는 불량의 요인을 사전에 방지하고 공동 협력하여 작업하는 경영 체제이다.

가끔 구시대의 경영방식으로 품질 문제가 있을 때마다 폭탄이라도 터뜨리듯 소동을 벌여서 작업자의 품질 의식을 높이려는 충격 요법을 벌이는 잘못된 사례도 많이 있었다. 그리고 심한 징계가 뒤따르기도 했다. 하지만 징계란 개인적인 면죄부를 주어 잊어버리게 하거나 향후로 더 큰 문제점을 속이고 감추려는 경향을 불러온다. 이렇게 되면 문제 발생에 의한 아까운 경험이 조직에 효과적으로 반영되어 예방주사의 역할을 하지 못한 채 잊히거나 묻히는 경우가 비일비재하다.

품질관리의 목표를 달성하기 위해서는 Manual과 Procedure를 만들어 그것을 지키고, 필요에 따라 개정(Revision)해 나가면서 불량 요인을 사전 협의하며 제거하는 품질관리 운영을 해야 한다.

품질보증(Quality Assurance)도 중요하다.

품질관리 체제를 바탕으로 품질에 대한 최고경영자의 기본이념(Quality Policy) 선언을 바탕으로, 그것을 실천하기 위해 Manual과 Procedure에 따라 실행하고 그렇게 실천되었다는 근거를 기록·관리·유지하여 필요할 때는 언제라도 그 작업의 내력(History)을 확인할 수 있도록 해야 한다.

- 누가, 어떤 재료를 써서 어떤 방법으로, 언제 어디서 작업했으며, 검사 확인자와 검사방법 및 시기 등을 추적하여
- 그 문제의 해당 범위, 이를테면 'Recall의 범위(몇 년 몇 월 며칠부터 며칠까지 제작된 제품에만 해당되는 문제라는 범위를 추적)와 문제점의 원인을 찾아내
- 해당 제품에만 한정하여 효과적인 조치를 하고, 고객을 만족시킬 수 있는 품질보증 체제의 경영활동이다.

그리고 필요에 따라 국제적인 품질보증 전문 인정기관(ASME. AISC. ISO. LLOYD. ABS. DNV, DMF, KR 등)의 정규적인 감사 확인(Audit)을 받아 유효한 '품질보증 자격증'을 유지해 가야 한다.

사무실의 환경 진단

너무나 오래된 경험들과 옛날의 방식들을 여기에 소개한다는 것이 조금은 쑥스럽기도 하다. 엘리베이터도 없는 빌딩에 근무하던 시절의 오래된 이야기이지만, 나름대로 뜻이 있어 소개하니 널리 이해를 바란다.

의사들은 많은 전문지식과 경험, 컴퓨터기기를 가지고 환자를 진단한다. 우리도 기업의 경영에 대해서는 의사에 못지않게 나름의 경험과 안목을 가지고 있어서 공장 작업장이나 사무실을 둘러보고 그 조직의 건강 상태와 능력을 평가해 낼 수 있다고 본다.

우선 사무실에서 다음과 같은 분위기를 살펴보고 이를 분석·평가해 보자.

- 슬리퍼를 질질(특히 책임자가) 끌면서 산책이라도 하듯이 계단과 복도를 지나다니는 모습

- 낯선 방문객과 마주 지나칠 때의 인사하는 태도와 사무실에 들어오는 방문객을 안내하는 자세
- 고장이 난 벽시계나 비뚤어지게 걸려 있는 액자들
- 전선(컴퓨터, 전화)들의 배열 상태나 고장이 난 채 방치된 조명등, 말라비틀어진 화분의 꽃, 쓰레기통
- 남을 배려한 조용한 통화 또는 대화, 실내의 분위기

이런 사항들을 통해 내부 깊숙이 숨겨져 있고 가려진 사연들을 추적·분석해 본다면 다음과 같은 사항에 대한 결론을 내릴 수 있을 것이다.

- 책임자의 확고한 정신적 메시지 또는 리더십의 정도, 평소 교육 훈련의 정도
- 단합, 참여, 애사심의 정도와 자기 소관이 아니라고 방관하는 태도
- 향후 발전의 잠재 능력 등

위와 같은 분석은 바로 그 조직의 잠재적인 건강 상태를 미루어 짐작하며 해석해 낼 수 있는 진단의 잣대가 될 수 있다.

지금은 모든 빌딩에 엘리베이터가 필수적으로 설치되어 있다. 하지만 조선(造船) 초창기 무교동의 현대건설본사 빌딩은 엘리베이터가 없는 8층 건물이었고, 모두들 계단을 이용해야만 했다. 엘리베이터는 없었지만, 오히려 그 계단이야말로 생기와 활력이 넘치는 다이내믹한 현대 정신의 표현장소가 되기도 했다.

특히 창업주인 정주영 회장께서도 계단을 오르내릴 때는 한꺼번에 두 계단씩 밟고 오르내리는 모습을 자주 볼 수 있었고, 때로는 앞서 가고

있던 사원들이 우르르 쫓기며 피하듯 몰려다니던 장면들도 떠오른다.

그래서 그런지 무교동 빌딩의 계단을 오르내리는 사람들은 무엇이 그리도 급했던지 대개는 두 계단씩 밟으며 자신의 활력을 자랑이라도 하듯 뛰어다니다시피 했다. 느림보 걸음을 걷는 사람은 아무도 없었다. 그래서 간혹 다른 회사에 찾아갈 일이 있을 때는 사람들이 계단을 오르내리는 모습을 초창기 현대 본사와 비교해보곤 했다.

당시의 장면을 떠올리면서, 회사 평가를 전문으로 하는 미국 용역업체 CEO가 기고한 글을 읽은 적이 있다. 아주 사소한 이야기인 듯하지만, 새겨볼 만한 내용이다.

부도가 날 회사를 인수하기 위해 해당 회사 경영 상태를 전문으로 진단·분석해주는 미국 전문용역업체 CEO는 "회사 진단을 위해서는 재무제표의 분석도 중요하지만, 이와 별도로 그 회사의 잠재 회생능력, 사무실 분위기, 직원들의 정신 자세 등을 살펴보고 인수 여부를 결정하는 데 참고해야 한다."고 주장했다.

조선 초창기 무교동 현대건설 본사 빌딩의 계단을 두 계단씩 뛸 듯이 오르내리던 창업주 정주영 회장의 모습이 사무실 분위기와 직원들의 정신 상태를 대변한다고 해도 지나친 표현은 아닐 성싶다.

보이는 관리(Visual Management)

특별한 전문 지식은 내세울 게 없지만, 오랫동안 회사 생활을 하면서 나름대로 혼신의 노력을 다해 보람되고 신나게 근무했다고 자부한다. 그간의 경험들을 모아서 '보이는 관리'라 칭하면서 한 눈 팔지 않고 추진했다. 물론 이것은 외부의 어떤 학문이나 이론을 인용한 방안이 아니

라 나만의 노력을 통해 모으고 다듬은 것들이다.

따라서 내세워 자랑 할 일은 아니더라도 혼신의 노력을 다해 체험한 보람 있는 결과이기에 여기 소개한다.

간혹 관료적인 태도를 보이는 관리자들은 "작업자들이 일만 하면 되지 생산 정보를 알아서 뭐 해?"라고 하면서 생산 정보를 무기로 위세를 과시하려는 잘못을 범하는 경우가 있다. 특히 생산 분야에서는 '무엇을, 왜, 어떻게, 언제까지' 생산해야 하는지 설명해 주고, 그 진도가 눈에 보이도록 알리고 참여하게 하여, 신바람 나는 작업을 해야 한다.

적기(適期)에 조치해야 할 중요 업무들이 관리자 개인의 기억력이나 수첩 속에 잠든 채 잊혀진 채로 실기(失期)가 되지 않도록 구성원 모두에게 예측되고 보이게 하여 혼연일체의 참여 자세로 업무를 추진하자는 것이 '보이는 관리(visual managemant)'의 기본 정신이다.

해양 사업 생산 분야의 작업 특성은 일반 공장에서 이루어지는 생산 분야와 달리 아주 독특한 특성이 있다. 실내가 아닌 옥외 노천 작업장에서 고정식이 아닌 무한궤도의 (1,000톤/ 800톤/ 450톤/ 300톤/ 200톤/ 150톤/ 100톤 등의) CRAWLER CRANE 들이 중량물을 취급하면서 작업을 한다. 그리고 때로는 하나의 거대 중량구조물을 인양하기 위해 10여 대의 크레인이 합동으로 동시에 인양하는 ROLL UP 등과 같은 특수 작업도 빈번히 있다.

인양 작업을 위해 제품의 중량을 크레인의 용량에 따라 맡아야 할 중량 톤수를 사전에 크레인별로 배분해 주고 신호수 한 사람의 신호에 따라 동시에 인양하는 것이다. 그러다 보니 소위 '손발 맞추는' 협동 작업이 생명이다. 한꺼번에 단숨에 인양하는 것이 아니라 길게는 5~6시간에 걸쳐서 차츰차츰 인양하는 작업이다 보니 크레인 운전수들 상호 간의 정신적인 신뢰와 협동 정신이 생명일 수밖에 없다. 따라서 한마음의 참여 정신으로 작업해야지 명령과 강압의 지시를 수단으로 해서는 안 된다.

만약 배당받은 자기의 중량을 감당하지 못하면 그 중량이 다른 크레인 쪽으로 가중(加重)되어 그 크레인에 과부하가 되어 사고가 날 수 있다. 이런 사고를 방지하기 위해서는 평소에 친밀한 신뢰와 협동 근무 분위기 조성이 필수이며, 이를 위해서 작업 시작 전에 모든 정보와 단계별 진행 과정을 설명해 주는 통계적인 관리가 절대적으로 필요하다.

여기에 '보이는 관리'의 화합 협동 정신 훈련이 크게 이바지했다고 믿는다.

퇴직한 지 오래되었지만, 그때 같이 근무했던 사우(社友)들이 요즘도 만날 때마다 마치 나의 별명처럼 '보이는 관리, 재발 방지'라고 불러줄 때는 여전히 감격스럽고, 그때 현장에서 열렬히 참여해 준 분들에게 새삼 감사를 드리게 된다.

통계분석의 필요성에 관한 사례로 '다산 정약용의 식물 연표'의 예를 들어본다. 조직의 관리에서 통계적 사고가 얼마나 명쾌하고 효율적인지 우리의 옛 조상들이 이용했던 통계적 사고의 사례로 살펴볼 수 있다.

정조가 사도 세자의 능을 현륭원(顯隆園)으로 이장하면서 주위의 8개 고을에다 조경수를 심도록 명령한 바 있다. 이에 따라 7년에 걸쳐서 고을별로 나무를 심고 결과를 보고 했다. 보고서가 엄청나게 많아서 황소가 땀을 흘리면서 소달구지에 싣고 왔다고 표현했을 정도였다. 그래서 임금인 정조 앞에 가져왔는데, 양이 너무 많아서 어쩔 바를 모르다가 다산 정약용에게 취합하여 정리하도록 했다.

명을 받은 다산은 상세하게 이를 정리 하여 총 1,200만 9,772그루의 나무를 종류별, 고을별로 가로 12칸, 세로 8칸의 종이 한 장에 취합하여 제출했다. 일목요연하게, 명쾌하게, 시원스럽게 정리한 보고서를 제출하여 왕의 칭찬을 받았다는 이야기다.

노래 부르듯 '보이는 관리'를 외쳤던 필자가 자주 인용하는 사례인데, 이런 다산 선생을 어찌 존경하지 않을 수 있겠는가.

업무의 계량화와 통계화

조선(造船) 초창기에 품질 관리 업무를 담당할 때의 사례이다. 매일 같이 선주·선급 검사관의 검사를 받았고, 그 검사 결과로 '합격, 검사 취소, 재검' 등 여러 가지 결과가 나온다. 그런데 불합격의 결과는 그 생산팀 고유의 특성과 경향을 보여주고 있어서 이것을 통계적으로 설명해 주고, 그 원인을 분석하여 대처할 필요가 있었다. 그래서 다음과 같은 사례를 개발하여 활용했다.

선주·선급의 검사에서 합격이 되면 바로 다음 공정을 진행할 수 있지만, 그렇지 못하면 당일의 검사는 취소 또는 연기되고 또다시 새로운 검사를 신청해야 한다. 이러한 검사 결과를 요인별로 통계를 내고 분석하였다. 그래서 생산팀의 기량 정도, 습관과 경향을 파악하여 개선을 위한 교육과 피드백에 요긴한 자료로 활용했다.

다음과 같이 모든 검사 결과의 표현을 (ㄱㄴㄷ)과 같은 3개 항목별로 나누었다. 각 항목의 '( )' 내의 첫 단어에 '약자'를 부여하여, 그 약자 3개를 조합해서 '호칭 단위'를 만들고 그 호칭 단위별로 통계를 작성할 수 있도록 하였다. 검사 결과를 표현하는 3개항의 약자는 다음과 같다.

ㄱ) 검사한 사람의 약자: 선주·선급검사-'(관)', QC-'(원)', 생산부 자체-'(자)'

ㄴ) 검사 결과의 약자: '(합)'격, '(재)'검사, '(취)'소, '(연)'기, '(기)'타

ㄷ) 합격하지 못한 원인의 약자: '(작)'업 미완성, '(청)'소가 안 됨, '(조)'명이 부족, '(족)'장이 불량, '(정)'도가 나빠서, '(압)'력이 부족해서, '(오)'작동이 되어서, '(설)'계의 문제, '(기)'타

이렇게 정한 약자를 (ㄱ+ㄴ+ㄷ) 순서로 취합하여 검사 결과의 "호칭 단위"를 만든다.

- "관취작": 검사(관)이 (작)업이 끝나지 않았다고 (취)소
- "관재설": 검사(관)이 (설)계부의 설명이 필요하여 (재)검
- "원연족": QC(원)이 (족)장이 준비 안 되었다고 (연)기

위와 같은 검사 결과의 "호칭 단위"로 통계/분석을 작성할 수 있게 되어 효과적으로 조치할 수 있었다. 통계에 나타난 어떤 특정 생산팀은 습관적으로 작업이 완성되지 않은 상태로 검사 신청을 하여 "관취작"과 같이 검사 취소를 받는 경향이 빈발하여 신뢰 없는 요주의(要注意) 생산팀으로 별도의 관리를 받도록 했다. 이 통계의 기본은 검사 결과를 서술적인 설명 대신 "호칭 단위"로 표현함으로써 통계화할 수 있었고, 동시에 신속한 의사전달도 할 수 있었다.

물론 이 약호(略號)는 국제적인 규격이 아니고 자체적으로 만든 것이다. 그러니 고집스럽게 우리의 업무에는 국제적인 계량 단위(무게, 길이, 시간 등)가 없어서 통계 처리를 할 수 없다고 수수방관할 것이 아니라 각자 해당 부서 업무의 성격에 적합한 계량·통계 단위를 자체적으로 개발하여 활용한다면 효율적인 업무관리를 할 수 있다고 본다.

총량·달성량·잔여량: 총=달=잔

우리가 사용하는 단위의 종류는 수없이 많다. 조선 산업의 경우에는 경영자·관리자가 많이 사용하는 'TON', 'MANHOUR' 등이 있고, 일반인들과 모든 종업원이 쉽게 이해하고 사용하는 '척' 단위도 있다.

예를 들면 〈금년도의 건조 목표가 몇 척? (선종, 크기 구분 없이) ⇒ 현재까지 몇 척을 인도하고 남은 것이 몇 척?〉이라는 현황을 특정 관리자만 알고 있지 말고, 전 종업원들이 공유하게 한다면 종업원의 사기·긍

지·참여의식을 높일 수 있을 것이다. 그리고 최종 공정인 도크(Dock)에 근무하는 작업자는 진수·인도식 때마다 나팔 불고 풍선 터트리는 행사를 통해서 개인적인 참여감과 성취감을 직·간접으로 느낄 수 있고 오랜 건조 작업 끝에 이루어지는 한 번의 매듭 행사를 흥겹게 경험할 수 있다.

하지만 멀리 떨어진 내업 공장의 작업자들은 어제와 똑같은 일들을 지루하고 허리 아프게 계속 반복만 하고 있다. 마찬가지로 모든 단위 공정 작업장마다(관리자 용의 MAN-HOUR 중심의 계량적인 관리 같은 복잡한 공정 진도와는 별개로) 작업자들의 쉬운 이해와 소통을 위한 아주 간단한 공칭 단위 '개수'로 표현하면 어떨까?

- 우리 팀이 해야 할 작업 총량이 몇 개(편리의 공칭 단위)이고⇒ (크기, 중량, 형상의 명칭에 상관없이 도면에 나타난 개별 숫자-작업자가 쉽게 이해되는 개수 등등)
- 현재까지 몇 개를 완성했고 잔량이 얼마이며 지금까지 누계량이 얼마인지를
- 매일 매일 보이게 표시하여 성취감과 작업의 속도를 느끼게 하여 참여의식과 목표 달성 의식을 높여주자.
- 그러다가 누진량이 아름다운 목표(예, 철판 1,000장 절단 기념!)에 달성될 때는 자축의 이벤트를 만들어서 기념을 해주자. 마치 도크 작업자의 진수·인도와 같은 성취감을 가져볼 수 있도록 뜻있는 커피라도 한잔씩 마시며 목표 달성의 성취감과 달성감을 느끼는 분위기를 만들어서 신나는 작업을 할 수 있도록 해주자.

(가정에서는) '왜 어린아이들의 생일 잔치가 필요한지?' 생일 잔치가 있는 집 아이와 없는 집 아이의 사기(士氣)를 생각해 보자.

필자는 해양 공장에서는 모든 작업팀별로 이와 같은 〈(총)량, (달)성

량, (잔)여량〉의 〈총·달·잔〉의 현황을 작업자 모두가 볼 수 있도록 하는 '보이는 관리방식'이 습관화되도록 운영한 바 있었다.

쟈켓의 브레이싱 파이프 절단 가공 공정의 작업팀이 〈총·달·진〉의 누계 달성량이 1,000개를 달성했을 때는 비록 나팔은 불지 않았지만, 플래카드를 걸고 자축의 이벤트를 하며 기념사진도 촬영하는 등 작으나마 목표 달성의 성취감을 느끼게 해 왔다.

바지(BARGE)선에 외국의 해양 현장으로 보낼 파일(PILE)을 선적하는 작업 현장을 순회할 때였다. 담당 작업 도비(이남O 씨)가 마치 군대의 인원보고(총원? 사고? 현재원?) 식으로 "총 몇 개 중에 지금까지 몇 개를 선적하여 남은 것이 몇 개이며, 언제까지 끝날 것"이라고 보고했다. 이렇게 자신이 직접 안벽 바닥에 백묵(白墨)으로 표기한 바를 정(正)자를 헤아려 가면서 자세하게 설명해 주었다. 그렇게 강조하며 외쳤던 '보이는 관리'의 간결한 업무 효율성이 최말단 작업자에게까지 실천되는 현장을 보고 작은 보람을 느끼는 순간이었다. '보이는 관리'의 통쾌한 의사소통 실천 사례에 격려의 표시로 그를 안아 주었던 일들이 생각난다.

현장의 컨테이너 사무실에도 가보면 이와 같은 〈총·달·잔〉의 현황이 벽 또는 공간이 부족할 때는 천장에까지 표기해 가는 일이 습관화되어 운영되는 것을 볼 수 있었고, 누구든지 공정의 진도를 긴 설명 듣지 않고 보기만 해도 파악할 수 있었다.

이렇게 몇 가지 사례를 들었지만, 비단 현장의 업무뿐만 아니라 다른 모든 업무에도 〈총·달·잔〉을 실천하도록 추진했다. 처음에는 이러한 관리가 힘들었지만, "사람은 평가·채점하는 대로 움직인다."라는 노하우를 적용하여 성공한 바 있다.

〈총·달·잔〉 업무의 기본 원칙은 모두에게 보이도록 공유해야지 관리자 자신의 직위를 자랑하는 갑질용의 개인 정보가 되어서는 안 된다는 점이다. 특히 주의할 점은 〈총·달·잔〉을 위해 작업자에게 별도의 서류 작성과 같은 행정 잡무를 맡기지 말아야 한다는 사실이다.

여러 가지 색깔의 백묵으로 바닥, 벽, 철판 위에다 표시하고 지워가며 모두가 볼 수 있도록 하면 된다.

재발 방지

내 이름의 머리글자(Initial)가 'JB'이다. '제비'와 같은 새가 아니라, '재발 방지'이다. 많이도 외치고 강조하며 추진했기에 얻어진 호칭으로, 그리 싫지 않고 오히려 자랑스러운 나의 별명 'JB'이다.

우리는 모두 그렇게 높은 기술은 갖추지 못했지만, 그래도 다시는 그와 같은 문제가 발생하지 않도록 하는 '재주'라도 있어야 한다는 결심이다. 똑같은 문제가 반복되는 '재발(再發)'은 개인의 실수가 아니라 바로 관리자의 재발 방지 조치의 실패요, 그 조직의 실패라고 봐야 한다.

마치 "무엇을 어떻게 하였더니 그런 실수/사고가 발생했는지?" '사고 실험'을 했다고 생각하며 그 실험을 통해 얻은 경험을 체계적으로 조직에 공유시키면서, 공지·교육을 통해 더 이상 실수/사고가 일어나지 않도록 재발 방지 대책을 세우고, '조심·주의'만으로 재발을 막으려는 안이한 생각을 버려야 할 것이다. 필자는 재발 방지 대책으로 문제점이 발견될 때마다 그 원인에 따라 다음과 같은 근본적인 조치를 해왔다.

- 해당 컴퓨터 프로그램을 수정 보완, 원도면의 수정
- 시스템, Procedure, 방법을 변경
- 기계적인 보호 장치 설치

- 교육, 교육, 교육

  흔히들 사고에 대해 문책하고 징계하지만, 당사자는 실패·잘못에 대해 그만큼 면죄부를 받은 것처럼 잊어버리거나, 심지어 친구들까지도 징계받은 동료를 위로한답시고 술자리까지 베풀며 '아까운 경험과 기술'이 사라지거나 잊히도록 역행시켜서는 안 된다. 사례를 보자.

  사례 1. 조선 초창기에 쿠웨이트 선주로부터 수주한 24척의 선박을 같은 도면으로 3척씩 동시에 시리즈로 건조해 나갈 때의 경험담이다. 첫 시리즈 선박의 철판을 가공할 때, 도면 잘못으로 파이프 관통 홀(Hole)이 시리즈의 3척분 모두 반대 방향으로 동시에 가공되는 오작업이 발생한 바 있다. 설계실에 전화 또는 공문으로 빨리 통보하기보다 QC 담당 직원이 설계실로 직접 찾아가게 해서 해당 도면의 원도(原圖)를 수정할 때까지 지켜보다가 확인한 후에야 되돌아오도록 조치하고 구(舊)도면을 회수하여 더 이상의 오작업 근본적으로 막은 적이 있다.

  사례 2. 해양 설계에서 일본에 공사용 파이프를 구매(購買) 발주할 때였다. 설계 담당자의 실수로 Norminal Dia.와 실제 Dia.를 혼동하여 잘못 발주하게 되는 문제가 생긴 일이 있다. 그래서 컴퓨터 프로그램을 수정하여 두 번 다시 잘못 발주되지 못하도록 재발 방지를 한 바 있다.

  이상의 사례와 같이 업무 오작이 발생할 때마다 재발 방지를 위해 '주의! 조심! 철저히!' 같은 조치나 개인의 기억이나 경험에만 의존하여 처리해서는 안 된다. 따라서 이와 같은 조직의 재발 방지 노력의 실적을 대장에 기록하고, 항상 이를 살펴볼 수 있도록 유지·관리하고 있다면, 그런 관리자와 조직원을 높이 평가하며 찬사를 보내고 싶다.

착공 발표회와 완공 발표회

해양 생산 조직의 팀(Team, 약 20명 내외) 단위로 새로운 공정에 착공하기 전이나 한 공정을 완공한 후에는 반드시 팀장이 도면 이면지 등을 이용한 브리핑 차트를 준비하고 해당 작업자들 앞에서 직접 발표하도록 했다. 물론 이런 준비를 위해 호화로운 행정 서류 업무에 시간을 낭비하는 일은 최대한 피하도록 해야 한다. 그리고 관리자들도 같이 참관하게 하여 의견을 반영하도록 한 것은 당연하다. 이런 발표회는 형식적으로 진행하는 것이 아니라 필수적·기본적인 절차로 운영하여 팀원 전체가 기술 정보를 사전에 공유한 다음 작업에 임하도록 운영해 왔다.

• 착공 발표회
⇒팀장이 준비하여 발표(도면 이면지에 브리핑 차트로)
⇒현장에서 발표, 시간은 10여 분 이내
⇒어떠한 위치에 설치?, 어떤 역할 또는 목적으로 설치?
⇒중요 공법, 작업요령, 검사 Hold Point
 ⇒과거의 성공, 실패의 사례
 ⇒안전관리, 품질관리, 기타

• 완공 발표회
⇒착공 발표회와 동일 요령으로
⇒해당 공정의 실적(공기, Man Hour. 사용한 특별 장비)
⇒잘된 점, 문제점
⇒Feed Back 사항, 건의할 점
⇒새로 적용한 아이디어 제안

⇒ 안전 실적, 기타

팀원들에게 이와 같은 발표를 함으로써 이를 통해 작업자들 자신이 무슨 작업을 하는지 알고 작업하도록 참여의식을 높여주었다. 발표를 거듭할 때마다 해양 생산 부문 팀장들 개개인의 높은 기술 수준과 통솔력, 영어 수준과 그들의 잠재 능력에 감탄하곤 했다. 다만 가정 형편상 고학력의 졸업장을 받지 못한 점이 조금 안타까울 뿐이었다.

착공 발표회와 완공 발표회를 운영하면서 한 팀의 경험과 피드백(Feed Back)이 회사 전체의 생산과 설계에 기술로 축적되는 보람을 실감할 수 있었다. 그때의 팀장들은 퇴직한 이후로 지금까지도 다른 사업체나 개인별로 중요한 직책에서 활발히 실력을 발휘하고 있어 자랑스럽다.

직업인의 도(道), workmanship

다음 몇 가지 사례를 통해 직업인의 도(道), 양심(良心), 정신(精神), 혼(魂)에 대해 나름대로 설명해 본다.

사례 1. 참기름 장수의 양심
30년 동안 참기름집을 운영해 온 주인이 아침에 공장 문을 열고 들어갈 때마다 가장 먼저 쳐다보는 것은 달력이나 시계가 아니라 벽 위에 간판처럼 써 붙여 놓은 글, 윤동주 시인의 시 한 구절이다.
"하늘을 우러러… 한 점 부끄럼이 없기를!"
친구들이 참기름쟁이 주제에 웬 시(詩)냐고 비아냥거리기도 하지만, 그의 대답은 한결같이 흐트러지지 않았다.
아무도 모르게 중국 참깨를 섞으면 좀 더 많은 이익을 얻을 수 있다는 유혹을 물리치며 30년간 변함없이 그만의 양심을 지키면서 순(純)국산 참기름을 생산해 많은 단골을 확보하고 있었다.
이처럼 누가 지켜보든 아니든 한 점 부끄러움 없이 직업인의 양심을 지키는 것이 바로 '직업인의 정신이자 도리(workmanship)'이다.

사례 2. 미장공의 직업정신
1978년 10월 현대건설이 포항제철을 건설할 때 30일간 지원을 나간 적이 있다.
9대 대통령 취임식(1979년 12월) 이전에 완공해야 한다는 비상 돌관공사를 위해 현대중공업 간부 20여 명이 함께 차출되어 지원을 나갔고, 나에게는 '연주설비공장'의 건설을 담당하도록 배당해 주었다.
최선을 다한 보람으로 일본 기계납품업체 기술 책임자의 극찬을 받으

면서 성공적으로 공사가 마무리되면서 마지막으로 신축공장의 벽면에 시멘트 미장 공사를 끝내야 했다. 하지만 미장공을 구할 수가 없었다.

수소문 끝에 고향으로 벼농사 수확을 하러 갔다는 김해 출신의 미장공을 찾아내 급히 모셔(?) 와서 미장을 시작했다. 급박한 공기에 품삯을 따질 처지가 아니었고, 모셔 올 수 있었다는 사실만으로도 행운이었다.

이렇다 보니 최우선 지원으로 미장을 시작하고 있는데, 너무나 꼼꼼하게 일을 해나가는 바람에 진도가 늦어서 불가피하게 빨리 좀 하자고 거듭 부탁을 했다.

"지금 작업하는 시멘트벽이 가정집도 아니고 공장 벽인데, 그렇게 아름답게 하지 않아도 되니까 공기를 감안해서 조금 더 빨리 진행해 주세요."

이렇게 애걸하듯 설명했더니, 흙칼과 흙받이판을 집어던지면서 벌컥 화부터 냈다.

"안 하면 안 했지, 미장이 공장 다르고 가정집 달라요? 어디든 구분 없이 미장이면 미장답게 발라야지, 무슨 말을 하는 거요?"

그러면서 화를 내고 작업용 발판 위에서 내려와 버렸다. 품질(Qualty)이라는 것은 품질(quality)과 원가(cost)와 납기(delivery)를 종합해야 한다는 설명을 해줄 여건도 아니기에 그저 "맞다. 당신이 옳다. 그것이 바로 기술자의 정신(workmanship)이다."라고 맞장구칠 수밖에 없었다. 다급한 공기(工期)로 애간장을 끓이면서도 '기술자의 혼'을 고집하는 미장공의 '기술자 정신(workmanship)'을 칭찬해 주고 공사를 무사히 완료하고 귀사할 수 있었다.

사례 3. 옛날의 기술 전수 방법

옛날에는 기술교육을 하는 학원 등이 드물었기에 모르는 기술을 습득하려면 고참 기술자를 따라다니면서 개인적인 구두 설명을 통하여 배웠다. 쉬운 예로 미용실이 그랬고, 용접도 그랬다. 용접반장 밑에는 '수습(시다)'이라는 견습(見習)사원이 한 명씩 따라다니며 월급도 없이 온갖 심부름과 잡역을 하면서 간간이 한 마디씩 던지는 반장의 설명이나 어깨 너머의 눈썰미로 배웠다.

이런 도제식(徒弟式) 전수의 경우 기술 습득은 더디기 그지없었지만, 반장의 '기술자의 정신(workmanship)'이나 의리만큼은 철저히 전수되었다. "네 선생이 누구냐?"라고 하면 긍지를 가지고 대답할 수 있을 정도로 반장(고참, 스승)의 꼿꼿한 정신을 익히고 기술을 배웠다. 그러면서 선배로부터 후배에게로 직업인의 정신은 확고하게 전수되었다.

사례 4. 기술자의 손끝 마감 정신

스콧 리스고(Scott Lithgow)에서 건조 중인 여객선을 관찰할 때의 일이다. 안내자는 일반 선박과 달리 여객선은 특히 내부 장식(Interior)의 솜씨와 세밀한 마감 작업의 직업정신(workmanship)을 중시해야 한다고 거듭 강조하였다. 아주 사소하면서도 특별히 인상에 남는 내용으로는, 십자나사못을 박고 조이는 작업에 대한 설명이었다.

나사못을 끝까지 조이는 것으로 끝나지 않고, 좀 더 정성을 들여서 모든 못대가리의 십자 홈 수평선('ㅡ')과 수직('ㅣ')선이 나란히 일치되도록 조인다는 점이었다. 이러한 정신 자세로 일하는 영국 장인들의 솜씨가 '손끝'의 자부심을 중요시한다는 사실을 설명으로 들으면서 직업정신(workmanship)이 이렇게 사소한 못 박기 작업에서도 '혼'의 상징으로 나타나고 있다는 사실을 실감했다. 어떤 책에서도 배우기 어려운, 그들만의 전통적인 직업의 도(道)를 배운 셈이었다.

이상의 사례에서 보듯이 신사에게는 신사의 도(gentlemanship), 운동선수의 정신 자세(sportsmanship), 지도자의 도리(leadership)가 필요하듯이 직업인, 특히 기술자에게는 '도(道), 정신(精神), 혼(魂), 기질(氣質)'로서 장인정신(匠人精神, workmanship)이 필요하다고 하겠다.

비록 기름 묻은 작업복에 궂은일을 하더라도 참기름 장수처럼 그 어떤 유혹에도 물들지 않는 정직한 정신, 미장공처럼 안 했으면 안 했지 하면 바르게 한다는 자세와 긍지, 영국조선소 작업자의 전통을 지키는 끝맺음과 같은 아름다운 장인정신이 우리의 모든 조직 내에도 이어지도록 고참 선배와 관리자들부터 솔선수범하여 노력해야 한다.

'Yes Man'의 고민과 3개월 공기(工期) 단축

1987년 현대건설이 IPSA(Iraq Crude Oil Pipeline Trans Saudi Arabia) 공사를 수주했을 때, 창업주 정주영 회장으로부터 공기를 6개

월 단축하여 완공하라는 지시를 받았다. 그때 현대건설에서 자신들은 6개월을 단축할 수 있으나 울산 현대중공업 해양 공장에서는 pile 단관 제작을 6개월 단축할 수 없다고 보고하여 문제가 된 적이 있었다.

그래서 정주영 회장은 "내가 울산 가면 6개월로 단축해 주겠다."라고 하셨고, 그 후 울산에 현대건설 담당자를 대동하고 오셨을 때, 실제로 6개월 단축을 위한 회의가 열렸다.

'현대 정신'이라고 하면 불가능이 없고 하면 된다는 것이다. "해보기라도 했어"라는 말은 현대의 도전정신을 대변하는 대사로 잘 알려져 있다. 그 어떤 불가능한 조건이라도 "예, 하겠습니다!" 하는 예스맨(yes man)의 대답이 현대 기풍(氣風)이었다.

그럼에도 감히 듣기 좋게 대답할 수 없는 기술적인 문제가 있어서 6개월 단축은 어렵다고 했던 사실이 보고된 것이다.

드디어 정주영 회장께서 울산에 오셨을 때, 사전에 많은 검토와 나름 치밀한 준비를 하여 적극적으로 3개월은 단축하겠다는 대안을 갖고 회의에 들어갔다.

중공업의 사장님과 부사장님, 그리고 관련된 간부들이 참석했고, 현대건설에서 강 아무개 공사 담당 중역과 그 일행 등 모두 15명 남짓 참석한 긴장된 회의였다. 회의 방식은 준비한 자료 설명과 질의·답변이었는데, 실제로는 창업주인 정주영 회장님과 필자의 단독 대화였고, 심각해진 회의 탓이라서 그런지 제삼자는 전혀 대화에 끼어들지 못한 채 모두 참관만 하고 있었다.

회의를 빨리 끝내려면 나중에야 어찌 되건 생각하지 않고 양심을 속일지라도 "예"라고 답변할 수밖에 없었다. 하지만 어떤 불이익이나 처벌을 당하더라도 도저히 그럴 수는 없었다.

나만이라도 정직하게 안 되는 일은 안 된다고 해야지, 안 되는 일을 할 수 있다고 거짓 보고하여 올바른 정책을 판단하지 못하도록 보좌하는 것은 잘못이라고 생각했다. 실무자의 의무이자 어른을 모시는 부하의 도리라고 거듭 다짐하면서 "6개월 단축은 어렵더라도 최선을 다해 3개월은 단축하겠습니다." 하고 보고를 드렸다. 그리고 성의껏 성실과 정성을 다해 설명한 것은 두말할 나위도 없었다.

그야말로 총알이 쌩쌩 날아다니는 전쟁터와 같은 분위기였다. 내 생애에서 최고로 긴장되고 심각한 분위기가 느껴지는 순간이 아니었을까 싶다. 회의 결과가 혹시 나중에 필자에게 어떤 문책(?)이 떨어질지도 모르겠다는 우려도 있었다.

하지만 생명처럼 뼛속까지 지켜온 평소의 정직성과 성실성을 품은 가슴이었기에 심장이 뛰기는 해도 결코 거짓으로 임기응변하는 "예스맨"의 우(愚)를 범하지는 말아야겠다는 단호한 직장인의 자세(workmanship)를 흩트리지는 않았다. 어떤 일이 있어도 나만은 정직해야 한다고 자기최면을 걸었다.

"이것이 직장인으로서 바른 자세일까? 아니면 철없다고 지탄받아야 할 중간 관리자의 소극적 자세일까?"

어쨌든 잔뜩 경색되어 좀 더 유연하지 못하고, 부족한 태도로 그렇게 오랜 시간 동안 회의를 지연시킨 것은 깊이 반성해야 하고 지금이라도 사과해야 마땅하다고 생각한다.

그간 오랜 회사 생활에서 간혹 회의를 잘못하여 야단맞은 선후배 사우(社友)들이 문책받은 사례들이 눈에 선했다.

'안 되겠다. 다른 사람에게 시킬 테니, 너는 집에 가서 애기나 봐라.'

심지어 이런 청천벽력 같은 단칼의 명령이 떨어질지도 모르겠다는 생각마저 들었다. 무려 90분간의 길고 긴장된 회의가 별다른 지시 없이 공기를 3개월 단축하는 결론으로 끝났다. 그러자 창업주께서 회의를 끝내

시면서 한 말씀 하셨다.

"네가 잘하는 게 뭐가 있어? 평소 성실하고 영어를 좀 잘하는 것뿐인데, 진급하더니 벌써 오만해졌구나! 남의 진을 다 빼고 있어, 나가 봐!"

그 말과 함께 정주영 회장은 회의장을 나가셨다. 그리고 참석했던 분들이 모두 서로 아무런 말도 없이 헤어진 것을 보면 그 회의가 많이 긴장되고 무거웠던 모양이다. 지금도 가끔 이런 생각이 든다. 그렇게 긴 90여 분의 회의에 한마디 말없이 곁에서 듣고만 있었던 참석자들은 과연 그때 어떤 생각을 했을까?

또 회장님이나 참석했던 분들이 나를 어떻게 평가했을지 짐작해 보면 지금 생각해도 낯이 뜨거울 정도로 부끄러웠고, 크게 후회가 되었다. 그리고 그 회의를 떠올릴 때마다 습관처럼 직업인의 도(workmanship)에 대한 폭 넓은 의미를 자문자답해 보곤 했다.

  돌이켜보면 그때 좀 더 유연하고 보다 세련된 자세로 바쁘신 어른을 제대로 모시지 못한 점이 크게 후회스럽다. 하지만 그렇게 촌스럽고 부족했던 나에게 계속 근무할 기회를 주시고 이처럼 배우고 깨닫게 해주신 창업주님께 엎드려 감사를 올린다.

끝내면서

창업주의 '조선입국(造船立國)'이라는 경영이념의 실천 과정에 참여할 기회를 주신 주님과 창업주님께 거듭 감사를 드린다.

조선 초창기인 1970년부터 조선 창업의 사업계획서 작성, 자료수집(선급협회 KR, ABS, LR, DNV 등), 초기 조선소 부지 현장 답사 동행 등의 보조업무를 수행했다.

스콧 리스고(SL), 가와사키(Kawasaki) 조선소에서 연수를 받았으며, 조선의 〈품질관리 업무〉, 〈플랜트의 원자력 생산 업무〉 등을 맡았고, 〈해양의 해저 개발 업무〉를 맡아서 혼신의 노력을 다했다.

특히 전 세계 어디에서도 시도한 바 없는 새로운 'F'공법으로 세계 최대의 40,000톤 EXXON JACKET 제작의 세계적인 신기록을 달성했고, 또한 업계 최초로 24,000톤급의 해상 모듈(Module)을 육상에서 건조하여 진수하는 세계적인 신기록을 달성하여 기술자로서 긍지를 가졌다.

그리고 오랜 회사 경험을 통해 많은 것을 배우고 깨달았다.

그 경험 중에서 다음과 같은 부분이 나의 최고 경험과 보람이라 여겨져 여기에 정리해 본다.

- 첫째는 인류의 행복을 위한 안전 정신의 근본적 이해
- 둘째는 자연 앞에 겸손해야 한다는 마음가짐
- 셋째는 '보이는 관리'와 '재발 방지의 실천'
- 넷째는 직업인의 도(道), 혼(魂)을 아우르는 직업정신(workmanship)에 대한 이해
- 다섯째 세계 최대의 40,000톤 쟈켓 조립과 24,000톤의 B. P 모듈(Module)의 육상 건조, 진수의 신기록

요즘과 같은 신기술의 'AI' 시대에 그 옛날의 해양 구조물 쟈켓(Jacket) 조립 같은 구시대의 낡은 경험담을 주절거리는 부족함과 그때 그 당시 좀 더 잘하지 못한 채 퇴임한 것을 반성한다. 그리고 해양에 같이 근무해 온 대선배님들과 동료, 후배님들 앞에 보잘것없는 경험담을 감히 기록하게 된 필자의 부족함에 대해 머리 숙여 양해를 구한다.

끝으로 이와 같은 일생의 벅찬 보람을 가질 수 있도록 일할 기회를 주신 창업주님께 깊이 감사드리며, 모 회사 '현대중공업'의 무궁한 발전을 기원한다.

2024년 4월 27일

박정봉

조선(造船)과 함께 했던
내 청춘의 분투기

들어가는 말
현대 조선소, 그리고 스콧 리스고(Scott Lithgow) 연수
일본 조선소에서의 현장 생산기술 습득
시업식(始業式), 그리고 정주영 회장님
배재(配材)팀의 신설과 운영
제2호 선박 'Keel Laying' 건조 일정에 대한 감춰진 이야기
정주영 회장님의 선각 공장 순시
선각 공장 생산 정상화 과정과 진급
해양 석유시추선 건조 성공으로 세계 선두 조선소가 되다
현대 건설 중장비의 중국 합자회사
합자회사(合資會社) 설립과 발전 현황
생산과 품질 향상의 비결
중국에서의 영업 활성화 방안
지난 기억을 되짚으며

김종기

- 마산고등학교(1959~1961)
- 한양대학교 기계공학과 학사(1962~1966)
- 군 복무(육군 중위 전역, 1966. 03~1968. 06)
- 인천제철 주식회사 근무(1968. 09~1971. 12)
- 현대중공업 조선사업부 근무(1972. 01~1987. 10)
- 영국 scott Lithgow shipyard 기술 연수(1972. 03~1972. 09)
- 현대중공업 건설장비 사업부 근무(상무이사, 1987. 10~1995. 02)
- 현대중공업 중국 상주법인 대표 겸(兼) 중국 상주현대공정기계유한공사 (동사장, 총경리, 1995. 02~2002. 01)
- 중국 강소성 상주시 명예 시민증 수상(1999. 11. 11)
- 현대중공업 건설사업본부장(부사장, 2002. 02~2005. 12)
- 현대중공업 주식회사 자문위원(2006. 01~2006. 12)

조선(造船)과 함께 했던 내 청춘의 분투기

들어가는 말

햇살 좋은 날이다.

울산 동구에서 아산로를 타고 차를 몰아본다. 길이 시원하다. 그 옛날, 아산로가 다져지기 전만 해도 방어진에서 시내로 나오려면 염포로를 돌아서 다녔다. 동구는 참 먼 곳이었다.

도로가 끝나는 지점쯤에 큰 표지판이 나오고 '도전과 개척정신으로 국가와 울산의 발전에 헌신한 아산 정주영 회장님의 뜻을 기립니다'라는 말이 크게 눈에 들어온다.

가슴이 뭉클하다.

그분과 함께했던 내 청춘의 분투기, 현대중공업의 성장을 함께했던 산업의 전우들이 떠오른다.

그 시절, 우리는 진심으로 뜨거웠고 맨바닥에서 이룬 무모함이 얼마나 가치 있는 도전이었는지 정리해 보고 싶었다.

현대 조선소, 그리고 스콧 리스고(Scott Lithgow) 연수

1972년 1월, 제1기 조선소 경력사원으로 울산의 조선소 건설 현장에 도착했다. 언덕 위의 4층 건물에 짐을 풀고 첫 밤을 보냈다. 주위에는 인가도 없었다. 공장 건설을 위해 기초 작업하는 장비들, 그리고 엉성하기 짝이 없는 임시 건물이 전부였다.

그때 우리의 마음만큼 황량한 풍경이었다. 파도 소리만 들려오는 밤

스콧 리스고 조선소
설계실에서

이면 더욱 을씨년스러웠다. 각개전투를 앞둔 병사처럼 각오와 긴장감으로 밤을 설쳤다.

  필자는 처음으로 초대형 선박 건조 기술에 대한 훈련을 받기 위해 1972년 3월 영국 스코틀랜드의 그리녹(Greenock) 도시에 있는 스콧 리스고(Scott Lithgow) 조선소로 떠났다.

  난생처음 유럽으로 여행한다는 기대감과 설렘으로 그리녹 도시에 도착했는데, 그 도시는 필자가 그동안 상상해 왔던 고층 건물과 많은 상점으로 가득한 화려한 도시의 모습과는 전혀 달랐다.

  아름다운 클라이드(Clyde)강 주위의 푸른 초원과 숲, 이곳저곳에 띄엄띄엄 자리한 주택가의 건물, 오후 시간이 끝나면 문을 닫는 소박한 상점과 건물이 조화롭게 배열된 평화스러운 도시 풍경이 필자에게는 혼란스러웠다.

  처음 보는 붉은색 2층 시내버스를 자주 이용하였는데, 유모차와 함께 승차하는 부인들이 유모차를 버스 1층 뒤쪽 여유 공간에 고정해 놓고 좌

조선(造船)과 함께 했던 내 청춘의 분투기 _ 김종기

석에 앉으러 가는 모습을 자주 보았다. 또 엄마와 함께 걸어가던 아이들이 길을 걷다 넘어지면, 엄마가 쳐다보지 않을 때는 울지만, 엄마가 아이들을 쳐다보며 "어서 일어나, 네가 잘못해서 넘어진 거야."라고 말하면 울음을 멈추고 일어나는 모습을 볼 수 있었다.

필자는 이런 이국의 생소할 정도로 낯선 일상생활이 아이들 성장에 어떤 영향을 미치게 될지 생각해 보기도 했다.

연수 기간 중 선각 공장에서 연수할 때의 이야기부터 시작한다.

공장의 건물과 설치된 기계 설비가 오래되었고, 공장 내부의 정리 정돈이 잘 되어있지 못했다. 작업자의 복장과 근무 시간 준수 등을 볼 때 일류 조선소 수준에 다소 미흡하다는 생각이 들었다.

그러나 그 조선소는 불과 몇 달 동안의 짧은 연수 기간에 느낀 점이긴 하지만, 오랜 역사와 기술 연구를 통해 축적된 높은 수준의 기술력과 수많은 현장의 생산 경험을 보유한 조선소라는 사실을 실감할 수 있었다.

선각 공장에서의 자동 절단기 작업은 생산기술에서 절단용 테이프(컴퓨터에서 구멍 뚫린 테이프)를 만들고 그 테이프를 현장의 자동 절단기에 넣어서 하는 생산 작업이었다. 재미있는 사실은 그 테이프 제작 책임자는 현장 자동 절단기를 조작하는 담당자의 아들이라는 점이었다.

매일 아침 그 책임자가 현장에 와서 그날 작업량과 생산할 때 주의할 내용을 설명했다. 때로는 생산된 제품들을 하나하나 살펴보면서 잘못된 부분을 설명하거나 질책할 때도 있었다. 현장 자동 절단기 담당자(테이프 제작 책임자의 아버지)는 그 지시 내용과 질책까지도 거부감 없이 잘 듣고 때로는 고개를 끄덕이는 것도 보았다. 개인의 인척 관계와 회사의 공적인 업무를 추진하는 관계는 완전 별개로 여기는 관습이 영국 사회의 일반적인 모습인가 싶었다.

현장 자동 절단기 담당자인 아버지와 어느 정도 친숙해진 후에 필자

스콧 리스고 조선소 선각공장
책임자와 함께

는 그와 같이 작업을 지시하고 지시받는 부자지간(父子之間)의 역전된 형태에 대하여 불편한 점이 없는지 물어보았다. 그는 회사 내부의 작업 절차인데 무슨 문제가 있겠느냐고 하면서 오히려 그렇게 물어보는 필자를 이해할 수 없다는 듯이 바라보았다.

오히려 자기 아들이 유능하고 모든 일을 훌륭하게 잘 처리하고 있다며 자랑하기까지 했다.

이것이 선진화된 조직문화인가? 필자로서는 공(公)과 사(私)가 분명한 영국 사회에 적잖이 놀라면서 감동하기도 했던 연수과정인 셈이다.

일본 조선소에서의 현장 생산기술 습득

영국 그리녹에서의 연수가 끝난 다음 또 일본의 조선소에서 한 달 동안 기술 연수를 했다. 몇 차례 일본 조선소를 방문하여 현장에서 필요한 여러 부문의 생산기술을 터득했다.

첫째, 현업 생산기술 개선
- 선각 공장 내의 가공 기술(절단, 성형 가공) 개선으로 품질 향상.
- 가공 부품의 현장 관리와 공정 흐름 개선.
- 탑재 공정의 획기적인 개선을 위해 Block의 대형화 작업을 하는데, 그에 필요한 생산기술 터득.

⇒ 선행 의장 대형화: Block 내에 설치되는 모든 종류의 선행 의장품을 대형(Lot화)으로 제작 조립하여 Block에 설치하는 기법.

⇒ Block 내에 설치된 모든 구조물과 선행 의장품의 완벽한 도장 기법.

둘째, 회사 종업원의 근무 자세
- 현장 작업 단위별 책임자(반장, 직장)는 회사의 별도 지시 상황이 없더라도 스스로 일일 생산 목표와 실적 등을 기록하고, 특히 문제점에 대해서는 개선 방법을 현장에서 찾아 적용해 보는 모습을 볼 수 있었다. 개선이 불가피할 경우 상부에 보고하고 해결책을 모색했다. 문제해결 능력을 갖춘 종업원들의 근무 자세라고 할 수 있었다.
- 우연한 기회에 일본인 직원의 가정을 잠시 방문했을 때의 일이다. 그때 직원 부인에게 "남편이 회사의 여러 가지 업무로 바쁘고, 일과 후에도 업무 때문에 귀가 시간이 늦어 부인이 힘드시겠어요?"라고 물었다. 부인의 대답은 의외로 "남편이 회사 일을 잘해야 진급도 할 수 있고, 개인이 성장해야 회사도 성장·발전하지요."라고 했다.

회사가 직원에게 많은 혜택을 주므로 가정에도 더 좋은 결과를 가져온다는 그 부인의 말을 수긍할 수 있었다.

시업식(始業式), 그리고 정주영 회장님

1973년 3월 20일. 최초로 생산에 착수하던 날이었다.

드디어 정주영 회장님을 모시고 조선소(造船所) 선박 건조를 위한 최초의 생산 시업식을 했다.

그렇게 우리 현대중공업의 역사가 시작된 것이다. 이날은 '현대(現代)'라는 이름으로 선박 건조를 위한 생산이 최초로 시작되는 역사적인 날이었다. 날씨는 맑았으며 기온은 쌀쌀한 느낌을 주었다.

오전 9시경, 선각 공장 가공과 현장에서 정주영 회장님의 간략한 시업식 연설이 있었다.

곧이어 정주영 회장님의 지휘 아래 필자는 다른 임직원들과 함께 긴장된 마음으로 계획된 절차에 따라 생산 작업을 시작했다.

이날 처음으로 절단 생산할 부재는 선체의 대형 bracket과 girder이었다. 그 당시 선각 공장의 건설 진행 상태는 전처리 공장의 시운전(試運轉)을 마친 상태였고, 선각 공장의 지붕공사는 완료되어 있었다.

천장크레인 설치 공정은 이동 Bay[전처리 공장에서 가공 공정을 위해 철판을 이동·적치(積置)하는 Bay]의 천장크레인 한 대와 가공 공장의 천장크레인 한 대만 가동되고 있었다.

그 이외의 천장크레인은 설치 중이었다.

자동 절단 기계, 프레스, 자동 용접 설비 및 운반설비들은 일부 설치 중이거나 아직도 공장에 도착하지 못한 상태였다. 이와 같은 공장 상태에서는 당연히 정상적인 생산은 불가능했다. 물어보나 마나 다른 비상대책을 세워서 생산에 착수할 수 있도록 준비해야 했다.

자동 절단 기계의 사용이 불가하였으므로 여러 방안을 검토한 결과 건설 분야에서 반자동 수동 절단기 2대를 구하여 절단 연습을 시켰다. 절단해야 할 girder의 slot 모양이 복잡하여 수동 절단이 불가능한 상태였다. 곡선을 포함하여 어려운 모양이었다.

현도장에서 실제 모양과 똑같은 template를 합판으로 만들었다. 그것을 또 철판 위에 올려놓고 외곽 모양을 마킹한 후에 그 선을 따라 반자동 수동 절단기로 절단하는 방안을 준비시켰다.

생산을 시작하는 전처리 공장의 기계는 가동 소리와 함께 깨끗하게 전처리가 되어 나온다. 나온 철판의 표면은 적황색의 페인트로 도장 처리되어 있었다. 가공과 #1 BAY로 옮길 때 천장 크레인용 Clamp로 집어 운반하게 되는데, 그 당시에는 Magnetic 시설이 없었다. 그래서 그런 작업 과정에서 철판 위에 직접 작업하게 되었다.

그때 철판 위에 생긴 작업자의 안전화 자국을 보신 회장님께서 깨끗이 지우라고 말씀하셨다. 걸레를 이용하여 철판 위의 자국을 깨끗이 지우는 추가 작업이 발생한 것이다. 철판 위에 마킹 작업할 때와 반자동 수동 절단기로 철판을 절단할 때도 안전화를 벗고 할 것을 용납하셨다.

현장에서 안전화를 벗다니? 현장에서는 절대 안전화를 벗을 수 없다는 사실은 불문율인 셈인데, 이 부분은 특별한 경우로 허용된 것이다. 어쨌든 그날 작업해야 할 몫은 특이한 작업 형태였으나, 현장 작업의 시업식은 성공적으로 끝낼 수 있게 되었다.

그 후 본격적인 선박 건조가 시작되었다.

긴박한 제1, 2호기 건조 공정 때문에 모두 밤낮 구분 없이 일정을 맞추기 위해 열심이었다. 초대형 선박 건조 경험이라곤 전혀 없는 現代가 공장 건설과 동시에 선박 건조를 병행하게 된 것이다. 우리는 밤낮 구분 없이 이 일에만 몰두했다. 조선 전문가들은 큰 문제가 발생할 수 있다고 충고했지만, 그런 충고를 호사로 여길 수밖에 없는 상황이었다.

특히 정주영 회장님께서는 강한 신념으로 의지를 불태웠다.

모든 일을 진두지휘하며 불굴의 열정으로 박차를 가했다.

하지만 예기치 않는 일들은 빈번하게 발생했고, 우리는 해결하기 힘든 일이라고 불가능한 이유를 열거할 수밖에 없었다. 그런데 정주영 회장님께서는 중요한 문제에 당면할 때마다 해결 방법을 제시하였다.

조선(造船) 경험이 전무(全無)한 정주영 회장님의 해결 방법은 어떤 것이었을까? 지금 와서 생각해 보면 '역발상(逆發想)' 같은 접근이 아니었을까 싶기는 하다. 그 해결 방법이란 다른 일류 조선소 어디에서도 시도해 보지 않은 전혀 새로운 방안이었다.

모두들 어리둥절할 수밖에 없었다.

과연 이게 될까?

"이봐 해봤어? 식자우환(識字憂患)이구먼."

'해보기나 했느냐?'고 다그치듯 말씀하시는 정주영 회장님의 목소리가 귀에 쟁쟁하다고 하면 무슨 잠꼬대냐고 반문할 수 있을까? 요즘도 종종 그때 일을 떠올리면 작은 미소가 번진다.

식자우환(識字憂患), 보잘것없는 학식이 도리어 근심을 일으킨다는 이 말은 한계를 극복하지 못하는 책상물림에게만 해당하는 걸림돌이 아니라 상식을 앞세우기 좋아하는 '쫄보'들에게 들으라는 정주영식의 사자후(獅子吼)요 포효(咆哮)였던 셈이다.

정주영 회장님께서는 아는 법이 통용되지 않으면 되게 하는 다른 방법을 모색할 줄 아는 분이셨다. "안 되면 되게 하라."는 말이 유행한 적도 있지만, 회장님의 진취적인 기상과 한계를 극복하려는 의지는 실로 대단했다. 나중에 현장의 리더로 성장하게 된 필자가 장애물에 맞닥뜨려 문제해결을 할 때 많은 영감으로 작용한 부분이었다.

또 정주영 회장님의 '과학'에 대한 견해도 우리가 일반적으로 생각하는 것과는 딴판으로 남다르다는 인상을 받았다.

"과학이란 자연의 이치를 체계적으로 표현한 것으로, 아직도 우리 인간이 체계화시키지 못한 부분이 많다. 현재 과학적으로 해결하지 못하는 일도 잘 생각하고 연구하면 방안이 나오지 않겠나? 유명하다고 하는 과학자들조차 자신들이 알지 못하는 문제가 발생하면 먼저 '이건 불가능해'라고 생각해 버리는 경우를 흔히 볼 수 있었어. 그런 생각을 먼저 하게 되면 죽었다 깨어나도 결코 해결 방법은 나오지 않아. 우리는 인간이기 때문에 단지 해결점을 찾지 못하고, 방법이 없다는 이유로 좌절감을 이야기할 수야 있겠지만, 끊임없이 생각하고 연구하면 꼭 해결 방법은 나오게 마련이야."

참으로 무릎을 칠 만한 말씀이지 않은가.

방법과 생각은 많이 배운 사람들에게서만 나오란 법이 없지 않은가. 목표가 분명하고 하고자 하는 의지와 신념이 확고하다면 방법은 얼마든지 찾아낼 수도 있지 않겠는가.

정주영 회장님께서는 대개 새벽에 현장을 순시하신 다음 회의를 시작하셨다. 우리는 모두 긴장감을 가지고 회의에 참석했고, 문제가 발생하면 누구든 해결책을 찾기 위해서 고민에 고민을 거듭했다.

이와 같은 모두의 노력으로 현대 조선소 제1, 2호선 선박의 건조는 계획된 일정을 성공적으로 지키며 완성할 수 있었다. 세계의 조선 전문가들이 모두 깜짝 놀라는 성과를 우리가 만들어 낸 것이다. 그때의 벅찬 가슴은 지금도 나를 설레게 한다.

세계의 조선 전문가들이 모두 불가능하다고 생각했던 일.

조선 설비를 갖추기는커녕 바닷가 모래밭에 조선소 터랍시고 말뚝만 몇 개 박아놓은 채 대형 선박 2척을 건조하겠다고 설쳐댔으니, 누군들 제정신이라고 했겠는가. 이런 여건에서 우리 현대중공업이 신화 같은 기적(奇蹟)을 이루었다는 사실이 뿌듯한 자부심을 느끼게 했다.

그야말로 무(無)에서 유(有)를 창조하는 위대한 정신, 불가능하다고 생각되는 목표를 인간의 노력으로 가능하게 하는 일. 현장에서 정주영 회장님과 함께 그런 일을 이루어 나갔던 경험을 하고 나니, 진정 그분은 우리 시대의 살아있는 전설이며 위대한 영웅이라는 생각이 들었다.

필자에게는 결코 영원히 잊을 수 없는 리더인 정주영 회장님.

허허벌판 같았던 초창기 조선소 현장에서 정주영 회장님과 함께 뒹굴었던 경험이 이후에 필자가 조직의 리더로 성장했을 때, 그리고 외국에 나가서 사업을 수행할 때 하나의 이정표가 되었던 것은 두말할 나위도 없다. 나름으로는 정주영 회장님을 조금이나마 닮아가고자 하는 마음이었을 터이다.

배재(配材)팀의 신설과 운영

공정상 가공과의 중요 업무 중 하나는 소조립(小組立) 공정 흐름에 맞추어 절단 부품들을 로트(Lot)별로 적기에 공급하는 업무이다.

초창기 가공과의 상황은 선각 공장 내에 설치되어야 할 각종 기계 설비들의 설치가 지연되고 있었다. 기계의 시운전(試運轉)이 늦어져 많은 기계 설비류들의 정상 가동은 미처 자리를 잡지 못한 상태였다.

직원들의 현장 경험이 부족한 것도 당연했다. 생산기술에서 철판에 절단 부품들을 배열할 때 철판 잔재를 최대한 줄이는 데 역점을 둔 설계였다. 이 바람에 절단 부품들을 소조립 공정에 맞추어 Lot별로 적기에 공급하는 데 어려움이 발생했다. 이 문제를 해결하기 위해 배재반(配材班, 담당기사와 반장 및 반원으로 구성)을 설립 운영하게 된 것이다.

절단된 부품들은 무거워서 한 장 한 장 손으로 들쳐가며 찾을 수도 없을 뿐만 아니라 대형 부품들은 크레인에 의존해야 했다.

당시의 크레인은 본 작업의 업무에 사용해야 했기 때문에 배재원이 사용하기도 어려웠다. 중형 부품들은 지렛대나 공구류를 이용하여 찾았고 소형 부품들은 배재원이 일일이 다니면서 안전화로 툭툭 차거나 밀어내며 찾아내야 했다. 이런 일을 온몸으로 처리해야 하는 것이 초창기 배재원의 업무 형태였다.

당시 배재원들이 참으로 고생하였다.

날마다 그날 찾아서 소조립 공정에 공급해야 할 '파트 넘버 리스트'를 손에 들고 공장의 바닥을 훑으면서 절단 부품들을 찾기 위해 이리저리 바쁘게 돌아다녔다. 이런 힘든 임무로 인해 작업복은 늘 땀에 젖어 있었고, 쇳가루가 범벅이 되었으며, 찢긴 곳이 한두 군데가 아니었다.

특히 장갑은 끼자마자 곧바로 너덜너덜해지기 일쑤였다. 안전화의 코끝은 외부 가죽이 찢겨나가 없어졌고, 내부 철판이 다 드러나 보이는 신발을 신고 다녔다. 특히 손과 발에 상처가 많았던 모습은 배재원의 징표나 마찬가지였다.

이렇게 여러모로 어려웠던 여건이지만, 문제는 일정(日程)! 일정! 일정이었다. 조선 건조의 일정은 하늘이 두 쪽이 나도 회사가 반드시 지켜야 할 불문율(不文律)이었다. 특히 첫 번째 건조 선박인 7301호의 건조 일정은 긴박한 정도를 넘어 숨통을 죄는 수준이었다.

왜 아니겠는가? 조선소는커녕 건조 자금도 수주 물량도 없이 지폐에 그려진 거북선 그림 하나로 도전했던 일이 아니던가!

당시 가공과에서 가장 시급하게 해결해야 할 중요 현안 문제는 배재(配材) 업무의 정상화였다. 가공과에서는 매일 오전 오후 두 차례 소조립 공정에 넘긴 배재의 현황을 확인해야 했다.

소조립 공정과 긴밀히 협조하면서 문제점을 파악하고 대책을 협의하는 등 자체 현장 관리 체계를 개선하는 데 노력을 집중했다. 한편으로 생산 기술부와 협의하여 철판에 부품을 배열하는 설계 업무에 현장의 문제를 최대한 반영하도록 하였다.

이런 문제들이 점차 개선되어 공정 흐름을 정상화할 수 있었던 주요 내용을 세밀하게 살펴보자면 다음과 같다.

• 생산 기술부에서 철판에 절판 부품을 배열할 때 잔재의 최소화에 역점을 두었던 부품 배열에서 잔재를 별도 관리하는 업무 체계와 Lot별 공정 흐름에 역점을 두고 부품을 배열하는 생산설계로 변경하여 시행하였다.

• 자재과에서는 가공 공정에 맞도록 철판을 발주하고, 가공과에도 그 공정에 따라 입고시킨다.

• 가공과에서는 소조립 공정에 맞추어 Lot별로 절단(切斷)하며 크기별 적치(積置) 장소 조정과 필요한 기구(Pallet 크기와 모양의 개선, 운반 기구 개발)를 개발하는 등 현장의 Lot별 부품 흐름 체제를 개선하였다.

제2호 선박 'Keel Laying' 건조 일정에 대한 감춰진 이야기

감춰진 이야기, Behind Story라면 귀가 솔깃해지는 건 인지상정이다. 그렇더라도 살벌한 초창기 조선소(造船所) 현장 이야기가 명작동화처럼 달콤하거나 감동을 주지는 않을 것이다.

정주영 회장님께서 주재한 전체 회의에서 한 번은 조선 선표, 즉 제2호 선박 7302호 Keel Laying 건조에 대한 대일정이 계획된 대로 진행되기 힘들다는 사실이 보고되었다.

특히 그 선미 블록(Block)은 구조가 복잡하고 현장 제작상 커다란 어려움이 있었다. 현장 생산 공정으로 볼 때 선표 상의 일정을 준수하기가 매우 어려워졌고, 회장님이 참석하는 다음 회의 때 일정 지연에 대한 합리적인 이유를 설명해야 했다.

이런 사실에 대한 책임자들의 의견을 종합한 결과, 그 선미 블록의 중량을 받쳐주는 반목의 허용 하중이 약하여 일정을 수정할 수밖에 없다는 내용을 보고하기로 의견을 모았다.

정주영 회장님께서 주재하는 회의에서 김형벽 부장님이 선미 블록(Block)의 무게와 그 블록 중량을 받쳐주는 반목 허용 하중에 관한 내용을 상세하게 보고했다. 논리적으로 조목조목 설명한 셈이었다. 그 설명을 전부 듣고 나서 정주영 회장님은 잠시 생각에 잠기시는 듯했다. 그리곤 다른 회의 안건을 두고 말씀하시다가 갑자기 김형벽 부장님에게 물으셨다.

"김 부장, 고향이 어디야?"

회의 내용과 전혀 다른 질문이었다. 회의에 참석한 사람들은 그간 마음 졸였던 Keel Laying 일정 연장 문제에 대해 회장님께서 이해하셨다는 생각이 들어 분위기가 다소 편안하게 바뀌었다.

"네, 부산입니다."

김형벽 부장님이 대답했다.

"그래? 그렇다면 수영할 줄 알겠네?"

"네 수영할 줄 압니다."

"김 부장 체중이 얼마지?"

"65kg(정확한 숫자는 기억나지 않음)입니다."

김형벽 부장님은 약간 미소를 띠며 편안한 표정으로 대답하였다. 그러자 갑자기 정주영 회장님께서 목소리를 높였다.

"내가 이렇게까지 얘기해도 무슨 말을 하려고 하는지 모르겠어?"

회의 참석자들은 모두 회장님 말씀의 뜻을 이해할 수 없어 매우 난처

한 표정을 짓고 있었다.

"김 부장, 수영할 때 물에 들어가면 몸이 떠서 헤엄칠 수 있지 않나? 같은 이치로 도크(Dock)에 어느 정도의 물을 채운 후, 선미 블록(Block)을 놓으면 그 중량이 어느 정도 가벼워져서 문제가 없지 않겠어? 그런 간단한 이치도 왜 생각지 못하는 거야?"

강한 질타의 말씀이었다. 부력(浮力)의 원리와 이치를 내세우며 갑작스럽게 꾸중하시는 바람에 회의 분위기는 얼음장처럼 바뀌었다. 하지만 아무도 이런 합당한 이론에 다른 의견은 한 마디도 제시하지 못했다.

"네~ 네, 알겠습니다!"

그저 이렇게 대답할 수밖에 없었다. 회의가 끝난 후 공장의 책임자들은 모두 혀를 내두르며 감탄할 수밖에 없었다.

현장에서 keel Laying 일정 연장 문제에 대해 나름대로 고심해서 마련한 보고 내용을 정주영 회장님께서는 명쾌하게 부정해 버리고 순발력 있게 해결 능력을 제시했기 때문이다.

이후 김영주 사장님이 직접 주관하는 특별팀을 만들어서 원래의 일정을 지킬 수 있도록 추진했고, 정 회장님이 주재하는 다음 회의에서 결과를 보고하도록 특별히 지시하였다.

사실 조선소로서는 제2호 선박인 Keel Laying의 건조 일정이 매우 중요한 의미가 있었고, 누구보다도 그 일정을 관철하려는 정주영 회장님의 대단한 의지를 엿볼 수 있는 이야기라고 하겠다.

정주영 회장님의 선각 공장 순시

어느 해 날씨가 쌀쌀한 초겨울 날, 정주영 회장님께서 선각 공장을 순시하신다는 연락을 받고 현장에서 대기하고 있었다. 김형벽 이사님이 현장에서 필자와 함께 회장님을 안내하기로 되어있었다.

가공과 #1 BAY는 늘상 선각 공장 현장 순시 코스였기에 그쯤에서 회장님을 기다리고 있었다.

얼마쯤 시간이 지난 후 저 멀리 소조립장 입구에서부터 털모자를 쓴 사람이 천장크레인을 향해 손짓하더니 크레인과 함께 가공과 쪽으로 뛰어오고, 그 사람 뒤로 두 사람도 같은 행동으로 뛰어오고 있는 이상한 일이 발생했다.

필자는 즉시 그 사태의 내용을 파악하기 위해 달려가 보니, 정주영 회장님께서 크레인을 향해 '내려와~ 내려와.' 하는 손짓과 함께 뛰고 있었으며, 그 뒤의 현장 책임자들도 350미터 정도의 거리를 '내려와~ 내려와.' 하고 손짓하며 고함까지 질러대며 크레인과 함께 뛰어오는 소동이 발생하였다.

김형벽 이사님과 필자도 이런 황당한 사태에 대책은커녕 똑같은 행동으로 크레인을 따라서 뛰어가는 꼴이 되었다.

크레인은 전속력으로 가공과 방향으로 주행하다가 더 이상 주행할 수 없는 끝부분까지 와서 정지하였다.

책임자들이 모두 내려오라고 손짓하는 신호를 보더니 크레인 운전사는 잠시 멍하니 앞을 응시하다가 천천히 내려오게 되었다.

정주영 회장님께서는 크레인 운전사에게 복장 문제와 근무태도에 대해 아주 단호히 말씀하셨다.

특히 그날은 작업자의 복장과 근무 자세에 대한 교육이 되지 않았다고 선각 공장 책임자인 필자에게도 크게 질책하시는 것으로 선각 공장 순시를 빨리 끝내고, 사무실 방향으로 가셨다.

이런 황당한 사태가 발생하게 된 전말(顚末)에 수긍이 갔다.

당시 정주영 회장님의 선각 공장 순시 코스는 대개 소조립장 #1 BAY에서 가공과 기계 설비 현장을 거쳐 판넬 라인을 보시는 경로가 일반적이었다. 그런데 그날 정주영 회장님께서 소조립 #1 BAY로 들어와 작업 현장을 살피시다가 천장크레인을 보니 운전사가 안전화도 신지 않고 안전모도 쓰지 않은 채 아주 편안한 자세로 운전하는 것을 보시고는 그 운전사에게 주의를 주기 위해 내려오라고 손짓했는데, 운전사는 회장님을 하청소장으로 잘못 알았다는 것이다.

당시 소조립은 구역별로 하청관리 상태여서, 하청소장들은 부족한 크레인 작업을 위해 자기 구역으로 오라고 손짓하는 신호를 보내곤 했다. 운전사는 하청소장 한 사람이 크레인 요청 신호를 보내는 줄 착각하고 태연히 하던 작업에만 열중하는 바람에 회장님께서 계속 내려오라고 신호를 보내도 내막을 모른 채로 하던 작업만 계속했다고 한다.

이를 목격한 현장 책임자가 회장님을 가리키며 엄지손가락을 세우고 '내려와~ 내려와.' 하고 손짓을 해가며 고함을 질러대니 그제야 사태의 심각성을 감지한 크레인 운전사는 겁이 나서 가공과 방향으로 속력을 내서 달렸고, 회장님과 현장 책임자들도 크레인을 따라 뛰어가는 소동이 발생하였다.

운전사는 겁이 나서 크레인을 몰며 뛰어 달아나고, 회장님은 주의를 주기 위해 뒤따라 달려가고, 현장 책임자들은 회장님을 뒤따르고, 김형벽 이사님과 필자는 영문도 모른 채 뒤따랐던 이 달리기 해프닝은 두고두고 선각 공장의 즐거운 안줏거리가 되었다.

그 소동이 끝난 후 김형벽 이사님은 이런 말씀까지 하셨다.
"사태가 심상치 않으니 각오 단단히 해야겠네. 어쩌면 퇴사까지 각오해야 할 정도로 중대 사안이거든."

필자도 이런 상황을 겪고 보니 가공과, 소조립과를 겸임(兼任)으로 맡고 있는 현장 책임자로서 책임을 져야겠다고 생각했다. 회의가 열렸고, 그 일에 대해서는 크레인 운전사 퇴직, 필자는 반성문과 시말서를 작성하는 것으로 마무리되었다. 새삼 현장은 기본을 중시해야 한다는 사실을 다시금 깨달았고, 안전은 기본적인 부분을 지키는 데서부터 시작된다고 다짐하게 되었다.

선각 공장 생산 정상화 과정과 진급

선각 공장은 선체의 평형 부분 블록(block)을 조립 생산하는 공장이다. 선수, 선미의 블록 조립은 대조립공장에서 조립한다. 생산의 흐름은 가공, 소조립, 그리고 판넬 라인의 구역별 생산 흐름이 계획대로 진행되어야 한다. 가공과 소조립의 모든 공정이 서로 조화롭게 이루어져야 최종 조립하는 판넬 라인 생산이 계획대로 정상화될 수 있다.

그런데 선각 공장의 구역별 기계 설비류가 늦게 설치되는 데다 시운전(試運轉)으로 인한 기계 조작의 미숙함과 생산자의 기능 부족까지 겹쳤다. 그 바람에 판넬 라인의 조립생산이 계획대로 진행되지 못하였다.

당시 회사의 책임자 정태구 전무님은 다음과 같이 생각했다.

선각 공장 블록(block) 조립생산의 최종 단계인 판넬 라인을 중심으로 집중 관리 개선하게 되면 그 이전 생산 공정들의 모든 문제점이 노출되니까, 이런 문제점들을 개선하면 선각 공장이 정상화되리라는 것. 그래서 매주 3~4회 판넬 라인 현장을 방문하여 현장 회의를 주관하셨다.

전무님은 오후 5시경 현장에서 회의를 시작하고 오후 7시~8시경에 회의를 끝냈다. 회의 진행 방식은 우선 전무님이 전날 지시한 내용에 대한 실행 상태 점검과 함께 미달성된 원인을 보고받으신 다음, 직접 그 현장으로 가서 현장 관리자의 보고를 듣고 질책하거나 지시했다. 다시 판넬 현장 회의 장소에 와서 다른 안건들에 대한 지시와 내일 해야 할 내용을 지시하고 훈시를 한 다음 회의를 끝낸다.

이렇게 상당 기간 지속된 현장 회의는 정말 고역이었다.

당시 호랑이로 통하던 전무님이 현장으로 내려오시는 오후가 되면 전날 받은 지시 내용의 실행 확인, 원인 분석, 보고 해야 할 내용 준비는 말할 것도 없거니와 일상의 자체 현장 관리도 필요하므로 늘 바쁘고 긴장된 근무였다.

전무님은 회의가 늦게 끝나도 "수고했다."라는 한마디 말씀조차 없었다. 현장 책임자들과 함께 저녁 식사라도 하라고 약간의 회식비용조차 주신 적이 없었다. 늘 근엄한 표정으로 작업 개선 지시와 더 노력하라는 질책만 하셨다. 정태구 전무님의 '판넬 라인 현장 회의'가 지속되었던 약 5개월간은 중공업 근무 중 무척 힘들고 견디기 어려웠던 날들이었다.

그저 맡은 일을 제대로 하고 호랑이 전무님께 따뜻한 격려라도 한번 받아보고 싶었다. 당시엔 늘 질책만 받아 왔으므로 승진에 대해 기대하기도 어려웠다. 그런데 뜻밖에도 차장으로 진급하게 되었다.

판넬 라인의 회식을 거창하게 하고 있을 때, 직원 한 명이 밖에 나갔다가 황급히 다시 들어와서는 입에 손을 대고 소리를 죽여 말했다.

"쉬~쉬~조용, 조용! 지금 건넌방에 '금복주(정태구 전무님 별칭)'가 왔어."

이런 경고성 말 한마디에 분위기가 착 가라앉아 버렸다. 우리는 서둘러 그 자리를 파하고, 급히 다른 2차 장소로 옮기려고 했다.

필자가 회식비를 계산하러 나갔더니, 우리 회식 비용을 전부 건넌방에서 지급했다고 하지 않는가. 믿어지지 않아서 정 전무님이 사인한 계산서를 한참 들여다보며 확인해 보았다. 전혀 예상치 못한 일이라 한동안 가슴이 먹먹하였다.

  호랑이로 불리는 조선소의 사나이는 강철같은 면모도 있지만, 표현하지 않는 속정도 있었다. 그리고 뜻밖의 승진은 아니었다. 높은 분들은 늘 질책 속에서도 노력하는 나를 지켜보고 계셨던 셈이다.

해양 석유시추선 건조 성공으로 세계 선두 조선소가 되다

  제2차 석유파동 이후 세계 각국에서는 해상 유전개발에 관한 관심이 높아져 몇몇 앞서가는 조선소에서는 해양 석유시추선(Offshore Oil Drilling Rig) 건조에 관한 연구 활동이 이루어지고 있었다.

  현대조선소에서도 해양 기술 전담팀을 만들어 꾸준히 연구해 왔으며, 1979년에는 해양 석유시추선 건조를 위한 특별 프로젝트팀을 만들었다. 특별 프로젝트의 팀장으로 해외에서 유사한 업무에 다녀간 경험이 있는 홍승희를 영입하였고, 설계 분야는 황무수, 현장 건조 업무는 필자

해상 시운전을 위해 출항하는
해양 석유시추선

가 project manager(PM)가 되어 생산 현장의 업무관리와 이 프로젝트의 전반적인 업무 추진에 필요한 일을 하였다.

1980년 10월 미국 SEDCO(South East Drilling Co.) 회사로부터 2척(BP711, BP712)의 시추선을 수주·계약하게 되었으며 본 시추선 제원은 다음과 같다.
· 15만 DWT급 반잠수식 시추선
· 영하 10도 추위, 시속 140km 강풍, 35m 파도의 악천후에도 해저 5km까지 시추 가능.

당시만 해도 해양 석유시추선을 건조하는 조선소가 세계적으로 극히 일부여서 건조에 관련된 기술 자료가 거의 없다시피 하여 생산 시 문제점을 참고할 수가 없었다.

현대조선소에서 해양 석유시추선 생산에 착수하게 되니 여러 가지 문제가 발생하게 되었고, 문제의 해결을 위해 시추선 특별팀의 모든 부문이 적극적으로 협조하여 집중적인 토론과 노력으로 해결 방법을 마련하였다. 특히 선주사 검사 대표와 긴밀한 협조가 큰 도움이 되었다.

필자는 이 프로젝트의 선주사 검사대표 Mr. Taubert와의 관계를 잘 유지하여 많은 어려움을 협의하고 또 배우면서 해결 방안을 찾아 업무에 적용하였다. 특히 시추용 장비를 설치하고 작동하는 데 많은 시일이 소비되었다.

시추선이 동해상에서 해상 시운전(試運轉)할 때 필자도 시추선에서 30일 이상 승선하며, 시추장비 정상 가동과 성능 검증할 때 발생하는 어려움을 선주사 검사대표, 생산관련자와 협의하여 해결하였다. 생산에 관련된 모두의 적극적인 노력으로 시추선 해상 시운전을 완료하여,

SEDCO社(선주사) 대표와 함께

마침내 SEDCO BP711호 시추선은 1982년 11월 3일, BP712 호선은 1983년 3월 19일 선주사에 성공적으로 인도하게 되었다.

프로젝트 선주사 대표 Mr. Taubert와 필자는 친하게 지내면서 재미있는 기억이 많았다. 함께 일을 하면서 Mr. Taubert는 한국 김치를 매우 좋아하게 되어 여러 종류의 김치를 직접 담아 베란다에 두고 필자와 만나면 함께 김치를 먹으면서 얘기하곤 하였다. 본국에 거주하는 부인이 올 때는 모든 김치를 다른 곳으로 치우고 환기를 시켜야 문제가 없었다. 한 번은 부인이 사전 통보 없이 오게 되었고, 김치 있는 것을 보고 김치 냄새나는 남편과 함께 살 수 없다고 말하면서 부부 싸움을 크게 하고 본국으로 돌아가 버렸다고 했다. 아마도 이혼당할지 모르겠다며 그 큰 체구로 필자에게 하소연하면서 서글픈 표정을 짓던 모습이 떠오른다.

현대건설 중장비의 중국 합자회사

• **현대건설 중장비**

건설중장비회사(建設重裝備會社)가 당시 명칭이었는데, 한국 건설기계 분야에서 명성이 높은 유철진 사장님이 회사를 설립했다.

1985년부터 현장 생산에 착수한 후 여러 가지 문제들을 극복하면서 회사를 운영해 왔다.

근본적으로 여러 가지 어려운 여건들이 있었다. 세계 시장 진출에서 늦은 감이 있었고, 국내 투자 환경이 열악했다.

간혹 투자를 건의하면, "가만히 있는 것이 중공업 회사를 도와주는 일이다."라는 대답을 많이 들었다.

회사는 계속 발생하는 결손을 감당해야 했고, 회사 운영도 무척이나 어려워지게 되었다. 최고 경영층에서도 중장비회사 사업을 접는 문제로 심각하게 고민한다는 소식을 들었다.

이와 같은 회사의 어려움을 근본적으로 해결하는 방안을 연구하던 중, 중국에서의 회사 설립(設立)을 결정했다. 김형벽 사장님 일행이 1994년부터 중국 전역을 돌면서 건설기계 현황을 세밀히 검토했다. 최종적으로 강소성(江蘇省)의 상주시(常州市)에「상주현대공정기계유한공사(常州現代工程機械有限公司)」를 설립하게 되었다.

중국은 투자 여건이 나쁜 환경이었다. 우리는 비교적 뒤늦게 중국 시장에 뛰어들었고, 투자 금액 또한 부족한 상태였다. 중국의 다양한 언어, 풍습, 생활 습관을 알지 못하는 상태에서 6명의 한국 현대(現代) 파견자가 선정되었다.

회사의 주요 부분을 맡아 최선의 노력을 했지만, 회사는 좀처럼 안정되지 않고 점점 어려움에 빠져들었다.

조선소 초창기 때 '무(無)에서 유(有)를 창조해야 한다.'라고 강조하던 정주영 회장님의 위대한 정신을 체험해 온 우리가 아닌가. 고군분투(孤軍奮鬪) 끝에 두 가지 분야의 획기적인 업무개선을 통하여 회사를 성장·발전시키는 계기를 마련했다. 역시 회장님 표 도전 마인드는 척박한 중국에서도 목표를 달성하는 데 초석이 되었다. 두 가지 업무개선을 살펴보자.

첫째, 성과급(incentive) 제도 정착.

그 당시 중국 회사들의 분위기는 성과급 제도를 시행하기가 불가하였으나, 한국 現代 파견자들이 시(市) 정부 관련자를 끈질기게 설득하여 제도를 채택하였다. 이 제도로 인하여 중국 직원들의 근본적인 업무 자세를 바꾸게 되었다. 생산과 품질관리, 영업, A/S 분야를 정착시킬 수 있었던 것은 당연하다.

둘째, 장비 판매용 금융 체제 개발.

중국에서 최초로 개발하여 장비 판매용 은행안게(銀行按揭) 제도를

중국 상림공사와 현대중공업의 합자회사 설립을 위한 계약 서명식(1994.11.7.)

합자회사 설립계약 서명 후 양 회사 경영진의 기념 촬영

구축하였다. 은행안게(銀行按揭) 제도는 대리점이 은행, 보험회사와 함께 오랜 협의와 시범 실행으로 만든 제도이다. 이 제도를 활용해서 합자회사(合資會社)는 장비를 판매할 때 자금의 부담을 해소할 수 있게 되었고, 고객은 장비 구매 자금의 조달을 쉽게 할 수 있었다. 합자회사(合資會社)의 장비 판매가 급격히 증가하게 되는 계기가 되었음은 당연하다.

낯선 땅 중국에서 회사의 성장과 발전이라는 그 목표 하나만을 위하여 모든 일상생활을 접어두고 열심히 뛰었던 중국 근무 7년(1994. 10~2002. 2)이 필자의 인생에서는 빼놓을 수 없는 소중한 경험 유산이다.

중국 측 회사를 선택하는 업무와 합자회사 계약 과정에서 큰 역할을 한 이의열 이사, 그리고 당시 열악한 환경인 중국에 파견된 5명의 현대 직원들이(조익규 부장, 이천섭 차장, 정덕영 과장, 권영철 과장, 심태보 과장) 필자와 함께 각자의 분야에서 혼신의 노력을 기울인 덕분에 합자회사가 성장하게 된 것을 잊지 못한다.

합자회사(合資會社) 설립과 발전 현황

• 합자회사 설립

1995년 1월 25일 설립한 상주현대공정기계유한공사(常州現代工程機械有限公司)는 총자본금 USD 6,000만인데, 현대(現代)가 60%(USD 3,600만), 중국(中國) 상주공사(常州公司) 40%(USD 2,400만)를 투자하여 중국 강소성(江蘇省) 상주시(常州市)에 합자회사로 설립하였다. (회사의 모든 운영권은 현대에서 갖는다는 조건이었다.)

• 초창기의 어려움

합자회사의 중국 측 투자 금액은 공장의 토지와 일부 낡은 건물로 책정되었고, 현대의 투자 금액은 공장의 신축 건물과 건물 내·외부의 각종 기계, 설비류와 초기 조립 장비 2대의 C, K. D 부품(현대 본사에서 제공) 대금을 지급하면 전부 소진되어 합자회사의 운영자금이 부족하였다. 더욱이 회사 설립 초기에는 영업한 실적이 없고, 생산한 장비 재고도 없어서 은행에서 운영자금을 융자하기도 어려웠다.

초기 운영자금 부족의 어려움을 해결하기 위해 장비 판매에 역량을 집중하며 한국 현대중장비(現代重裝备)에서 수입하는 C, K. D 장비 대금에 대해 당분간 송금 유예를 허락받았다.

또 중국 측 파트너 회사에 특별지원을 요청하여 제한적이나마 은행 융자를 받아 어렵게 회사를 운영하였다.

초기의 장비 판매가 예상보다 늦어져 회사 운영자금 부족 문제를 해결하지 못해 한동안 회사 운영이 어려웠다. 더욱이 중국의 책임자들은 회사의 손익에 영향을 미치는 각종 비용 지출을 가능한 한 줄여야 한다는 개념조차 없었다. 사회주의 제도 아래서 생활해 온 관리자나 작업자들은 자신들이 사용한 비용의 청구에 대한 기본 개념은 물론 회사업무 관련 비용과 개인사용 비용을 구분하여 청구해야 한다는 생각도 없었다.

공사(公私) 구분 없이 살았던 지금까지의 관습에 익숙해져 있어 이를 바로 잡기가 여간 어렵지 않았다. 한국 책임자들은 각 부서에서 회사의 각종 비용 상황에 대해 상세한 내용과 세부 지침을 만들어 교육해 나갔다.

⇒ 회사와 관련이 없으나 관습상 당연한 것처럼 생각하는 항목들을 열거하면서 교육한다.

⇒ 출장 시 출장의 필요성을 확인하고, 일자 결정, 하루 사용 한도를

중국 합자회사 공장
준공식(1996.6.8.)

직급에 따라 정해주고, 출장 후 정산하게 한다.

또한 현지에서 특별상황이 발생할 때는 사전에 유선(有線)으로 보고한 후 시행하는 법도 가르쳤다. 회식 때는 음식을 남기면서 계속 주문하는 행위, 출장 간 사람에게 통보하여 합석시키는 행위, 술·담배를 많이 주문하여 남는 것은 집에 가져가는 행위 등을 근절시켰다.

당시 중국은 시장경제 체제가 확립되지 않아 경제 관련 법령이 자주 변경·추가될 때라 합자회사의 중국 측 책임자나 시 정부의 책임자도 그 내용 파악에 어려움을 겪고 있었다.

합자회사 설립계약을 할 때, 시 정부와 오랜 협상 끝에 성과급(incentive) 제도를 시행할 수 있도록 계약서에 표기하기로 했다.

당시만 해도 중국에서는 인센티브 제도를 시행하는 회사가 없다고 정부 책임자가 설명하기도 했다.

회사 초기의 중요 문제들은 당서기(黨書記)가 결정했다. 중국은 조직마다 당서기가 결정권을 가지고 있었다. 회의할 때 당서기와 안건을 토론하면 당서기는 안건에 대해서 서론, 본론까지 장황하게 설명만 하고 결정은 다음으로 미루는 경우가 비일비재했다.

일정이 바쁜 현대(現代) 합자회사는 회사 운영이 어려웠으므로 여러 관련 정부 기관에 강력하게 의견을 제시했다. 그 결과 당서기 대신 회사의 장(長)이 결정하는 형태로 바뀌기는 했다. 하지만 중요한 문제는 여전히 회사의 장(長)이 당서기(黨書記)와 사전협의하여 결정하는 형식이었다.

중국에서는 신축 아파트를 분양할 때 골조만 완료된 상태로 입주하는 사람들이 자신의 취향에 맞추어 내장공사를 했다. 중국 파트너 회사의 도움을 받아 내장공사를 마친 곳에 현대 직원들이 입주하였으나, 그야말로 기본적인 시설만 갖춰져 있었다.

낯선 땅에서 근무하는 한국 파견 직원들이 입주한 아파트의 내부 시설은 몹시 열악했으므로 생활하기가 더 어려웠다. 특히 상주(常州) 지역은 습도가 몹시 높아서 여름은 무덥고 겨울은 추웠다.

더욱이 장강(長江) 남쪽 지역은 국가에서 난방 시설을 할 수 없도록 규정하고 있었다. 냉난방용 벽걸이 히터를 구매하여 설치하였으나 전력이 부족하여 사용하기가 어려웠다.

시(市) 정부에 건의하여 전력 용량을 증가시키려 했으나, 가정에 냉장고와 냉난방 기기를 동시에 사용해서는 안 된다는 답변만 돌아왔다. 국가가 규정한 가정용 전기용량 기준을 수용하고 생활해야 한다는 것이었다.

어떤 가정에서는 겨울철에 아이들과 함께 거실에 텐트를 치고 등산용 방한복과 이불로 추위를 견디는 모습을 보면서 이것이 사회주의의 경제로구나 하는 점을 몸으로 느낄 수 있었다.

거주한 지 3년이 지나서야 가스보일러를 한국에서 수입하여 설치하였다. 아파트에 거주하는 중국인이 이를 보고 "한국 사람들은 뜨거운 방바닥에서 자는 사람들"이라고 했다.

말하자면 '등을 구우면서 자는 사람들'이라고 하는 것이다. 우리의 난방 시설이 주민들의 구경거리가 되기도 한 셈이다.

• 중국의 현지 사정

사회기반시설이 낙후된 중국은 넓은 국토 면적에 비해 교통 시설은 거의 없거나 불편한 지역들이 많아서 전국적인 영업망 구축이나 영업활동에 어려움이 따랐다. 비행기는 운행 지역이 제한되어 있었고 비행시간도 확정되지 않았다. 기차는 낡고 승차 인원이 많아서 외국인이 이용하기에는 몹시 힘들었다. 고속도로는 중요한 간선도로부터 착공하여 건설 중이며, 각 지방과 연결되는 곳은 아직 건설되지 않았다.

실제로 이런 일도 있었다.

중국에 투자할 공장의 위치 선정을 위하여 강소성(江蘇省) 상주시(常州市)를 방문할 김형벽 사장님 일행이 7시 북경 출발 상해 도착하는 비행기에 탑승하기 위해 북경 공항(옛날 청사)에 도착해 보니 많은 사람이 공항 바닥에 앉아 카드놀이를 하고 있었다.

그러면서 비행기 출발시간은 계속 지연되었다.

출발 예정 시간을 발표하지도 않아 계속 기다리다가 지친 우리 일행 역시 다른 사람들처럼 공항 바닥에 퍼질러 앉을 수밖에 없었다. 3시간 이상을 출발시간만 기다리며 그렇게 시간을 보낸 적도 있었다. 하도 답답해서 상림공사(常林公司)에 전화하니 중국에서는 자주 발생하는 일이라고 대수롭지도 않다는 듯이 대답한다. 당시 중국에서 영업활동을 하면서 겪은 많은 어려움 중에서 두 가지 사례만 소개한다.

①1996년 무더운 여름철 어느 날, 산서성(山西省) 태원(太原)에서 고객과 약속이 있었는데, 도착한 기차를 타야만 약속 시간을 맞출 수가 있었다. 기차 안에는 승객이 너무 많아서 승·하차용 발판에까지 승객이 매달려서 가야 했다. 정상적으로는 탑승이 불가하여 우리는 역무원의 도움을 받아 기차의 창문을 통해 겨우 승차하였다.

기차 내부 악취와 많은 사람들로 참기 어려워 매달려 가는 영업사원에게 오십 위안을 주면서 문제해결을 해보라고 하였다. 중국 특유의 뒷거래 문화(?)로 우리는 다음 역에서 내린 다음 화물칸으로 옮겨 앉아 쾌적한 환경을 즐기면서 갈 수 있었다. 오십 위안의 힘은 실로 대단했다.

②흑룡강성(黑龍江省) 대경(大慶) 유전 지역에서 영업활동 후 호텔(하얼빈 소재)로 돌아오는 도중 승용차 고장으로 한겨울 허허벌판에서 밤을 보내기도 했다. 영하 30°C에서 말이다. 달리 설명을 덧붙이지 않더라도 참담한 정황을 그려볼 수 있을 것이다.

생산과 품질 향상의 비결

• 생산 환경 개선

중국의 작업자는 사회주의 제도 아래서 성장한 탓인지 능동적인 추진력이 없다. 똑같은 업무 내용이라도 계속하여 반복 지시해야 한다. 그리고 다시금 확인해야 한다. 그러니 생산의 효율성을 높이고 품질을 유지하려면 노력이 필요했다. 합자회사(合資會社)의 생산에 착수되기 전에 현장 책임자들을 한국의 현대중장비(現代重裝備) 공장에 파견하여 기술 및 품질교육, 정리 정돈과 환경 정리 등 생산 전반에 대해 교육받도록 했다. 그리고 그들이 귀국하여 현대 합자회사(合資會社)의 생산팀별로 교육을 담당하는 역할을 하도록 했다.

합자회사의 공장을 건립하면서 건물과 주요 설비 공사를 시공할 때 설계품질을 맞추기 위해 표준작업 샘플을 만들었다. 이와 같은 품질 수준으로 시공해야 한다는 사실을 재차 알려주기 위해서였다.

중국 전역 주요 도시별 영업 활성화를 위한 현지 장비 설명회

중국 합자회사 2,000대 생산 출하 기념식

또 그 수준에 미흡하면 재시공한다는 조건으로 건설 계약을 체결하였다. 실제로 시공할 때 미흡한 부분을 몇 곳 재시공하도록 하니 설계 기준대로 공장이 건설되었다.

공장 전체를 깨끗하게 유지하며, 특히 공장 내부는 한국의 현대중장비(現代重裝備) 조립 공장과 마찬가지로 바닥을 포함하여 필요한 곳은 모두 도장(塗裝)으로 마무리했다.

부품과 공구들도 정리 정돈이 잘 된 깨끗한 공장으로 만들어져서 주위의 많은 공장 책임자의 견학 장소로 소개되기도 하였다.

이렇게 작업자가 일찍이 경험해 보지 못한 깨끗한 공장에서 작업하도록 하여 앞서가는 외국의 수준에 맞는 장비를 생산해야 한다는 마음이 생기도록 분위기를 조성하였다.

- **성과급(incentive) 제도**

중국 사람들의 생각과 생활 습관으로 볼 때 자신의 노력에 대한 보상

현대 합자회사 유럽 수출
시작하며 중국 상주시 시장과
기념 촬영

이 즉시 나타나는 제도가 있어야만 했다. 현재의 생산 분위기를 바꿀 수 있기에 성과급(incentive) 제도를 채택하게 된 것이다.

생산 초기에는 청소, 환경 정리. 정리 정돈, 지시이행 등 작지만 잘한 일을 날마다 몇 건씩 찾아내라고 현장 관리하는 중국 부장에게 임무를 부여해 주었다. 찾아내면 당연히 그들에게 급료를 지급할 때 약간의 성과급을 지급했다. 아울러 그 내용을 생산 직원에게 설명하고 이해시키려 노력했다.

초기에는 생산 직원들이 그 뜻은 이해하면서도 느낌이 오지 않는 것처럼 보였다. 같은 일을 계속하여 실행해 나가자, 이제 성과급 제도가 서서히 정착되면서 생산에 필요한 실질적인 성과가 나타났다. 생산의 효율성, 품질 향상 등 눈에 띄는 발전을 이룩하게 되었다.

장비를 조립생산할 때, 주요 공정 작업자에게 코드 번호를 부여하여 생산하도록 했다. 생산된 장비가 판매 후 생산 품질 결함이 발생하면 그 부문에서 작업한 생산자에게 아주 적은 금액을 월급에서 공제하도록 했다. 물론 충분한 설명과 함께 이해시키려고 지속적인 노력을 하였다.

 판매한 장비가 1년 후까지 생산 문제가 발생하지 않으면 조립생산 관련 생산자의 월급에 성과급을 추가하여 지급하였다. 성과급 제도가 정착되도록 한국에서 파견한 관리자들이 모두 노력하였다. 또한 시행 과정에서 문제가 생기면 즉시 수정·보완을 했다. 그 어떤 제도도 처음부터 완벽하기는 힘들고, 조직의 형태와 성격에 따라 보완이 필요했던 셈이다.

 생산 초기부터 도입한 성과급(incentive) 제도는 반복 교육이 중요했다. 교육 당시에는 그 이론을 이해하는 듯해도 월급 받을 때 금액 변동이 생기면 납득을 하지 못해 혼란스럽게 여기곤 하였다. 중국 책임자들을 동원하여 지속적으로 교육하고 적용하니 1년 반 이후부터는 생산 현장에 서서히 정착되었다.

• 일부 부품의 중국 현지 생산

 초기에는 생산 조립하는 모든 부품을 한국 현대중공업(現代重工業)에서 공급받아 조립 생산하였다. 합자회사(合資會社)의 생산관리가 안정되고 생산량이 점점 증가하게 되면서, 일반 제관품 부품부터 중국 현지 생산품을 공급받아 생산하게 되었다. 중국의 회사에서 공급받는 부품은 공급받기 이전에 합자회사가 선정한 모든 기준에 맞는 생산 공장 인가를 확인한 후에 부품 공급 공장으로 선정했다.

 그 회사 공장 내에 현대 부품만 생산하는 별도의 생산라인을 만들어야 하고 합자회사가 요구하는 수준의 품질관리 체계가 유지될 수 있는 공장인지를 확인하며, 모든 조건에 맞을 때 납품이 가능하다.

 중국 공장의 특성상 시제품의 품질이 확인되어도 실제 생산 부품들은 지속적(持續的)으로 엄격한 품질검사를 한 후 납품되도록 했다. 납품 중에 불량품이 발생하면 과도할 정도로 Back Charge 시키고 어느 수준 이하가 되면 부품 공급 리스트에서 삭제시켰다.

중국에서의 영업 활성화 방안

• 초창기 영업 현황

합자회사(合資會社)가 설립될 때 중국에서는 이미 외국의 유명한 건설기계 회사들(CATERPILLAR, 小松, HITACHI, KATO, LIBHERR 등)이 전국적인 영업 기반을 구축하여 활동하고 있었다. 이들의 영업체계와 충돌 없이 순차적으로 대도시에 영업대리점, A/S 부품 창고를 설립하는 데는 상당한 노력이 필요했다. 더욱이 합자회사가 중국에 회사를 설립할 당시에 중국 내의 성(省)마다 현대(現代)라는 이름을 가진 회사들이 많아서 한국 現代의 위상을 알리는 데는 시간과 노력이 필요했다.

각각의 성(省)마다 다른 문화, 생활풍습 등을 이해하며 이에 합당한 전

뒤늦게 중국 시장에 뛰어든 현대 합자회사가 중국 내 시장 점유율 1위를 차지하자 현대 건설장비를 소개한 잡지 표지

국적인 영업계획을 만들어 수행했다.

중국어가 필수 요건이었음은 두말할 나위도 없다. 처음 파견된 한국 책임자들은 모두 중국어를 배울 여유도 없이 합자회사 업무를 수행하게 되어 매일 밤 모여서 중국어를 열심히 공부하였다.

합자회사 장비 판매 업무를 처음 시작할 때의 일이다.

합자회사의 판매 체계가 아직 구축되지 않아 당시 휠 로더(Wheel Loader) 전문 생산 업체로 판매량이 중국 상위 그룹이었던 상림공사(常林公司)의 전국 영업망을 통하여 판매 지원을 받기로 합의하였다.

합자회사에서 생산한 첫 번째부터 세 번째 호기까지는 빠른 판매를 위해 특별 할인 가격과 특별 보너스를 지급하는 내용을 홍보하였다. 그러나 3개월이 지나도 판매 결과가 기대에 미치지 못해 판매 체제를 시급히 개선해야 한다고 판단하게 되었다.

당시 합자회사는 운영자금이 부족하고 은행 융자는 잘 이루어지지 않으며 장비 판매마저 성사되지 않으니 자금 문제가 정말 어려웠다. 회사

합자회사가 중국 강소성 상주시의 발전에 크게 이바지했다고 하여 상주시로부터 명예 시민증을 받았다.

운영비용과 급료를 지급해야 할 날짜가 다가올수록 장비를 볼 때마다 어떻게 해서라도 현금화해야겠다는 생각으로 잠을 설치기도 했다.

조선소(造船所) 초기에 정주영 회장님께서 "철판을 밟고 다니면 돈을 밟고 다닌다."라고 질책하시던 때가 떠올랐다. 이런 어려울 때 등장한 영업사원이 바로 '양(楊)이' 아줌마였다.

• 잊지 못할 아줌마 '楊이'

합자회사가 조립 생산한 첫 번째 장비 판매를 위해 상주공사(常州公司) 영업사원들과 합자회사의 영업사원들이 모두 나섰다. 그런 노력에도 불구하고 첫 번째로 생산한 장비의 판매가 성사되지 못했다. 당시 합자회사는 운영자금이 부족하여 장비 판매가 절실히 필요한 시기였다.

신입 영업사원 3명 중 상림공사(常林公司)가 추천한 영업사원은 40대의 '아줌마'라는 말을 관리부장으로부터 듣고 내심 실망하였다. 솔직히 '식당이나 청소할 일이 있는 것도 아닌데, 이 긴박한 시기에 「아줌마」가 영업을 잘할 수 있을까?'라고 생각했다.

몇 개월 후 '楊이'와 함께 남경(南京)에 있는 철도국 장비 관련 과장을 만나 현대(現代) 장비 소개 등 영업에 관한 얘기를 나눌 때 '楊이'는 그 과장과 인맥이 있는 관계(關係)라고 판단되었다. 그때 '楊이'가 "친구(朋友), 친구(朋友)" 하면서 가까운 친구처럼 대화하는 것을 보고 '楊이'의 영업 능력에 내심 놀랐다. 그 당시만 해도 합자회사의 영업사원이 장비 구매 업무 담당자를 만나기도 힘들 때였다.

몇 개월이 지난 후 첫 번째 장비가 판매되었다는 다소 흥분된 영업부장의 전화를 받았다. 그 일을 성공시킨 사람이 바로 '楊이' 아줌마였다. 합자회사는 축제 분위기와 함께 장비 판매의 희망이 엿보이기 시작했다. 그 이후 두 번째, 세 번째 장비도 '楊이'의 판매 활동 능력으로 성사되었다. '楊이'의 명성(?)이 높아졌고, 그럴수록 '楊이'라는 그 아줌마 이름이 친숙하게 들렸다. 사람의 마음이란 게 참 이상하게도 장비를 판매하기 이전보다 '楊' 아줌마가 더 잘 생기고 멋진 사람으로 보였다.

• 영업 관리 체제 강화

합자회사 자체의 영업체제를 보강하기 위하여 상림공사(常林公司)의 협조를 받아 우수한 영업 관리자를 충원하였다. 영업 및 A/S 직원을 모집하여 보강하고, 특히 영업대리점 체제를 강화하여 장비 판매에 회사의 영업 역량을 집중하였다. 현대(現代) 합자회사가 발전하면 상주시(常州市)에 현대중공업(現代重工業) 계열의 추가 투자 가능성이 높아 常州市의 발전에도 이바지할 수 있다고 설득하여 시 정부의 협조를 받았다. 다른 성(省) 지도자의 소개로 그 성의 장비 판매 관련 책임자와도 영업 상담을 갖게 하여 영업체제 보강과 장비 판매 확대에 도움을 주었다.

영업에도 성과급(incentive) 제도 정착이 매우 중요하다고 생각하여 영업의 중요 정책으로 강력히 추진하였다. 영업과 A/S 직원이 근무하는 지역은 거리가 너무 멀고 통신 체제도 원활하지 못하여 매월 정기적으로 보고서를 작성하여 제출하도록 했다.

보고 내용은 경쟁사의 영업 방식과 영업 현황, 장비 수요가 예상되는 회사나 지역, 대리점들의 영업활동, 그리고 영업과 A/S 직원의 활동 상황 등으로 보고서 양식에 따라 요약하여 보고하게 했다.

영업 초기에는 영업, A/S 보고서를 평가하여 성과급을 지급했다. 장비를 판매할 때는 장비 판매에 대한 상당한 성과급을 지급한다.

성과급은 성(省)별, 도시별, 장비 수요 특성에 따라 지급하는 점수 제도를 반영하여 산정했다.

중국 명예 시민증을 수여할 당시 맹금원 상주시장의 휘호

    합자회사의 영업, A/S 직원 월급 체계는 본인들이 성과급을 받아야 생활과 활동에 여유가 생긴다. 성과급을 받지 못하면 생활에 다소 불편할 정도로 기본 급료를 정해 지급한다. 성과급 지급 초기에는 성과급 제도가 정착되지 못해 퇴직하는 직원이 많았으나, 이 제도가 서서히 정착되고 홍보가 되자 중국 전역에서 유능한 직원이 모여들었다.

    중국 내에서 장비 수요가 많은 동급 모델이며 가격이 비교적 저렴한 '경제형 장비'를 개발·공급하여 중국 시장에서의 저변 확대 정책을 추진하였다. 중국 사람과 대화를 나누면 자신의 속마음을 드러내지 않고 대화 내용에 개인 의견이 담기지 않은 답변만 하고(可以 可以, 好), 여러 번 만나서 마음이 통할 때만 개인 의견이 담긴 내용으로 솔직하게 대화하는 편이었다. 일상적인 대화 내용을 그대로 믿으면 잘못된 판단을 할 수 있다는 뜻이다.

    당시 중국은 영업활동을 할 때 지역에 따라 차이는 있으나 술 마시는 문화를 이해하고 지역에 맞게 대응해야 하는 것이 상식처럼 되었다. 특히 서부지역과 동부지역 술 문화에 잘 적응해야 했다. 처음 만나 대화 나눌 때는 대개 중국차를 마시면서 대화하는데, 서부와 동부지역은 처음 만나 대화할 때도 백주를 마시는 관습이 있었다.

더 깊은 내용의 대화를 나눌 때는 함께 식사하며 술을 마시게 된다. 이때는 본인 주량이 허용하는 최대 한계까지 마셔야 하며 주량보다 적게 마시게 되면 회의 내용에 성의가 없다고 판단한다. 중국 사람들은 상대의 주량을 금방 파악할 줄 알았다.

장비를 구매하는 일반적인 과정을 보면, 現代 장비와 다른 외국 장비들의 품질, 가능, A/S 및 가격을 세밀하게 종합 평가한 후 現代 장비에 관심이 있으면 영업사원 및 영업부장과 접촉하게 된다. 여러 가지 항목들을 충분히 협상한 후 구매 조건에 만족하게 되면 상림현대(常林現代) 공장을 둘러보고 식사(食事)를 대접받는다. 또다시 최종 협상을 통해 자신의 의견을 반영한 후에 구매 계약이 성공으로 이어지는 것이다.

중국에서는 장비를 판매한 후 공장에서 장비를 인도할 때 장비와 함께 인원도 승차하여 운반하는 것이 관례다. 만약 운반 도중에 안전사고가 발생하게 되면 외국기업은 매우 복잡한 문제가 발생하게 된다.

합자회사는 모든 장비 운반 차량은 인민 무장경찰(中國人民武裝警察部隊로 국경경비대 겸 군사경찰임)이 운영하는 차량을 이용했다. 운반비가 약간 비싸다는 점은 있지만, 안전사고가 발생하면 스스로 잘 해결되는 부분이 있었다.

'구채구(九寨溝)'는 중국에서 유명한 관광지역이다. 그 지역 방문은 접근성이 어렵다. 사천성(四川省) 성도(成都)에서 자동차로 가는 길이 매우 위험한 곳이기도 하다. 정부에서 관광 개발 사업으로 공항을 건설하게 되었는데, 이 공항 건설에 現代 장비를 여러 대 투입하게 되었다.

그런데 이곳으로 이동하는 장비 중 한 대가 절벽 길에서 추락하는 대형 사고가 발생했다. 더욱이 한 명이 탑승하고 있는 인사 사고였다. 다행히 인민 무장경찰의 노력으로 잘 처리되었다. 역시 비싼 비용을 지급하는 데는 다 이유가 있었던 셈이다.

중국 서부지역에 5대의 장비를 분할지급(分期付款) 방식으로 판매한 후 3개월이 지나자, A/S 요구가 있어 해당 인원이 파견되었다.

그곳의 요구 내용들이 너무 많아 확인한 결과 문제가 없는 부품도 함께 요청하고 있었다. 그곳의 요구 내용을 전부 해결할 수 없다고 통보하였더니, "그렇다면 A/S 직원을 돌려보내 주지 않겠다."라는 반응과 함께 "외딴곳에 감금시키겠다."라는 말을 들었다. 중국이라는 나라의 무서움을 새삼 깨닫게 된 사건이었다.

중국 서북지역은 기후가 황량하고 대부분 반(半) 사막성 지역이 많았다. 그곳에 거주하는 주민(회족)은 매우 거칠어서 문제해결이 어려웠다. 다른 성(省)에서 그곳 관련 정부에 해결을 요구하면 자체적으로 해결하라는 답변만 듣게 된다. 합자회사는 시 정부를 통해 그곳 도시의 무장경찰을 동원하여 장비를 회수할 수 있었다.

물론 인민 무장 경찰에게 일정한 비용은 지급되었지만.

영업의 활성화를 위해 중국 전역에 장비 설명회를 하게 되었다. 이때 한국 현대(現代)의 위상을 설명하고 현대자동차(現代自動車)의 기술을 설명했다. 특히 현대조선(現代造船)의 기술, 즉 해상에 떠다니는 우수한 선박의 용접 구조 기술을 설명했다.

現代 건설기계 장비는 본체가 매우 튼튼한 구조로 제작되었다. 우수한 주요 부품 엔진은 미국의 CUMMINS, 기타 주요 부품도 수입품을 장착해서 제작된 건설기계 장비이며 가격은 타 외국기업 장비보다 경쟁력이 있다고 설명하면서 장비를 운전해 보이기도 했다.

또 직접 운전도 할 수 있도록 했다. 이렇게 중국 전역의 주요 도시별로 장비 설명회를 개최하였다.

당시 서장(西藏, 티베트) 지역의 성도(省都)인 라사(拉薩) 지역은 국가에서 외국인 출입을 엄격하게 통제(자체 독립을 차단하기 위함)했다. 외국기업의 영업활동이 불가한 지역으로 되어있었다.

시 정부의 적극적인 협력으로 라사(拉薩, 해발 3,700m 고원지역)에 도착했다. 젊은 안내원이 있었는데, 그는 우리 같은 외국인의 모든 행동과 대화 내용을 중국 상부에 보고하는 사람이었다.

그렇게 긴장된 상태에서 회사 대표자와 함께 공장 2곳을 방문하기도 했다. 現代 장비는 특히 고원 지역의 환경(낮은 기온, 산소 부족)에 잘 적응하는 특성을 설명했다. 여러 가지 영업 조건들을 협의한 후 대리점으로 정한 후 영업활동을 개시하였다.

매년 대량의 장비를 구경하는 정부 기관(철도국, 석유채굴회사, 대형 건설회사 등)에 現代 장비를 공급하는 것은 매우 중요한 일이다. 영업의 핵심 정책으로 중점 추진하였으며, 이를 성공시킨 영업의 성과 가운데 하나의 판매 과정을 소개해 본다.

⇒ 매년 장비를 대량 구매하는 각 지역의 회사들을 리스트업 한 후, 그 지역의 영업사원, 대리점 및 기타 협조자의 지원으로 지속적인 영업활동을 한다.

⇒ 영업의 가능성이 있으면 영업부장을 파견하여 구체적인 상담을 한 후, 구매 책임 국장과 합자회사 책임자 간의 회의가 성사되도록 한다.

⇒ 회의가 성사되면 그 국장의 기호(성격, 출신 지역, 선호하는 음식 등)를 살피고, 회의 준비(판매 시 여러 조건, 즉 장비 대수에 따른 가격, A/S의 구체적인 내용 등)를 한다.

⇒ 회의 시 국장의 관심사에 대해 최대한 맞추도록 답변한다.

⇒ 양 회사 책임자와 식사할 때 처음에는 일반적인 사항(기후, 풍습, 음식, 문화 등)과 삼국지에서 알게 된 지역의 역사적인 일을 중국어로 이야기한다. 유창한 중국어가 아니라도 괜찮다. (국장이 중국어로 역사적인 사건을 같이 이야기하면 마음의 문을 열고 분위기는 좋아진다.)

⇒ 식사 후 예정된 노래방에서 흥겨운 시간을 보내면서 중국 노래를 함께 부르고, 춤도 추며 분위기를 띄운다.

⇒ 분위기가 좋을 때 국장에게 잠시 쉬자고 하면서, 옆방에 통역사와 함께 들어가서 국장의 의견을 듣는다.

⇒ 국장의 관심사가 가격이면 장비 대수와 연관하여 할인하고, 품질이면 장비 대수가 어느 수준 이상이면 공사 현장에 일정 기간 A/S팀 파견, 장비 구매 대수가 많으면 추가 장비 1대 배치, 기타 요구사항도 듣고 해결 방법을 제시하며 국장이 최종적으로 승인하면 모든 계약이 성공된다.

• **금융(金融) 체계 개발**

중국의 일반적인 판매 방식은 분할지급(分期付款) 방식이며, 이 판매 제도는 장비 인도 시 장비 대금의 50%를 받고 나머지 잔금 50%는 매월 분할(分割)하여 받는 방식이었다.

이 제도는 대략 6개월 동안 잔금을 매월 회수하는 관리가 어려웠다. 미수금 발생의 우려, 처리 방법의 어려움으로 판매 물량이 늘어나면 회사에 많은 운영자금이 필요한 문제들이 있었다. 특히 초기 운영자금이 부족한 現代 합자회사의 상황으로는 계속 판매가 어렵게 되었다.

現代 합자회사는 이와 같은 장비 판매 방식을 근본적으로 바꿀 방안을 연구했다. 그 결과 대리점, 고객, 은행, 보험회사 그리고 시 정부의 협조

를 받아 만들어 낸 방안이 '은행안게 (銀行按揭)'라는 시스템이었다. 중국에서 맨 처음으로 개발하여 운영하게 된 것이다.

이 제도는 現代 합자회사가 장비를 인도할 때 장비 대금을 100% 받는다. 일반 판매 가격보다 저렴한 장비 가격이다. 나머지 잔금 50%는 고객, 대리점, 은행과 보험회사가 상호 긴밀한 업무 협조, 협약을 맺어 처리하는 방안이다. 여기서 중요한 것은 우수한 고객을 선정하는 것이다.

이 시스템을 처음 시행할 때 現代 합자회사는 대리점과 협조하여 우수한 고객을 선정한다. 은행, 보험회사와 긴밀한 협조를 한 후에 장비 1대를 정한다. 그리고 시범 운영하면서 문제점을 보완한다. 다시 2대의 장비를 정한 후 같은 방법으로 시행하면서 추가적인 문제점을 보완한다. 서로 업무처리 협약을 맺고 서서히 이 시스템으로 판매한다. 약 1년에서 1.5년이 되면서 이 판매 체계가 서서히 자리를 잡고 안정되어 갔다.

現代 합자회사는 이와 같은 '은행안게(銀行按揭)' 제도가 안정되자, 합자회사가 위치한 강소성(江蘇省)에서 시범(示範) 실시하기로 하고, 인근의 우수 대리점에 점진적으로 소개하여 추진하도록 권장하였다.

다른 성(省)의 우수 대리점에도 권장하여 추진하도록 하니 이 제도 시행이 전국적으로 확산되고, 약 2년 동안 現代 장비의 판매량이 급격히 증가했다. 장비 판매 수요에 대해 생산능력이 공급을 감당하기 어려울 때도 있었을 정도이다.

중국 내에서 現代 장비 판매 시장 점유율(Market share)이 1위를 차지할 때도 몇 차례 있었다.

뒤늦게 중국의 장비 판매 시장에 뛰어든 다른 기업도 現代 합자회사가 단기간(短期間)에 성장하는 현상을 알게 되었다. 외국기업들도 '은행안게(銀行按揭)' 제도를 도입하여 판매하는 등 현대 합자회사가 개발한 판매 금융 방식에 점차 공감하게 되었다.

지난 기억을 되짚으며

현대중공업과 함께한 세월은 나를 성장하게 하고, 천금으로도 살 수 없는 경험의 가치를 안겨주었다. 그 고귀한 경험들이 필자가 중국 사업에서 큰 성과를 이룰 수 있는 원동력이 되었다.

우리는 가난한 나라에서 태어났다. 오직 잘사는 나라를 만들기 위해 고전분투하며 살았다. 세상은 참 살아볼 만한 것이다. 이 모든 일을 온몸으로 맞았던 우리의 산업일꾼들. 그들이 있어 가능했던 일이다.

그들. 기적을 일궈낸 산업 전사들의 이야기를 허투루 여기지 않는다면, 오늘의 젊은 세대가 더 성장하는 대한민국을 만들어 갈 수 있을 것이다. 우리의 잠재력은 아직도 무궁무진하다.

1972년 허허벌판의 울산 앞바다와 파도 소리를 기억해 낸다.

척박한 중국에서 한 가지 목표만 바라보며 혼신(渾身)의 노력을 쏟아 부은 7년여의 활동은 필자의 큰 보람이며 뜨거웠던 열정의 세월이다.

산수(傘壽)를 넘긴 내 가슴. 그날을 생각하니 강철을 녹일 만큼 다시 뜨거워진다.

현대와 함께 조선입국(造船立國)의 길 위에서

제1화 현대건설㈜에 공채 입사하다

제2화 현대건설 조선사업부에서 조선에 첫걸음 떼다

제3화 영국 Scotland Scott Lithgow 조선소에 기술 연수를 가다

제4화 John G. Kincaid에서 기관실 설계 분야 연수를 받다

제5화 일본 가와사키 중공업 사카이데 조선소에서 기술 연수를 받다

제6화 울산 본사 기장설계부에서 실무를 시작하다

제7화 중공업 뉴욕지사에서 해외 근무 첫발을 딛다

제8화 조선 불황 극복을 휴스턴에서 찾아보자

제9화 다시 조선. 플랜트 영업에 매진하다

제10화 미국 북서부 지역에는 무엇이 있을까?

제11화 지역전문가가 되기 전에 아쉬운 귀국길에

제12화 종합상사 선박1부 조직이 전부 중공업으로 이전되다

제13화 해군함정 영업에도 귀중한 발걸음 내딛다

제14화 뉴욕지사 재차 근무로 지역전문가의 길에 들어서다

제15화 중공업 본사 영업부로 귀임하자 부딪친 노사분규

제16화 엔진사업부에서 선박의 심장, 엔진 영업도 해보고

제17화 서울 현대종합상사 선박 본부장에 부임

제18화 종합상사 선박 본부에서 상사의 해외 선박 영업 역량 극대화

제19화 현대그룹 퇴사 후 인생 2막도 조선산업 분야에서 종사하다

제20화 한국 조선산업의 여명기, 광명기-살아 있는 역사

조태연

- 현대건설(주) 신입사원 공채 입사/조선사업부
- 현대중공업(주) 조선설계실 차장
- 현대중공업(주) 영업이사/뉴욕지사장
- 현대중공업(주) 해외영업 상무이사
- 현대종합상사(주) 선박 본부장. 전무/부사장
- INP중공업(주) 대표이사 사장
- 한국선박기술(주) 고문
- 태성엔지니어링(주) 회장
- 제티머린서비스 대표
- 신안중공업(주) 부회장
- 삼광조선공업(주) 고문

현대와 함께 조선입국(造船立國)의 길 위에서

1971년 가을, 나는 현대건설이 대학 졸업 신입사원을 수십 명 공개 채용한다는 현대건설의 신문 광고를 보고 입사 지원서를 제출했다. 특히 광고에서 눈에 띄는 대목이 '대규모 조선 사업 계획'이라는 부분이었다. 1차 필기시험 합격자를 발표하던 날, 나는 당시 연애 중이던 아내와 함께 초조한 마음으로 무교동 현대건설 앞으로 달려갔다. 그리고 게시판에 붙은 합격자명단에서 내 이름을 발견하자 오히려 가슴이 더 떨렸다.

국내에 반반한 기계공장이 없었던 당시에는 화공과, 전기과, 섬유과 출신들은 정유회사, 한국전력, 화학섬유 등 큰 직장들이 있었으나 나 같은 기계과 출신들은 취직할 곳이 마땅치 않았다. 그래서 건설회사는 선택할 수 있는 최선의 길이었고, '대규모 조선 사업 계획'을 내세웠던 현대건설은 금상첨화의 직장인 셈이었다.

건설회사 자체에도 기계과 출신의 수요가 있지만, 조선이라면 이야기가 또 달라지는 셈이었다. 조선의 중추인 선체, 선장, 기장은 물론이고, 특히 선박의 기관실은 바로 기계과 출신이 전공을 살릴 수 있는 일터였기 때문이다.

글을 시작하면서 나는 이 회고록을 통해 현대그룹 창업자인 정주영 회장의 기업보국 정신이 일부라도 투영되기를 바란다. 내가 현대그룹에 근무했던 30년 동안 정주영 명예회장을 직접 대면(對面)하거나 조우(遭遇)한 경험이 꽤 있었지만, 직접 만난 경험들은 말할 나위도 없거니와 내가 현대와 인연을 맺고 근무했던 거의 모든 기간의 활동이 정주영 회장의 창업 정신과 경영철학에 알게 모르게 영향을 받았던 사실을 부인할 수 없다. 어쩌면 현대에서 일했던 30년 세월의 근간을 지배했던 영향력이었다고 해도 지나친 말은 아닐 터이다.

아울러 이 글을 통해 독자들께서는 현대그룹 출신의 한 인간이 20대 청년 시기부터 중년, 장년을 지나 노년에 이르기까지 얼마나 치열하게 직장생활과 사회생활을 했는지 공감할 수 있었으면 좋겠다. 현대건설, 현대중공업, 현대종합상사 등 현대그룹에서 근무했던 30년 동안 벌어졌던 일화들을 사안별로 서술해 보려고 한다.

이 글은 나를 중심으로 이야기를 전개해 나가지만, 나의 인생 이야기는 아니다. 비록 내밀한 개인사는 아닐지라도 또 다른 의미에서 개인사와는 차원이 다른 소중한 기록이 아니겠는가. 국내외 고객들과 저명인사들, 그리고 강호지인, 선배, 동료, 후배들과 지낸 평범한 일상사일 수도 있지만, 기업인으로 한 시대를 가로지르며 나름 처절하게 동분서주했던 활동 궤적을 회고해 본 내용이니 대한민국 산업화 시대의 한 초상(肖像)이 될 수도 있을 듯하다.

제1화 현대건설㈜에 공채 입사하다

현대건설 신입사원 공채 1차 필기시험 합격자를 상대로 2차 면접시험이 있었다. 면접관은 정주영 당시 회장과 이명박 상무, 조상행 부장이었다. 정 회장은 나에게 물었다.

"왜 현대건설에 지원했어요?"

"현대건설에서 대규모 조선 사업을 계획하고 계시는 줄 알고 있는데, 그 일에 관심이 많습니다."

내가 이렇게 대답했더니, 곧바로 이렇게 물었다.

"그러면 울산에 내려가서 근무할 용의가 있어요?"

울산 전하만 일대에 "무에서 유를 창조한 신의 한 수"가 힘찬 첫 삽을 뜨고, 불과 20년 만에 세계 최고·최대의 조선소가 되다. 1971년 가을 현대건설(주) 신입사원 공채에 지원했던 나는 이를 예견했을까?

    나는 순간 허를 찔린 기분이었다. 서울이 고향인 나는 순진하게 내심 서울이나 서울 근교에 있는 공장이나 사무실로 출퇴근하는 경우를 염두에 두고 있었던 터였다. 어떻게 답변해야 할까, 몇 초 동안 망설이다가 운명을 가르는 답변을 하고 말았다.
    "네."
    그 당시 나로서는 '아니오.'라고 대답하기도 어려운 처지였다. 1968년 1월의 김신조 무장공비 침투 사건으로 군대의 복무기간이 3년 5개월로 연장되는 바람에 뒤늦게 제대한 후 복학하여 졸업하고 서둘러 사회에 진출하려던 때라 꼭 합격해야 하는 절실함도 있었다. 그런데 면접시험에서 이런 식의 질문에 부정적인 대답을 할 수 없음을 정 회장님은 이미 직관적으로 알고 계셨던 것 같기도 했다.
    훗날 생각해 보니, 그때 울산 근무가 싫다고 답변했다면, 솔직히 인사상의 불이익은 없었겠지만, 현대건설로 발령이 나서 중동을 포함한 해외와 국내 여러 건설 현장을 옮겨 다니면서 근무했을 것이다.

건설 현장을 옮겨 다니기보다는 현대중공업에 발령이 나서 결과적으로 울산조선소, 해외 지사(해외의 건설 현장이 아닌 해외 대도시), 현대종합상사에 근무하게 되었던 나의 경력이 나의 적성에 더 맞았던 결과로 여겨지는 것을 보면 정 회장님께서 나의 무난한 장래를 미리 예지해 주신 것 같아 신통하다는 생각이 든다.

울산의 신규 조선소에 대규모 대졸 인력이 필요한 시점이었던 이때, 현대건설㈜ 공채 입사 동기(1972년 1월) 50여 명 중, 현대건설 조선사업부로 발령이 난 동기는 15명이었다. 우리 15명이 바로 1972년 12월에 정식으로 설립된 현대중공업의 입사 1기이다. 이들 입사 동기 중 5명은 지금도 서울에서 정기적으로 만나는 사이다. 골프 좋아하는 4명은 매달 운동도 같이 하고 다니면서 50년째 우정을 나누고 있다.

제2화 현대건설 조선사업부에서 조선에 첫걸음 떼다

현대건설 조선사업부는 무교동 본사 건물에서 약 300m 떨어진 남강빌딩에 있었다. 경력사원으로 입사한 20여 명과 함께 한 30여 명이 조선사업부에서 본격적으로 조선 사업 창업의 시동을 걸었다. 나를 비롯한 몇 명의 신입사원들은 영국 A&P Appledore에서 매주 공수되어 오는 26만 톤 유조선 도면을 현대건설 무교동 본사 지하실에 있는 복사실에 가서 청사진으로 복사해 오는 일이 매일의 일과였다.

당시에는 Xerox 복사기가 없고 청사진 복사기로 복사하던 시절이었다. 암모니아 냄새로 가득한 청사진 복사실엔 서로 가지 않으려고 해서 신입사원들끼리 당번을 정해서 교대로 갔다.

입사 시험에서 영어 성적이 좋았던 나는 당시 백충기 이사의 당부로 조선사업부 문서 수발업무도 맡았다. 해외에서 수신되는 모든 영문 문

1972년 7월 신입사원 하계수련대회에서 정주영 회장님과 함께 현대중공업 신입 입사 1기 동기들(가운데 정 회장님, 가운데 좌측 백충기 이사, 앞줄 맨 좌측이 필자).

서와 Telex를 우리말로 번역하는 업무였다. 따라서 다른 직원들보다 더 일찍 출근해서 Telex를 번역하고 큰 글씨로 잘 써 놓으면 중요한 사항들은 바로 정주영 회장께 보고되곤 했다.

보고를 받은 정주영 회장의 지시 사항이 나오면, 나는 다시 이것을 영어로 번역하여 Telex로 런던 등 해외 지사에 송신하곤 했다. 그래서 회장님의 지시 사항이 늦게 떨어지는 날이면 나는 늦게까지 퇴근도 하지 못하고 사무실에 대기하던 기억이 난다. Fax가 없던 시절이라서 도면은 작은 것 하나조차 항공우편으로 교신했던 때이기도 하다.

정주영 회장은 신입사원을 위한 원어민 강사의 영어교실을 개설해 주셨다. 해외 시장 개척을 목표로 해서 인재에 대한 투자를 아끼지 않으셨던 정 회장의 진면목(眞面目)을 엿볼 수 있는 일이었다. 우리는 일과 후에 본사 8층에서 영어 회화 강좌를 들었다. 대학 시절 교환학생으로 독일 서부베를린자유대학에서 3개월 기술 연수를 받았고, 고교 시절부터 영어 회화 모임(쿠알라 클럽)에서 활동했던 나는 영어강좌 시간이 되면 앞장서서 선도적 역할을 했다.

정주영 회장의 면모를 파악할 수 있는 좋은 사례는 또 있다. 여름 휴가철이 되면 현대건설에서는 신입사원들을 상대로 하계수련대회를 경포대 해수욕장에서 열어주곤 했다.

우리 입사 동기 하계 수련대회 때 버스 몇 대를 대절(貸切)하여 일행이 서울에서 강릉으로 이동하다가, 맨 앞에서 승용차로 이동하시던 정 회장께서 버스에 타고 있던 우리 신입사원들 쪽으로 합류해서는 함께 박수(拍手)치고, 유행가를 부르며 흥을 돋워 주시던 기억이 난다.

1972년 3월, 스코틀랜드(Scotland)의 스콧 리스고(Scott Lithgow) 조선소와의 기술 협약에 따라 1차로 현대건설 조선사업부에서 29명의 기술자(경력사원 26명, 신입사원 3명)가 그리녹(Greenock)에 6개월 일정으로 기술 연수를 떠났다.

영국의 조선 엔지니어링사 회사인 A&P Appledore Engineering 사의 롱버텀 회장 주선으로 맺은 기술 협약 과정은 정주영 회장이 정희영 상무 등 당시 경영진과 함께 각고의 노력 끝에 얻어낸 대한민국 조선(造船) 초유의 결과물이라는 사실은 이미 잘 알려진 바이지만, 이 기적 같은 성공담은 그대로 정주영 회장의 창업 정신과 경영철학을 대변해 주는 역사적인 사건이라고 할 수 있다.

울산 미포만 백사장 위에 그려진 조선소 조감도(鳥瞰圖)와 정주영 회장의 의지력을 보고 26만 톤급 VLCC 2척을 발주한 그리스 선박왕 Livanos와의 인연이 바로 그 사건이었다.

그해 8월이 되자 2차 기술 연수에 파견될 사원들의 명단이 발표되었다. 나는 크게 기대하지도 않았는데, 영광스럽게도 15명의 명단에 포함되었다. 위에서 언급한 영어강좌에서 두드러진 활약을 했던 사실이 입소문이 난 점과, 매일 정 회장님 보고용으로 송수신 Telex를 한영, 영한으로 번역했던 업무가 인정되어 내가 신입사원 중에서 연수생으로 선발된 것 같았다.

나는 상당한 자부심을 느꼈다. 물론 내가 대학생 시절에 독일의 서부 베를린자유대학과 Steffens & Noelle GMBH에서 3개월간 국제 공과대학 교환학생 프로그램으로 기술 연수를 받았던 경력도 선발기준에 참고가 되었을 것으로 보인다. 나는 그렇게 대학 시절에 기술 연수를 마치고는 2주간 기차와 버스 편으로 서유럽 지역을 무전여행도 했다.

1972년 Scotland 기술 연수 2차 팀에는 13명이 경력사원, 나를 포함하여 2명이 신입사원이었고, 10월에 파견되었다. 내가 연수받은 곳은 Scott Lithgow 조선소가 아니라 B&W 기술제휴사인 John G. Kincaid라는 디젤엔진 메이커(diesel engine maker)였다.

1972년에는 일본 Kawasaki 중공업과 기술 연수 협약을 맺었고, 나는 4개월간의 스코틀랜드(Scotland) 연수를 마치고 귀로에 일본 Kawasaki 중공업의 Sakaide 조선소에서 1973년 2월부터 1개월 동안 추가로 기술 연수를 받았다.

나 이외에도 20여 명이 Kawasaki 중공업에서 연수를 받았다.

이렇듯 대단위 조선소 창업 투자에 엄청난 자금이 소요됨에도 불구하고 초창기부터 인재 양성에 과감한 열정을 보이신 정주영 회장의 혜안이 돋보였다.

제3화 영국 Scotland Scott Lithgow 조선소에 기술 연수를 가다

1972년 10월 초, 2차 연수생 15명은 대한항공 편으로 동경으로 갔고, 거기서 transit으로 런던행 일본항공에 몸을 실었다. 국적항공사에는 런던행 직항이 없던 시절이었다.

런던에서 하룻밤 숙박(宿泊)한 우리는 국내 항공편으로 Scotland의 Glasgow로 갔고, 잇달아 기차를 타고 Scott Lithgow 조선소가 소재한 Greenock에 도착했다. 이 조선소는 Clyde River 강변에 있었는데, 당시 26만 톤급 대형 유조선 건조는 물론 잠수함도 건조하는 대형 조선소였다.

함께 연수를 갔던 일행 중 대부분은 유럽 여행이 초행이었던 것 같았다. 해외여행 경험이 많은 나는 자연스럽게 안내 역할을 맡았고, 연수 생활 중에도 나는 총무와 경리를 담당했다.

조선소에서 버스로 한 20분 거리에 있는 2층짜리 숙소에는 1차 팀 연수 때부터 연수생들의 식사 조리를 해주는 한국인 아주머니가 있었다. 나는 주말마다 아주머니와 함께 동네 시장에 나가 찬거리와 식재료를 사오곤 했다. 연수생들이 현지 음식을 먹어도 견딜 수 있을 텐데, 한국 음식을 먹도록 배려해 주신 정주영 회장의 소박한 면모가 존경스러웠다.

70년대 초만 하더라도 Scotland의 촌에서는 동양인이 매우 드물었다. 그래서 그런지 동네 주민들이 우리를 신기한 듯 대하면서 호기심으로 친절히 대해 주곤 했다.

나는 당시 아내와 연애 중이었기에 여장을 풀고는 첫 주말에 장을 보는 사이에 그림엽서를 수북하게 샀다. 일주일에 2번씩 아내에게 보내는 사연을 엽서에다 열심히 써서 조선소 구내에 있는 우체통에 넣곤 했다.

Scott Lithgow 조선소 2차 연수팀(15명)이 Greenock 숙소(Eldon House) 앞에서 기념 촬영(앞줄 오른쪽이 필자).

나는 대학 졸업반 때 기술 연수 차 독일에 3개월 체재할 때도 아내에게 그림엽서를 자주 보내곤 했다. 항공우편으로 보내도 당시에는 2주 정도 걸렸던 것 같다.

그런데 우리 일행 중 두 분은 결혼한 지 두 달, 석 달 만에 연수를 와서 거의 매일 엽서를 썼고, 나보다도 우체국에 더 자주 가는 기록을 세웠다. 또 나와 같은 방의 룸메이트(room mate)로 선배인 박 과장은 아침에 신입사원(新入社員)으로 연수를 받는 나보다 일찍 일어나서 방 청소를 하곤 했다.

나는 서울사무소에서와 같이 여기서도 총무와 경리 업무를 보았다. 매월 말 런던지사에 출납 보고를 했는데, 수입과 지출의 숫자 맞추기가 어려워서 매달 애를 먹었던 기억이 난다.

Scotland 날씨는 늘 햇볕이 별로 없고 을씨년스러우며 우중충하다.

> **GREENOCK 연수팀 명단**
>
> 1차팀
> 김옥대 김 헌 김종기 권수훈 김정호
> 김익영 김정재 김영훈 박한규 배종덕
> 도일웅 서 준 오창석 양종식 유억겸
> 유준호 윤성현 이경정 이송득 이경배
> 이정길 정태조 정태도 정호현 차승철
> 최재영 현승기 황성혁 황무수
> (29 명)
>
> 2차팀
> 고상용 권수식 김영화 김윤국 김효관
> 김응섭 김정호 김만수 박정봉 안종규
> 오봉희 이병남 이명구 이진열 조태연
>
> (15명)

스콧 리스고 조선소 1, 2차 연수팀 명단

비도 자주 오는 편이라서 코트를 항상 들고 다녀야 한다. 버버리코트(Burberry Coat)가 스코틀랜드에서 유래된 이유가 여기에 있다.

주말을 이용하여 우리는 열차 편으로 Glasgow와 Edinburgh에 가끔 관광을 다녀오기도 했다. 이 도시들에 대한 인상은 워낙 전통을 중시하는 영국인이라서 그런지 수백 년 묵은 건물들을 그대로 보존하기 때문에 대체로 건물들이 세척도 하지 않아서 시커먼 색상 그대로라는 것이다. 언덕 위에는 여기저기 유난히 성곽이 많고 대포 유물들이 많았다. 중세 봉건 영주 시대의 면모를 잘 대변해 주는 것 같았다. 유서 깊은 건물들의 외관은 법적으로 보전되어 변형을 허용하지 않는 듯했다.

나를 포함하여 우리 일행 중 몇 사람은 스코틀랜드에서 연수를 마치고 귀로에 일본 Kawasaki 중공업의 Sakaide 조선소로 가서 1개월 추가로 연수를 했고, 몇 사람은 런던지사에 조선 기자재 구매 요원으로 전근되었다.

제4화 John G. Kincaid에서 기관실 설계 분야 연수를 받다

나는 기계공학이 전공이라 우리 일행 중 전기, 기관 전공자와 함께 B&W의 license를 받은 John G. Kincaid라는 engine maker에서 연수를 받았다. 증기터빈 기관실 설계는 주기관, 축계, 보일러, 고압 증기 배관, 급수배관, 압축 공기 배관 등으로 구성된다. Motor ship의 경우

Scotland 조선소 연수 중에 Glasgow 관광, George Square에 세워진 발명가 James Watt의 동상 앞에서.

에는 동력을 디젤엔진(diesel engine)에서 바로 얻기 때문에 기관실 배관 계통이 비교적 간단하지만, steam turbine ship은 boiler에서 생산된 증기로 turbine을 돌려서 동력을 얻기 때문에 배관계통이 대단히 복잡하고, 주변 장비와 배관도 고압 처리해야 한다.

나에게 배정된 지도 엔지니어는 50대 초반 정도 되는 백발의 Mr. Smith였다. 이곳이 diesel engine maker여서 나는 diesel engine의 shaft, propeller 계통, piping system, machine류 순서로 기술 연수에 임했다. 그는 내가 생전 처음 대하는 도면들을 상당히 친절하게 설명해 주었고, 생산 설계 단계에서의 경험담까지 안내해 주었다.

일과 후에는 동네 Pub에 나를 데려가서 맥주도 한 잔 사주곤 했다. Pub(선술집)에 가면 영국 Premier League를 TV 중계로 보느라 술집은 항상 떠들썩하다. Mr. Smith는 Celtic 지지자였다. 당시 그는 자기

대학 재학 중인 1970년 8월, 서독 '서백림자유대학'에서 기술 연수(3개월) 중에 유럽 각국에서 파견된 학생들과 서독 일주 여행(앞줄 왼쪽이 필자). 나는 스코틀랜드 조선소 연수 시에 이미 해외여행과 해외 기술 연수 유경험자였다.

가 근무하는 조선소가 향후 약 10년 후엔 대단히 어려워질 것이라 예상한다고 이야기했다.

그는 주로 일본조선소의 경쟁력에 밀리기 때문이라는 논리였다.

그때까지만 해도 한국 조선소의 출현에 대해서는 크게 의식하지 못했던 것은 당연한 인식이었고, 그렇기에 이곳 스콧 리스고 조선소 경영층에서도 후진국인 한국의 신생 조선소와 기술 전수 협약을 부담 없이 맺었을 것이다. 연수 중에 기록한 나의 연수, 업무 일지와 다른 연수생들의 연수기, 업무 일지를 당시에는 Fax가 없던 때라서 매주 몇 번씩 항공우편으로 울산의 조선소 조선설계실로 보냈다.

그런데 약 2개월 정도 지나자, 공부해야 할 기술 자료들은 많은데, 4개월 기간으로는 턱없이 부족하다는 생각이 들기 시작했다. 그 많은 자료를 어떻게 다 소화할 것인가 고민 끝에, 우리 일행은 "자료들을 모두 복사해 보자."라고 결정하기에 이르렀다.

우리는 설계도, 시방서, 표준 자료, 다른 선박 참고 도면, 기타 계산자료들을 숙소로 갖고 와서 청사진으로 복사한 다음 다시 제자리에 갖다 놓는 방법으로 많은 자료를 확보하였다.

그 자료들이 기술 협약 범위 내에서 허용되는 자료들인지는 따져볼 여유조차 없었고, 오로지 사명감에만 충만했던 환경과 시기였다. 후진국이 선진국을 따라가려면 때로는 지름길을 택하기도 해야 한다. 최소한의 비용으로 최대의 효과를 내 보자는 의지의 발로였을까.

선박의 기관실이란 사람의 심장과 같은 곳이다. 배관은 혈관이고 전기 배선은 신경 줄이다. 사람의 심장과 혈관을 맡아 생명줄을 다루듯 선박의 기관실 설계 훈련을 받고 있었으니, 자부심도 사명감도 무척 컸다.

제5화 일본 가와사키 중공업 사카이데 조선소에서
기술 연수를 받다

  4개월에 걸쳐 스코틀랜드에서의 연수를 마치고, 나는 1973년 2월 귀국길에 일본에 들렀다. 시코쿠 섬에 있는 Kawasaki 중공업의 Sakaide 조선소에서 기관실의 배관 설계 관련 연수를 받는 프로그램이 있었다. 동경에서 오카야마까지는 신간센 편으로, 오카야마에서 조선소가 있는 사카이데까지는 지방 국철을 이용했다.

  이때 일본에 대한 나의 첫인상이 지금도 선명하다. 당시 우리나라는 서울 시내에도 골목길은 아스팔트 포장이 안 된 흙길이 많았는데, 거기는 지방 소도시인데도 골목 골목이 모두 아스팔트로 포장되어 있어서 큰 충격을 받았다. 나는 우리나라도 일본을 하루빨리 따라잡아야 하겠다는

1973년 2월, 일본 가와사키 중공업 사카이데 조선소 기술 연수 중에, 당시 외환은행 오사카 지점에 근무하던 고교 친구와 교토 근교의 나라 공원 관광.

생각이 샘 솟기 시작했다. 일본 조선소에서 설계기술을 배우는 것도 중요하지만, 이러한 마음가짐을 다지는 기회를 계획적으로 정주영 회장께서 주신 것만 같아서 다시 한번 옷깃을 여미게 되었다.

조선소에서 가까운 곳에 마련해준 숙소에 짐을 풀고 잠시 몸을 쉬면서 느낀 점은 방과 화장실이 너무 작다는 것이었다. 이것도 일본 문화의 특징이다. 이어령 교수 저서 『축소 지향의 일본』이란 책이 생각났다. 도로의 차선이 우리나라보다 좁아서 큰 버스나 트럭이 양방향으로 스치듯 지나가고 있었다. 문화적인 충격은 또 있었다. 스코틀랜드 조선소에서는 주변 환경이 무질서하고 좀 지저분하여 과히 좋은 인상은 못 받았으나, 여기 일본의 조선소는 모든 것들이 잘 정돈 되어있고 깨끗하게 유지 관리되고 있었다.
그리고 내가 현장 실습을 받던 이곳에 건조 중인 한 유조선의 기관실 내벽에는 "세계에서 제일 깨끗한 기관실"이라는 현수막이 부착되어 있었다. 실제로 이 조선소에서 건조 중인 선박들의 기관실에 들어가 보면 작업공간이 상당히 정리가 잘 되어있고 깨끗했다. 이는 바로 안전사고 zero를 지향하는 그들의 생산 철학에서 나온 결과였다. 상대적으로 당시 영국조선소의 작업장은 상당히 지저분했던 것이 사실이다.

영국과 일본이 모두 선진국이고, 양국 모두 조선 선진국들이었는데, 영국은 이미 조선이 사양화하고 있었고, 일본은 조선 강국으로 한창 꽃을 피우고 있을 때였다.
영국의 재래식 조선 기술에서 일본의 개선되고 자동화된 조선 기술을 배우러 일본에서도 기술 연수를 받았던 것으로 생각할 수 있었다. 그 당시 일본의 조선소는 생산 공정에 자동화가 많이 적용되고 있었다. 그런데 과연 Kawasaki 조선소의 경영진은 당시에 한국이 곧 추격해 올 것이라는 사실을 예감하지 못했을까?

미래의 경쟁국임을 인식했을 일본의 대형 조선사인 Kawasaki 중공업을, 정주영 회장은 일본 재계 인사들과의 개인적인 인맥과 친분을 이용하여 기술협력 파트너로 끌어들인 것이었다.

Sakaide 조선소에서 기술훈련을 받는 동안 내가 개인적으로 느낀 점이 있다. 영국의 Scott Lithgow 조선소의 영국인들과는 달리 일본인들은 은연중에 우리 연수생들을 경계하는 분위기가 있었다는 점이다. 외견상 상당히 친절해 보이지만, 질문을 좀 깊이 하면 답변을 잘해 주지 않는 방식으로 상황을 피해 가곤 했다. 기술 자료도 수기로 베껴 쓸 수는 있었지만, 복사는 할 수 없었다.

나는 주로 steam turbine ship의 기관실 배관의 계통도 설계와 heat balance 분야를 공부했다. 주말에는 교토, 오사카 지역에 관광도 갔고, 나라 공원에서 꽃사슴도 보았다. 당시에 나는 외환은행 오사카지점에 근무하고 있던 고교 동기 친구를 방문하기도 했다.

제6화 울산 본사 기장설계부에서 실무를 시작하다

영국과 일본 등 해외에서 기술훈련을 마친 나는 현대중공업 울산조선소 조선설계실 기장설계부에 발령(發令)받았다. 기관실 배관계통을 공부한 나는 기관실 piping system 설계에 주력했다. 본관 4층에 있는 설계부는 매일 야근이 계속되었다.

물론 A&P Appledore에서 공급되는 Scott Lithgow 조선소 도면들은 사실상 조선 설계 기본 개념과 guideline을 주는 데에 도움이 되지

울산 본사 조선소 본관 4층 기장설계부에서 기관실 배관 설계를 담당하다.

기장설계부에는 일본 조선소 출신 일본인 기관실 설계 자문관도 있었다. 뒷줄 왼쪽.

만, 실제로 울산 생산 현장의 최신 현대식 설비에 맞춘 설계는 다시 응용되어야 하는 설계 작업이 여간 어려운 것이 아니었다.

    System 설계도인 piping diagram이 완성되면, 배관 배치도 설계를 해야 하는데, 그 당시에만 해도 CAD, CAM이 개발되기 전이라서 실제 크기 대비 100:1 모형(Mock-up)을 제작해 놓고 pipe line이 각종 장

첫 배인 7301호선의 기관실 배관 제작·시공 공정이 시작되자, 나는 생산 현장에 파견되어 배관 설치·시공 감독도 했으며, 7301호와 7302호 동시 명명식을 준비할 때 함께 근무했던 조장, 조원과 기념 촬영. 나는 7301호와 7302호 해상 시운전에도 참여함으로써 기관실 배관 설계, 제작, 시공, 해상 시운전에 모두 참여한 기록을 세웠다.

비들을 피해 가는 배관 배치도를 설계해야 하는, 가내수공업 같은 어려운 과정을 거쳤다.

나는 영국과 일본에서의 기술 연수와 배관계통 및 배관 배치도 설계 경력이 4년 정도 되었던 시점인 1976년에는 신입사원 교육용〈기관실 배관계통도 설계 지침서〉를 작성하여 책자(100쪽 분량)로 만들었다.

이 신입사원 교본은 이후 여러 해 동안 신입사원 교육용 교재로 사용되었다. 그리고 위〈설계 지침서〉는 내가 현대중공업 퇴직 후 태성엔지니어링 회장직에 있을 때는, 동력 생산과 전달 원리가 같은 육상 화력발전소 설계 지침서로도 사용되었다.

현대중공업에서 처음 건조한 1호선과 2호선인 7301, 7302호는 동력

기장설계부에 근무하면서, 나는 영국 선급 LRS의 선박 기관실 도면 승인을 얻기 위해서 런던에 자주 출장을 다녔다.

을 steam turbine을 이용하여 얻는다. 이 steam turbine은 boiler에서 생산된 steam에 의해 구동된다. 이런 기관실 동력 system은 화력발전소와 원리가 똑같다.

나는 1974년에 이 steam turbine & boiler system, Heat Balance에 대한 심층 연수를 받기 위해서 미국의 General Electric 사에 파견 명령을 받기도 했으나, 돌연 이 계획은 취소가 되었다.

당시 1차 오일 쇼크(oil shock)로 인해 20만 톤급 이상 초대형 유조

설계부에서 설계를 담당했지만, 생산 현장에서 자주 생산부와 공정 회의도 하고, 업무 협조도 해야 했다.

선 수요가 급감할 것이라는 예측이 원인이었다. 1973년 10월 제4차 중동전쟁이 발발하여 자원을 무기화하면서 세계 선복량이 과잉이라는 난관과 부딪쳤던 셈이다.

생산 현장에서 1호선의 기관실 배관이 제작, 시공 설치될 공정 시점이 되자, 배관 system을 이해하는 사람이 시공도 해야 한다는 경영층의 요구에 따라서, 나는 1974년 초에 기장생산부에 파견 발령을 받아

선주 감독관 사무실에서 선주 감독과 승인 도면에 대한 협의도 정기적으로 했다.

pipe line을 제작하는 pipe shop과 1, 2호선 선박 내의 기관실이 나의 근무처가 되었다.

배의 기관실 내부는 마치 전쟁터 같았다. 각종의 장비들과 철 의장품, 파이프 더미들이 쌓여 있고, 근로자들이 백여 명씩 빽빽하게 들어차 용접 불꽃 소리, 망치 소리 소음으로 옆 사람과의 대화도 어려울 정도였다.

나는 super-heated steam line 설치·시공 관리 감독을 담당했다. 이 line은 boiler에서 생산된 고압 steam이 turbine으로 공급되는 steam line이라서 pipe 재질도 특수 합금이고 pipe 이음부를 잇는 용접도 고도의 기술이 필요한 고난도 작업이었기 때문에 시행착오도 많았고, 과외 비용도 많이 소요되었다.

기관실 배관의 설치 공사 당시 나는 새벽 6시 반에 출근하여, 회사에서 아침 조찬회의에 참석하고 하루 종일 일을 한 다음, 저녁 6시에 1차 퇴근하여 집에서 저녁 식사를 하고, 다시 야근하러 현장에 나가서 자정인 12시까지 공사 감독을 했다.

어느 날 하루는 자정을 넘겨 퇴근해 보니 아내가 왼손 검지에 붕대를 감고 있었다. 자초지종을 물으니, 나를 위해 밤참 준비를 하다가 검지를 칼로 베어서 옆집 회사 동료를 불러서 함께 택시를 타고 울산 시내 병원으로 급히 가서 5바늘이나 꿰맸다는 것이다.

아내의 이런 헌신도 회사 업무와 직접 관련은 없지만 초창기 조선소 발전에 이바지했음을 부정할 수 없을 것이다. 조선소 동료들의 가족들도 마찬가지였음은 불문가지인 셈이다.

1호선 야간 돌관작업을 거의 매일 하던 터라서 기사급들은 순번제로 야근도 했다. 정주영 회장은 기관실의 공정이 중요함을 누구보다 잘 알기에 울산공장에 내려오시면 꼭 기관실 공사 현장에 들러 작업자들을 격려하고 우리 기사급에게도 세부 공정을 문의하곤 하셨다.

1호선의 안벽 시운전(試運轉) 중에 한번은 이 line 일부가 시공할 때 용접 불량으로 오작이 나서 일본에서 급매하여 공수해 온 적도 있었다. 나는 배관 등 모든 기관실 공정이 완공된 후에 선박 시운전에도 참여했다. 시운전은 울산의 조선소 전하만에서 수 km 떨어진 외항 바다 한복판에서 수행되었다. 1호선 시운전은 대과 없이 종료되었으나, 오히려 2호선에서는 boiler의 membrane wall이 폭발하여 시운전 공정이 2주가량 지연된 적도 있었다.

내가 담당한 업무 분야는 아니었지만, 연관된 boiler의 주요 구성 부품인 membrane wall은 일본에 긴급히 발주되었고, 2주 후에 공수되어 교체될 때까지 시운전이 중단되어 시운전 팀은 배 위에서 기거하며 갑판 청소도 하고 화투도 치고 선원 노릇도 해야 했다.

기관실 boiler나 turbine 이상으로 선박의 운항이 중단되면 우리 시운전 팀은 더 긴장되곤 했다.

선박 내의 거주구에 있는 침실의 좁은 침대에서 쪽잠을 자고 선식을 먹는 것이 색다른 경험은 되었지만, 가끔 소고기 반찬도 나오긴 했어도 밥맛은 썩 좋지 않았고 사명감 하나로 견디고 견뎌야 했다.

1호선의 시운전이 성공적으로 마무리되자, 1호선과 2호선 동시 명명식이 1974년 6월 28일 1안벽에서 박정희 대통령, 육영수 여사, 그리고 선주사 회장 리바노스 등 국내외 귀빈들을 모시고 거행되었다.

우리는 이 명명식 일자에 맞추어 공정을 진행하느라 밤낮 없이 엄청난 강행군을 감내해야 했다. 잘 알다시피 위 명명식에 참석하신 후 불과 2달 만에 육영수 여사께서는 8.15 기념식 때에 국립극장에서 흉탄에 희생되는 비극이 일어났다.

1호선, 2호선의 시운전이 모두 마무리되고 성공적으로 인도되자, 1974년 말에 나는 다시 기장설계부로 복귀했다. 7302호선은 사실상 리바노스의 부당한 계약위반에 의한 인수 거부로 현대상선이 인수하는 우여곡절이 있었다. 리바노스의 선박 인수 거부는, oil shock의 여파로 용선 시장이 위축되면서 명백히 market claim을 걸어온 것이었다.

현대중공업은 1974년 3월에 VLCC 2척을 Japan Line으로부터 수주함으로써 총 12척의 VLCC를 수주했다. 1차 oil shock 여파로 수요 급감의 시장 상황을 피해 간 마지막 VLCC 수주였다. 현대중공업의 경우, 1974년도 중반 1차 oil shock 직후 시장에서는 초대형 유조선의 발주는 끊어지고 일반 화물선 발주가 이어졌다. 1974년에 쿠웨이트의 UASC로부터 22,300DWT 톤급 다목적 화물선 15척을 수주했고, 1976년엔 동일 선사로부터 동형선 9척을 추가로 수주했다. 1976년에는 핀란드의 국영 스팀쉽사로부터 9,000DWT급 목재운반선 4척을 수주했고, 노르웨이의 클라브네스사로부터 40,000DWT급 살물선 2척을 수주

런던 출장 중에, Greenwich, Prime Meridian(본초 자오선)에서 한 발씩 좌우에 갈라놓고 기념 촬영.

하였다. 1975년에는 캐나다의 페더럴 퍼시픽사로부터 39,000DWT급 살물선 4척, 1977년에는 같은 선주사로부터 같은 선종 2척을 추가 수주하는 등 선종도 다양해져서 설계부는 일의 양이 급증하여 야근을 일삼으면서 눈코 뜰 새 없이 바빠질 수밖에 없었다.

1977년 4월에는 독일의 아쿠아리우스사로부터 8,500DWT급 다목적 화물선 3척을 수주받았는데, 나는 직접 Hamburg에 출장 가서 선주사와의 계약 협상에 임했다. 선박 사양(서)을 결정하기 위한 선주사 기술자들과의 미팅이었는데, 선주사 후쿨레 기술이사가 동 선박을 직접 운영할 선장과 기관장을 대동하고 와서 선박 운항자의 입장에서 협상을 하는 것이 인상적이었다. 이후에도 나는 여러 선박 계약 협상에 사양서(仕樣書) 협의차 유럽 지역 출장을 다녔고, 특히 1974년부터는 선급이 영국선급협회(LRS : Lloyd Register of Shipping)인 선박들의 선급 승인을 위해서 런던에 있는 로이드 사무실에 매년 여러 번 출장을 다녔다.

당시 현대중공업 런던지사는 Brompton Rd.에 있었는데, 그 사무소에는 영업 요원과 자재구매 요원이 한 10여 명 주재하고 있었다. 관례로 선급 승인은 통상 아무리 빨라도 3주 정도 소요되는데 조선소가 납기를 준수하기 위해서는 이렇게 긴 승인 기간을 기다릴 수가 없었다. 따라서 설계부 직원이 도면을 직접 들고 런던의 로이드선급협회(LRS) 담당자를 만나 옆에서 자리를 지키며 승인을 받아내는 것인데, 기장, 선장, 전장 등 전체 의장 설계 도면은 내가 거의 담당했고, 전체 선체 도면은 입사 동기인 이 모 차장이 담당하여 함께 출장 다니곤 했다.

이렇게 70년대 중반에 런던에 자주 출장을 다니면서 영국이 노쇠한 국가가 되어 감을 느끼곤 했다. 따라서 우리나라는 영국 같은 정체된 선진국을 부지런히 따라잡아야 한다는 다짐도 하곤 했다. 당시 영국은 탄광노조가 세력이 막강하여 노조가 정부 위에 군림하는 분위기였다.

1975년 겨울 어느 날, 나는 런던에 출장을 가기 위해 대한항공 편으로 도쿄에 가서 일본항공 편으로 갈아탔다. 한 7시간을 나른 이 비행기는 공항에 착륙하기 전 기내 방송에서 "우리 비행기는 곧 모스크바 공항에 착륙합니다. 등받이를 세우시고 좌석벨트를 매주시기 바랍니다."라는 말이 흘러나왔다. 순간, 나는 내 귀를 의심했다. 내가 소련에 왔단 말인가? 당시 한국은 소련과 미수교 상태였기 때문에 나는 소련 입국이 불가능하고 입국비자도 없었다.

나는 급히 기내 승무원을 불러서 물어봤다. "나는 소련 입국비자도 없고, 소련은 한국과 미수교국이다. 그래도 괜찮겠나?" 그 승무원은 웃으면서, 한국인의 예상된 질문이었다는 듯이. "아무 문제 없다. 모스크바 공항에는 단지 transit(경유)으로 급유를 위해 잠시 머무는 것이고 1시간 후에 다시 이륙해서 런던으로 간다." 놀란 가슴을 안정시키고 비행기가 착륙한 후에 트랩 계단을 내리면서 나는 또 한 번 놀랐다. 비행기와 공항 건물이 램프로 연결되어 있지 않고, transit area(경유 구역)까지 셔틀버스도 없이 약 300m 정도 거리를 도보로 이동해야 했다. 내가 냉전 시대에 세계 최강의 공산국가 땅을 밟으며 걸어가고 있다는 사실에 실감이 나지 않았다. 내 스스로 역사적인 사건을 체험하고 있었던 셈이다. 물론 1990년대 초에 소련이 붕괴하고 러시아와 한국이 정식 수교한 후에는 여러 번 러시아에 출장을 갔었다.

제7화 중공업 뉴욕지사에서 해외 근무 첫발을 딛다

1976, 1977년 다양한 선형의 수주가 활발해진 후 그 선박들의 기본, 조선 설계가 어느 정도 마무리되었고, 그리고 일본의 Japan Line, Kawasaki Kisen으로부터 수주한 23만 톤급 7척, 홍콩의 World Wide로부터 수주한 26만 톤급 2척, 현대상선에서 수주한 3척 등 12척의 VLCC의 건조공정이 거의 마무리될 무렵, 경영진에서는 뉴욕지사에 영업(선박, 플랜트)과 자재구매 요원, 런던지사에 자재구매 요원 충원 방침을 세웠다.

1978년 봄철 어느 날, 조선설계실 상무께서 나를 호출하시더니, 영업, 설계부를 총괄하는 한모 전무가 면담하자고 하신다는 전갈을 했다. 면담하면서 한모 전무가 물었다.

"뉴욕지사에 영업 요원 충원이 필요해서 조 차장을 보냈으면 하는데, 가겠냐?"

"가겠습니다."

나는 즉각 대답할 수밖에 없었다. 그랬더니 한모 전무는 바로 당시 현대중공업과 현대종합상사 사장을 겸임하고 있던 정희영 사장이 울산에 출장을 와 있으니 만나자고 했다. 나는 본관 5층 사장실로 올라가서 정 사장을 만나 직접 면담하고 난 후, 일사천리로 뉴욕지사행이 결정되었다.

정희영 사장은, 정주영 회장의 지침이라면서 "미국은 하나의 주가 한 국가나 마찬가지일 만큼 거대한 시장이므로 영업 요원을 더 충원하기 위해 선발했으니, 시장 개척을 위해 배전(倍前)으로 노력하라."라고 당부하셨다.

솔직히 나는 영업 분야가 설계 분야보다는 더 적성에 맞는다고 늘 생각해 왔는데, 윗분들도 그렇게 생각하셨나 보다. 당시만 해도 선박, 플랜트 수주는 유럽. 일본, 중동에 치우쳐 있었고 미국 시장은 개척 단계에 머물러 있었던 때라 나는 직관적으로 뉴욕지사의 영업 업무가 중대한 직무라는 사실을 느낄 수 있었다.

뉴욕 발령을 사전에 알고 사무실로 돌아와 내 책상에 앉아 잠시 생각에 잠겼다. 나는 설계실에 근무한 5년여 동안 불철주야(不撤晝夜) 나름대로 노력을 기울였던 많은 일들이 떠올랐다.

특히 기관실 배관설치 시공을 위해 생산 현장과 시운전 선박 선상에까지 파견 근무했을 때 고생은 했지만 보람 있었던 날들이 주마등처럼 스쳐 지나갔다. 그런 고생으로 쌓인 나의 엔지니어링 분야 업무 경력과 배경은 선박 영업을 위한 탄탄한 무기가 되었다.

나는 자재구매 요원으로 선발된 김영점 과장과 함께 1978년 8월 중순 도쿄에서 뉴저지주 Newark 국제공항행 비행기에 몸을 실었다.

아직도 기억이 생생한 것은 그날이 엄청나게 더운 날씨였다는 사실이다. 당시만 해도 가족은 6개월 후에나 보내주던 회사 방침이라서 우리는 단둘이 뉴저지주 Newark 공항에 내렸다.

중공업 직원도 해외 지사에 나오면 영업직은 종합상사 소속이 되었다. 현대중공업, 현대종합상사 사무실은 Five World Trade Center에 있었기 때문에 우리는 공항에서 바로 그 사무실로 갔다. 공항에서 사무실까지는 택시를 이용했는데, 다른 주 경계를 넘었고 링컨 터널 통행료가 비싸서 택시비가 꽤 많이 나왔다. 택시 기사는 미터기를 꺾지도 않았고 바가지요금인 줄도 모르고 우리는 요금을 현금으로 냈고, 나중에 사무실에 와서 동료들에게 물어보니 바가지 썼다는 것이다.

뉴욕 본부는 김동현 전무가 본부장이었다. 김 과장과 나는 회사에서 마련해준 아파트 독신자 숙소에 함께 입주했다. 나는 김 본부장으로부터 선박과 플랜트 시장 개발을 위해서 노력해달라는 지침을 받았다.

카탈로그 엔지니어(Catalogue engineer)라는 말이 있다. 특정 제품에 대해서 상세히 알지도 못하면서 catalogue 한 장 들고 다니면서 영업활동을 하는, 현장 경험이 없는 engineer를 일컫는 말이다.

나는 5년여 조선설계실 실무 경험을 기반으로 선박 영업에는 자신이 있었으나, 플랜트 분야는 경험이 없어서 사무실에서나 숙소에서나 틈만 나면 열심히 공부했다.

화력발전 플랜트는 steam turbine 구동 선박과 같은 원리라서 이해에 도움이 되었다. 선박, 플랜트 관련 우리 회사 brochure를 들고 여러 고객을 방문하면, 모두 이렇게들 말하곤 했다.

"과거 10~15년 전에 일본 세일즈맨들이 너와 똑같이 이렇게 세일즈를 하고 다녔다. 그런데 당신들은 아직도 조선, 플랜트 분야에 경험도 없지 않나?"

나는 그럴 때마다 좌절도 하였으나, "우리에게는 목표가 생겼다. 두고 보자."라고 다짐하며 나 자신을 채찍질하였다.

1979년 말 박정희 대통령이 시해되는 비극은 해외에 주재 중인 영업 요원들에게는 더욱 청천벽력 같은 악재였다. 국가의 안보가 위태로우니 제품의 납기를 준수할 수 있겠느냐고 고객들이 의문을 가지기 일쑤였다.

1978년 10월에는 Sea Land사로부터 1,700TEU Container ship 2척을 수주했고, 같은 해 12월에는 OSG(Overseas Shipholding Group)로부터 60,000톤급 살물선 2척을 수주했으며, 같은 선주로부터 같은 달에 80,000톤급 유조선도 수주하여 본격적인 미주 시장 공략에 나섰다. OSG와는 이후에도 신조 계약을 계속 이어 갔고, 내가 1987년 두 번째로 뉴욕지사에 부임 한 다음에도 단골 고객으로서 끈끈한 유대관계를 맺게 된 계기가 되었다. 특히 나는 이 회사 부사장 Mr. George Blake와는 부부 동반으로도 좋은 관계를 유지했고, 1990년대에 이들이 서울에 출장 왔을 때는 관광안내도 해주고 정성껏 응대했다.

그런데 2020년에 Mr. Blake가 타계했다는 소식이 전해져서 나는 한동안 그와의 추억에 잠기며 그의 명복을 빌었다. 이 선주사 in-house lawyer였던 Mr. Lawe와는 계약서 협상할 때 문구로 많이 다투기도 했지만, 친하게 지냈다. 그는 미국인이었지만, 영문 선박 계약서는 통상적으로 준거법이 '영국법(Law of England)'임을 인정했다. 영국이 역사적으로 조선 선진국이었기 때문이다.

뉴욕지사는 미국 최대 수력발전소인 TVA에 철탑 공사도 수주했다. 그런데 TVA에 납품했던 철탑 조립용 앵글, 볼트, 너트들이 울산 공장에서 생산된 후 선적되기 전에 패킹공정에서 분류 번호 넘버링이 미비하여, TVA 철탑 조립 공사 현장에서 sorting이 제대로 안 되어 조립할 수 없다는 항의가 접수되어 김동현 본부장과 나는 진사(陳謝) 사절단으로 TVA를 방문하여 사과한 적도 있다.

제8화 조선 불황 극복을 휴스턴에서 찾아보자

내가 뉴욕지사에 적응해 갈 무렵인 부임한 지 불과 4개월 만이었나, 1978년 12월에 회사에서는 나에게 휴스턴지사를 개설하라는 임무를 주고 휴스턴으로 보냈다. 현대건설에서 사우디아라비아 Jubail 항만 공사를 시공하면서 현대중공업도 해외 해양 사업 분야에 본격 진출하기로 했기 때문이다. 우선 offshore drilling rig(해양 시추선) 시장을 개척하라는 미션이 떨어졌다. 1973년 1차 oil shock로 인하여 악화하기 시작한 선박 신조(新造) 시장은 1978년에 최악을 기록하고 1979년까지 영향을 끼쳐서 1979년에는 일감이 부족한 사태까지 닥쳐왔다.

당시 그렇게 일반 신조 시장이 침체에 돌입하게 되자, 본사에서는 해양 시추선 시장에 눈을 돌렸다. 지사 사무실로는 휴스턴 시내에 있는 20층짜리 빌딩 One Houston Center에 이미 자리 잡고 있던 현대건설 지사 옆 작은 공간을 확보했다.

ODECO(Ocean Drilling & Engineering Co.), SEDCO(South East Drilling Co.), McDermott 등 해양 석유 시추회사를 상대로 Jack-Up Rig, Semi-submersible(반잠수식) Drilling Rig 등 시추선 선조 영업을 시작했다. ODECO는 New Orleans에 소재해 있었기 때문에 나는 매달 서너 번 그곳에 출장 다녔다.

해양 시추선은 선가가 고가인 건조물이지만, 고가 장비들이 대부분 선주 공급품이기 때문에 부가가치가 높은 편은 아니다. 또한 건조 중 dry dock를 차지하는 기간이 길어 건조 도크 회전율이 낮아서 조선소 공장을 바삐 가동하기에 유리한 제품은 아니지만, 일반선박 불황기에는 해양 시추선이 도크를 채울 수 있는 유일한 대안일 수밖에 없었다. 또한 건조 중에도 선주가 추가공사를 요구하는 경우가 많은데, 이것을 충

선박 시장 불황 시에 시추선 신조는 필요악이었다. 80년대 초 조선 불황 시에 조선소 도크를 일시적으로 채웠으나 시행착오와 선주의 계약 불이행의 교훈이 너무 컸다.

분히 추기 비용으로 받아내야 하므로 초기 견적이 중요한 셈이었다. 한편 1981년에는 현대중공업 내에 해양사업본부가 설립되어 해양 Platform, Jacket 등 사업을 시작했다.

휴스턴지사를 처음 개설하기 위해서 부임한 지 2개월 만에 가족이 합류했다. 당시만 해도 회사에서는 해외 주재원에게 부임과 동시에 가족을 동반 출국시켜 주지 않았다. 가족이 함께 있으면 파견 직원이 초기에 현지 적응하기가 어렵다는 취지였는데, 합리적인 정책이라고 할 수만은 없었다. 우리 집은 타운하우스 형태로서, 휴스턴 다운타운에서 차로 약 40분 거리에 있는 Katty Free Way(Interstate 10) 가로변에 있었다. 아들은 만 5세로 Pre-school에 입학했고, 딸은 아직 학령(學齡)이 아니었다.

이즈음 현대중공업 본사에는 석유시추선 수주를 위한 전담팀인 해양기술 전담반이 새로 조직되었다. 본사에서는 해양 시추선에 관한 연구와 자료수집을 위해 휴스턴지사로 자주 출장을 왔고, 나는 이들과 함께 시장 개척과 기술자료 수집에 심혈을 기울였다.

내가 휴스턴지사에서 주재(駐在)하는 동안, 1975년에 미국 McDermott사로부터 수주했던 반잠수식 해양 작업선이 완공되어 복잡한 인도 서류 절차도 마무리해야 했다. 시추선 등 해양설비 계약서는 일반 선박 건조 계약서보다 훨씬 복잡하여 그 두께가 3배 정도나 된다. 휴스턴지사에서 근무하는 동안 잊지 못할 귀중한 일화가 있다.

정주영 회장은 70년대 말과 80년대 초반 무렵, 매년 초에 현대그룹 사장단을 구매사절단으로 이끌고 미국 시장에 출장을 오시곤 했다. 당시 현대자동차에서 생산하는 소형 Pony 승용차의 미국 진출을 위해 전략적으로 미국 주요 지역을 순방하기 위해서였다.

1979년 1월, 정주영 회장께서 일행 10여 명과 함께 휴스턴에 오셨다. 며칠 동안 해양 장비 업체, 컨설팅 업체 등을 방문하시고 워싱턴으로 출발하기 전날, 평소 눈이 자주 오지 않던 휴스턴에 갑자기 눈이 내렸다. 폭설도 아닌데, 휴스턴 시내 교통이 마비되어 교통사고가 즐비하고, 무엇보다 공항마저 폐쇄되어 정 회장님의 다음 날 워싱턴 일정이 연기되었다.

나와 현대건설 지사장 윤모 차장은 며칠 동안 정 회장 일행을 안내하며 미팅 다니느라 정신이 없었는데, 갑자기 예기치 않게 눈이 내리는 변수가 생겨서 난감했다. 현대건설 지사장과 나는 그날 저녁 식사를 위해 한 달 전부터 예약했던 유명한 일식집으로 간다고 말씀드렸더니, 회장님께서 손사래를 치며 말리셨다.

"왜 일본 사람에게 팔아줘? 한식집에 가자."

그래서 갑자기 한식집 '도라지'라는 곳으로 가게 되었다. 불과 1시간 전에 예약하고는 15명이 들이닥치니 음식이 빨리 나올 리가 없었다. 나는 주방장 옆에 붙어서서 애타게 재촉을 하고, 현대건설 지사장은 반찬만 집어 먹고 계신 정 회장님 옆에서 반죽음이 되어 전전긍긍하고, 한 40분이나 지난 후에야 음식이 나오기 시작했다.

음식이 나오면서 한숨 돌리게 되자, 이런 생각이 들었다. 정 회장님은 출장 일정이 예기치 않게 연기되는 이 난리 중에도, 또 해외에 나와서까지 애국심을 숨기지 못하시는 분이구나 하는 점이었다. 나는 새삼 감명을 받았다.

제설 장비가 부족한 휴스턴 공항은 다음 날 오후에나 재개가 되었고, 정 회장님 일행은 애당초 예정했던 워싱턴D.C.로 떠나셨다. 정 회장님이 휴스턴에 체재하신 4박 5일 동안 나는 한 달이나 되는 것처럼 잔뜩 긴장하면서 보냈던 것 같다.

휴스턴지사에 부임한 지 6개월 만에 나는 다시 뉴욕지사로 발령이 났다.

내가 휴스턴지사를 떠난 지 몇 개월 후에 현대중공업은 SEDCO와 반잠수식 시추선 한 척을 건조하기로 수주했다. 내가 휴스턴에 주재하면서 수행한 영업 활동이 결실을 보기 시작한 셈이었다. SEDCO에서는 1981년 1월과 3월에 반잠수식 시추선 1척씩을 추가로 수주했다. 1980년에는 미국 리딩 앤 베이츠(Reading & Bates)로부터 석유시추선 한 척에 대한 건조 의향서를 받았으나 적자가 예상되어 계약을 포기하고, 그 시추선을 대우조선이 적자 예상 가격에 수주하는 우여곡절도 있었다.

해양 시추선은 일반적으로 계약 후 선주 측에서 여러 가지 추가공사를 요구하는 경우가 많아 채산성을 맞추기가 어려운 선형임을 잘 알고 있었으나, 장래 한국에서도 대륙붕 개발에 투입될 해양 시추선 수요가 있을 것에 대비하여 건조 경험 축적 차원에서 일반상선 불황기에 정책적으로 수주를 받곤 했다.

1979년에 2차 oil shock가 닥치자 에너지원이 석유에서 석탄으로 대체되면서 대형석탄운반선, 살물선 등을 주축으로 다시 신조(新造) 시장이 회복되는 기미가 보이자 나는 본업인 선박 영업을 하기 위해 다시 뉴욕으로 가게 되었다. 폐쇄하기로 결정된 현대중공업 부에노스아이레스 지사에 근무하던 이모 차장이 후임으로 왔다. 나는 6개월 동안 해양산업의 본거지인 휴스턴, 뉴올리언스 지역에서 고객들을 개발하고 영업 기반을 닦아 놓았으며, 해양 시추선 분야에서 귀중한 경험을 했다.

제9화 다시 조선, 플랜트 영업에 매진하다

다시 뉴욕으로 돌아온 나는 선박과 플랜트 영업에 매진했다.

미국에는 1920년대부터 시행되어 온 'Jones Act'라는 법령이 있어서 미국 연안 운항용 선박은 미국 국내에서 건조해야 하므로 우리는 해외에서 운항하는 선박을 소유 및 운영하는 선주, 용선사를 상대로 영업을 했다. 우리가 개발한 고객 선주사들은 위에서 언급한 OSG, Sea Land 및 US Line, Crowly Maritime, APL, Sea Land Service 등 대형 선사들이었다. 이중 Sea Land는 한 번 수주 받은 것으로 끝났지만, OSG(MOC)는 위에서도 언급한 바와 같이 고정고객으로 지속적인 인연을 맺고 주로 유조선 선박 신조 수주를 받았다.

Cleveland에 있는, 화력발전 설비용 boiler 생산업체인 Bobcock & Wilcox에 본사 플랜트 사업본부 이모 전무와 함께 출장하는 등 여러 번 출장을 다니면서 기술협의도 했으나 실제 장비, 부품 납품에는 실패했다. 뉴욕지사는 선박에 관한 한 사실상 전체 미주 본부였기 때문에 미국 본토 선주사뿐만 아니라 북미, 중남미, 캐나다 동부 시장 선주사까지도 담당을 했고 나는 토론토, 멕시코시티 등에도 출장을 다녔다.

한국 정부 주도의 중화학공업 정책에 따라 현대중공업도 발 빠르게 해외 시장 공략에 총력을 기울이던 때였다. 수출산업과 수출업체는 금융과 외국업체와의 경쟁에서 보호되었고, 대기업들은 모두 종합상사를 설립했고, 우리도 중공업에서 파견되었지만, 해외 영업을 담당하기 때문에 종합상사 소속이었다.

당시에는 해외 입찰에 참여하려면, 국내 수출업체 간 과당 경쟁을 예방하기 위해서 사전에 상공부 승인을 받아야 했다.

당시 정주영 회장은 미국이란 나라는 각 주(州)가 하나의 국가와 다름없다고 강조하시면서, 미국 내에 지사를 대폭 확충하여 기존의 뉴욕, 휴스턴, LA, 샌프란시스코 외에도 피츠버그, 애틀랜타, 마이애미, 뉴올리언스, 덴버, 시카고 시애틀 등지에도 지사를 설립했다.

정 회장은 지사 설립에 관여하셨을 뿐만 아니라, 매주 전화로 지사장들에게 업무 보고까지 받으셨다.

이런 전화 보고가 지사장들에게는 여간 스트레스로 작용하는 것이 아니었다. 한국시간으로 새벽이었기 때문에 미국시간으로는 저녁 시간이었고, 지사장들은 보고 시간에 맞추느라고 퇴근도 제시간에 하지 못하고 항상 사무실에 대기하곤 했다.

1970년대까지 무분별한 외자도입과 중화학 분야 투자 남발로 혼란을 빚으면서 정부에서는 1979년 5월 발전설비 이원화 조치로 중화학 분야 투자조정을 단행했다.

해외 지사에서의 발전설비 영업 활동도 위축될 수밖에 없었다.

1980년 봄에 종합상사에서 파견된 시애틀 지사장인 어느 과장과 어느 대리 사이에 불화가 심해서 본사에서는 두 사람을 분리하기 위해서 과장을 마이애미 지사로 보내고, 뉴욕에 있는 차장 직급의 나를 시애틀 지사장으로 발령했다.

나의 업무 전문성을 고려하지 않은 회사 편의에 의한 인사였다. 나는 내심 별로 탐탁지 않았으나, 회사의 명령에 따를 수밖에 없었다.

제10화 미국 북서부 지역에는 무엇이 있을까?

시애틀에 부임하면서 나는 선박, 플랜트 분야 전문가인 내가 이 지역에서 무엇을 영업해야 할지 고심하였다. 시애틀은 항공기 제작사인 보잉사가 있는 항공산업 기지이고, 산림업이 발달한 지역인 줄 알고 있었지만, 또다시 신시장을 개척해야 한다는 막중한 책임감을 느꼈다. 시애틀 지사는 캐나다 서부 지역과 미국 알래스카 지역도 담당했다.

시애틀 지사의 대리는 원래 상사 본사의 일반상품부 출신이라서 원목 수입을 담당하고 있었다.

나는 기계, 전기, 플랜트 쪽을 개발하기 시작했다. 캐나다 서부지역에는 수력발전소가 많아서 변압기 수요가 많을 것이라는 데에 착안하여 B. C. Hydro 수력발전소와 워싱턴 주(州) BPA(Bonneville Power Administration)의 변압기와 철탑 입찰에 주력했다. 이런 일련의 노력을 기울인 결과 B.C. Hydro에는 우리나라 최초로 변압기 수주 납품에 성공했고, BPA에는 송전 철탑 수주 납품에 성공했다.

이런 성공적인 수주를 위해서 나는 B.C Hydro 수력발전소에는 수십

시애틀(Seattle)지사에 근무할 때, 휴가를 이용하여 Canada, Vancouver Island의 Victoria에서 가족과 망중한.

번, BPA에도 현대중공업의 제품 홍보를 위해서 몇 번씩 현대중공업 임원을 대동하고 찾아가 면담했다. 이들의 구매는 모두 철저하게 입찰 방식이기 때문에 평소에 방문 면담을 통한 사전 정보 입수가 필수 과정이었다. 발품을 팔지 않으면 어림도 없는 성과라는 뜻이다.

워싱턴주는 캐나다의 서부지역과 마찬가지로 충분한 연간 강수량과 온화한 기후 덕분에 산림업이 발달했다.

30미터 이상 쭉쭉 곧게 뻗은 소나무(Cedar), 전나무 등 사철나무들이 가는 곳마다 눈 앞을 가린다. 내가 주재할 당시 한국의 삼미사가 워싱턴주에 광대한 산판을 소유하고 원목 채벌업(採伐業)을 하였으며, 우리 지사는 단순한 원목 수입을 담당했다.

열대지방에서 쉽고 빠르게 자라는 원목은 일반 건축용으로 쓰이고, 이 지방이나 캐나다 서부, 알래스카 지방에서 더디게 탄탄히 자라는 원목은 입자가 촘촘하고 단단해서 고급 가구용으로 쓰인다고 한다.

이곳에서 수출되는 원목도 수입하는 국가별 용도에 따라서 K-sort, J-sort로 분류된다.

현대중공업에서는 TVA에 납품했던 철탑 조립용 앵글 부재에 클레임이 걸렸던 유쾌하지 못한 경험도 있었던지라 BPA에는 좋은 품질의 제품 생산에 심혈을 기울였다. 그러나 경험 부족에 또 발목이 잡혀 초기 납품한 변압기 포장용 박스 안에서 불순물이 발견되어, 나는 B. C. Hydro 수력발전소에 사과하러 별도로 방문해야 했다. 그런 일이 있었지만, 이 발전소에는 그 후에도 현대중공업과 현대종합상사 본사에서 전무급 임원이 감사 인사차 방문할 만큼 변압기 수주 실적을 많이 올렸다.

나는 항공기 부품 시장 개척을 위해서 시애틀 인근에 있는 보잉사도 방문하여 납품 가능성을 타진하였으나, 우리나라 제조업 수준이 아직 항공기 부품 생산에는 미치지 못하여 수주에는 실패했다.

시애틀 아래쪽의 타코마(Tacoma)라는 도시에는 소형선박과 경비정류를 건조하는 Tacoma Shipbuilding이 있었다.

나는 선박류 장비라도 납품해 보려고 노력해 보았으나, 대부분 연안용 소형선박 건조 조선소라서 Jones Act에 따라 해외 수입이 금지되어 있었기 때문에 수주·납품하지 못했다.

시애틀지사는 알래스카주도 담당 구역이었다.

1970년대 초에 현대건설이 Anchorage의 Alaska Gulch Bridge 강교 입찰에 성공하여 철 구조물을 납품, 시공한 실적이 있었기에, 강교(Steel Bridge) 철 구조물 입찰도 몇 번 시도했으나, 현대중공업은 운반비에 경쟁력이 없어서 수주에 실패했다.

나는 Alaska 주의 남부에 있는 Cordoba에 석탄 탄광 사업 투자 타당성 검토를 위해 출장을 가서 시장 조사를 했으나 수익성이 적다는 결론에 이르러 본사에서도 투자는 하지 않았다. 육상 유전이 많은 Alaska 주 중북쪽의 시추장비 시장을 조사하기 위해 나는 Anchorage에서 북쪽으로 300km 가량 떨어진 Fairbanks에도 다녀왔으나 우리가 생산할 수 없는 장비들이라서 납품을 포기했다.

앞에서도 언급했듯이, 1980년대 초에 정주영 회장은 새벽 시간에 해외지사로 직접 전화를 걸어서 영업 업무를 채근하시곤 했다. 한국시간 새벽 6시면 시애틀의 시간은 전날 낮 2시경이기 때문에 나는 그 시간이 되면 업무상 외출조차 하지 못하고 대기해야 했다.

그러나 정 회장님이 시애틀지사에는 큰 관심이 없으셨는지 내게 직접 전화하신 일은 없었다.

나는 미국 북서부 지역 변압기, 철탑 시장 개척에는 성공했지만, 1978년 8월 뉴욕지사에 부임한 이래 미국 지사 생활 3년이 되자 1981년 8월 본사로 발령을 받아 귀국하게 되었다.

미국 시장에 막 적응할 시기인데 본사 귀임 발령이 나서 다소 의아한 기분이 들었지만, 거부할 수도 없었다. 7살, 5살이었던 아이들도 이제 막 영어를 배웠는데 좀 서운했던 기억이 난다.

현대종합상사가 1976년에 설립되었고, 당시는 이제 겨우 걸음마를 하는 단계였으므로 해외지사도 안정이 되기 전이고, 혼란기였다고 볼 수 있기 때문에 해외지사원들도 한곳에 정착하지 못하고 자주 이리저리 옮겨 다니는 고초를 겪어야 했다. 그렇지만 기후 좋고 풍광 좋은 시애틀에서의 1년여 생활은 귀한 추억이었다.

우리 집은 시애틀 시내에서 약 8km 정도 떨어진 Mercer Island라는 작은 섬 안에 있었는데, 경치가 아름다운 주택 단지만 있는 평화로운 섬이었다. 1년 내내 온화한 날씨에 어린아이들도 활달하게 뛰어놀면서 유아 시절을 곱게 보냈다. 나중에 본사 귀임해서 알게 되었지만, 내가 본사 귀임 발령을 받은 것은 1981년 초부터 선박 신조(新造) 문의가 많아져서 본사에 선박 영업 요원의 충원이 필요했던 이유도 있었다.

제11화 지역전문가가 되기 전에 아쉬운 귀국길에

해외지사에서 종합상사 소속으로 바뀐 나는 1981년 8월 말에 현대종합상사 본사가 있는 서울 신사동으로 출근하기 시작했다. 서초4동 금호아파트에 입주하여 출퇴근하기는 편했다. 조선소 출신인 나는 당연히 선박부로 발령이 나야 하는데, 자리가 없다고 처음에는 플랜트부에서 해양 설비인 해양 시추선(Drilling rig) 영업을 담당했다.

휴스턴지사에서 6개월간 근무하면서 해양 시추선 고객들을 잘 알고 시장을 잘 알기 때문에 나는 빨리 적응할 수 있었다. 조선 시장은 2차 세계 oil shock를 거치면서 일반상선 수요는 급감하고, 해양 석유시추선에 눈을 돌릴 수밖에 없었다.

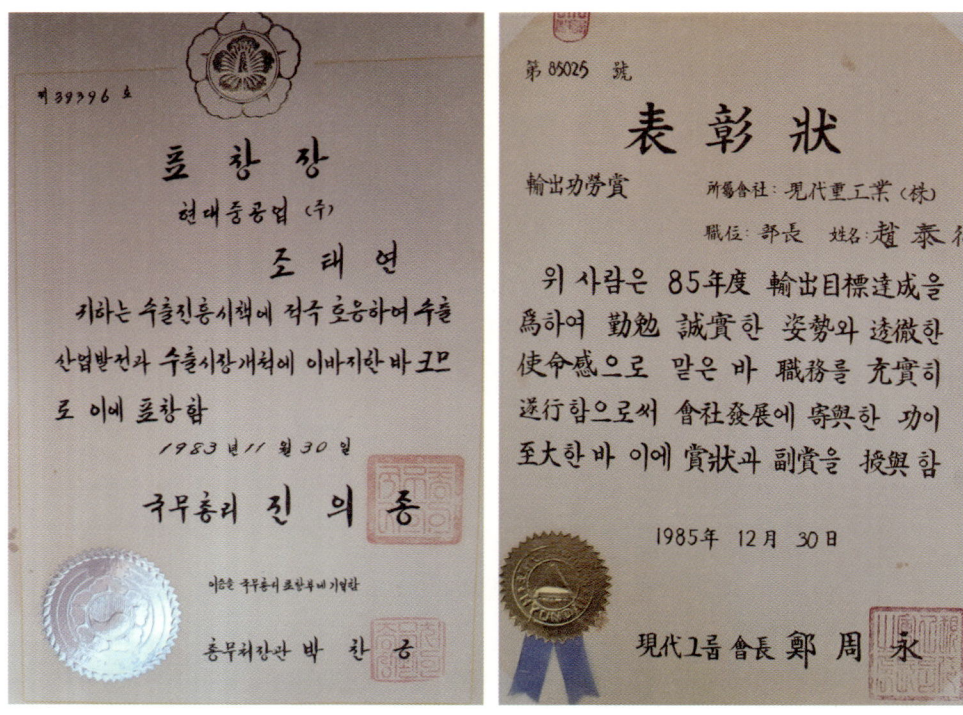

1983년 11월 30일 수출의 날, 사상 최대 선박 수출에 이바지한 공로로 국무총리 표창장을 받다.

    현대중공업 본사에서도 해양 설비 건조를 위한 별도 조직이 구성되었다. 1977년에 미국의 맥더모트사로부터 수주했던 반잠수식 바지선 실적이 있었지만, 그 선종은 해양에서 각종 작업을 할 때 대용량 크레인, 각종 해양 장비, 거주구(居住區) 등을 탑재하고 해상에서의 각종 작업을 지원해 주는 작업 바지선이고 시추선은 아니었다.

    나는 휴스턴에 근무한 경험이 있으므로 시추선 문의가 올 때마다 휴스턴, 뉴올리언스 소재의 시추회사(Drilling Contractor)를 방문하곤 했다. 나는 여러 유관기관, 학교, 컨설팅회사를 찾아다니면서 기술자료들을 수집했다. 1980년 초에는 현대중공업 울산조선소에도 해양 설비 기술 전담팀이 구성되었다.

당시 해양 설비팀은 ODECO, SEDCO로부터 반잠수식 해양 시추선을 수주하는 등 시동을 걸었다. 1984년에 ODECO가 발주했던 반잠수식 시추선에 얽힌 Dr, P와의 악연에 대해서는 뒤에 서술하겠다.

시애틀지사에서 본사 귀임 후 1년여가 지난 후에 운송부가 신설되면서 선박1부를 담당하던 김모 부장이 신설된 운송부 부서장으로 전보되고 나는 선박1부 부서장으로 전보되어서 선박 영업에 제자리를 잡았다. 당시에는 종합상사 선박1부가 현대중공업이 건조하는 모든 신조 선박 해외 영업을 맡아서 전 세계 선박 신조 시장을 총괄하는 부서라서 책임이 막중함을 느꼈다. 기존의 주요 선박 시장이던 런던, 뉴욕, 오슬로, 홍콩, 동경 외에도 종합상사가 보유하고 있는 중·후진국의 많은 해외지사와 바로 선박 영업을 협의할 수 있어서 세계적인 네트워크가 확립된 셈이었다. 선박 영업 담당 임원으로는 음모 부사장, 황모 전무가 계셨다. 선박2부는 국내 타(他) 조선소 해외 영업, 현대미포조선의 수리선 영업, 중고선 중개 영업(Sale & Purchase) 등을 담당했다.

1979년부터 현대중공업의 수주량이 증가하기 시작했다. 이것은 1979년 당시 세계 유휴 선복량이 전년보다 감소했고, 이후 1980년, 1981년 계속해서 전 세계 선복량이 감소했기 때문에, 따라서 신조 수주 시장은 1981년까지 호황이었다고 볼 수 있다. 그리고 이즈음 국제해사기구(IMCO)는 1981년 6월부터 유조선의 해상기름 유출 방지시설과 탱크 내 원유 청소 장치를 설치할 것을 의무화했기 때문에 약 1억DWT의 신조 선박 대체 수요가 생겼다.

1983년 11월 30일 '수출의 날'에는 현대중공업이 국내 기업 중 최고 수출액인 10억불을 달성하여 10억불 수출탑을 수상했고, 선박영업부 부서장인 나는 영광스럽게도 국무총리 표창을 수상(受賞)했다.

직급이 임원이었으면 산업포장이나 산업훈장도 수상할 수 있었던 기회였는데 아쉬웠다. 10억불이란 금액은 선박완공(또는 진수) 후 통관 기준이기 때문에, 실제 이 선박들의 신조 계약 시점은 주로 1981년, 1982년이었다. 이때가 바로 종합상사 본사가 신사동에 있을 때였는데, 신조 계약하느라 얼마나 바삐 움직였는지 매일 야근은 물론이고 일요일도 없이 일만 했다. 계약서 협상을 진행해야 하는데 한꺼번에 3개 선주팀이 내방(來訪)하여 본사에서 이 회의실, 저 회의실로 옮겨 다니면서 계약 협상을 한 적도 있었다.

그해 4월에는 2건 13척, 5월에도 3건 12척을 계약했던 기록도 있다. 이 시기에는 벌크선, 유조선에 편중되어 있던 선종을 다양화하기도 했다. 1981년 SEDCO로부터 반잠수식 시추선 2척을 수주했고, 1982년에는 BBSL로부터 30,000DWT 로로선을 수주했고, 같은 해 UASC로부터 대형 컨테이너선 9척을 수주했으며, 그해 말에는 SENACA로부터 9,500DWT급 냉동 화물선을 계약했다.

이 당시 해외지사 네트워크도 대폭 보강되어 10개 지사에서 20여 명이 해외 선박 영업에 매진했다. 당시 나는 선박1부 부서장으로 신조 선박 가격의 결재(決裁)를 받기 위해 정주영 회장을 자주 만났다. 해외 선주로부터 신조 문의가 오면 참조 가격이 아닌 정식 제시 가격을 정하기 위해서는 정 회장의 사전 결재가 필요했기 때문이다.

하루 종일 엄청나게 바쁘신 정 회장님을 만나기 위해서는 이른 아침 7시 이전에 계동 현대건설 본사 회장실로 찾아가서 만나곤 했다. 가격(價格) 결재하실 때 정 회장님께서 보시는 주안점은 원가구조와 이윤율

1983년 6월, 현대종합상사는 UASC(범아랍선사) 대표단을 위해 쉐라톤 워커힐 호텔에서 만찬을 베풀었다. UASC는 2017년 하팍 로이드로 합병되었다.

이었다. 그리고 현장에서의 생산성 향상도 강조하시면서 생산성이 향상된 만큼 원가에 반영해야 경쟁력이 제고된다는 논리를 펴시곤 했다.

나는 1982년 종합상사 선박1부로부터 1985년 중공업 선박영업부까지 부서장으로서 신조 해외 영업의 주축으로 활약했음에 자부심을 느낀다. 이 시기 중공업 선박 영업팀은 한국 최고의 해외 선박 영업 엘리트 집단이었다. 국내 종합상사 중에서도 현대종합상사 선박 영업 요원들의 영업력은 타의 추종을 불허하는 독보적인 존재였다.

국내 대형 로펌(Law Firm)도 선주사와의 선박 영업 계약서 협상 때에 우리와 먼저 상의하곤 했다.

이들이 수십 년 세계 조선 업계를 지배하던 일본 조선산업을 뛰어넘어 세계 최강의 조선산업을 일군 최전선의 역군들이었다. 이 엘리트 집단 중 당시 리더 격인 陰모 부사장, 黃모 전무와 나는 중공업에서 이미 70년대 초부터 잔뼈가 굵어진 영업인들이었고, 하부조직은 현대종합상사에 공채로 입사한 인재들이었다.

陰모 부사장과 黃모 전무는, 창업 초창기에, 오랜 기간 해양 국가로 세계를 지배했고, 유럽 해운 조선 중개업 중심지이며 금융의 중심지인 런던에서 해외 영업의 기초 체력을 다졌고, 나도 창업 초창기에 스코틀랜드 스콧 리스고 조선소에서 기술훈련을 마친 후 설계부에서 1, 2호선 기관실 설계, 시공, 시운전(試運轉) 공정에 참여한 엔지니어 출신 영업 요원이었으며, 세계 금융의 중심지인 뉴욕지사에서 근무한 commercial background도 있었다.

현대중공업은 1980년대 초에 이미 유럽을 넘어 아시아, 중동, 아프리카 시장을 개척하는 데에도 주저함이 없었다.

1983년 선박 해외 영업 조직이 종합상사에서 다시 중공업으로 이전될 당시 본사와 해외 영업조직 임원진은 아래와 같다. 〈현대종합상사 20년사 208쪽, (1996년 발행) 인용〉

본사: 음용기 부사장, 황성혁 전무, 이택기 상무, 조태연 이사
해외지사: 조철행 상무, 이상봉 상무, 이세환 상무, 최남식 이사, 황병조 이사

이들은 무(無)에서 유(有)를 창조해 나가면서 정주영 회장의 '현대정신(現代精神)'을 발현하는 개척자였으며, 첨병 역할을 맡았던 사람들이다. 현대중공업 초창기에 일본 조선산업에 가려진 수모와 심적 열등감을 투

지와 감투 정신으로 극복한 영업 최전선의 전사(戰士)들이었다.

1983년에 세계 해운시장은 다시 불황을 예고했다. 1980년, 1981년, 1982년에 신조 발주량이 증가하여 세계 조선소의 수주잔량과 선복량이 증가했기 때문이다. 그런데 통상적으로 해운시장이 불황이 되면 선행지표가 제시하는 대로 신조(新造) 시장도 불황으로 이어지지만, 1983년에는 이례적으로 신조 발주가 계속 이어졌다.

이런 현상은 일본의 산코기센이 일본 조선소들에 대량의 물량 공세를 퍼부은 살물선 대량 발주에서 그 원인을 찾을 수 있다. 다른 해운회사들도 경쟁적으로 신조 발주에 뛰어들면서 한국의 조선사들이 그 낙수효과 혜택을 본 것이다. 1983년에 현대중공업은 66척(200만GT)의 선박 신조를 수주하여 창사 이래 최대의 실적을 올렸다. 이것은 전 세계 수주 잔량의 10.6%를 차지하는 호조였다.

이로써 전년도 세계 1위였던 일본 미쓰비시 중공업을 밀어내고 현대중공업이 세계 1위 조선사로 우뚝 섰다.

제12화 종합상사 선박1부 조직이 전부 중공업으로 이전되다

1983년 초에는 선가가 하락하자, 앞서 언급한 바와 같이, 일본의 산코기센이 자국 조선소에 3~4만 톤급 화물선 125척을 한 번에 발주하는 모험을 단행했다. 이에 유럽 선주들도 선복량 확보 경쟁에서 낙오되지 않기 위해서 신조 발주에 나섰고, 일본 조선소 도크가 다 차서 한국조선소로 주문을 돌린 것이다.

그해 현대중공업은 선박 56척 13억 8000만 달러 상당 수주를 달성함으로써 연간 수주액 최고 실적을 달성하였다.

1984년 4월, 런던에서 정몽준 사장 주재로 중공업, 종합상사 합동 구주지역 선박 영업 회의가 개최되었다.

    1983년 11월 수출의 날에 현대중공업이 10억불 수출탑을 받긴 했지만, 그 금액은 통관 기준이었고, 수주 측면에서는 1983년 하반기부터 다시 수주 불황이 찾아왔다.

    1983년 전반기의 신조 호황에 힘입어 한참 바삐 업무에 매진하던 와중에 1983년 8월 초, 갑자기 명예회장님이 종합상사 선박부가 모두 울산조선소로 이전하라는 지시를 내리셨다.

    영업 요원들도 생산 현장에 가까이 있으면서 원가구조를 잘 이해해야 한다는 실무적인 이유도 있었지만, 실제적으로는 제조업체가 직접 해외영업을 수행할 만큼 조직을 갖추어야 한다는 명분도 있었다. 나는 중공업 설계실 출신이고 실제로 신조 원가구조에 대해서 실무지식이 있다고 생각했는데 좀 의외였고, 서울이 집인 나는 솔직히 실망했다. 회사의 명령이니 따를 수밖에 없었지만, 좀 막막한 생각도 들었다.

1984년 4월, 런던, 오슬로, 암스테르담, 스톡홀름 등 구주지역 선주사 순방 중 암스테르담에서. 정몽준 사장, 조태연 이사(가운데 종합상사 허환 지사장).

  가족이 어떻게 생각할지 몰라 그런 사정을 미처 말도 꺼내지 못하고 한 이틀 지나는 사이에 바로 다음 날 짐 싸서 선박부 한 부서가 몽땅 울산에 내려가라는 것이었다.
  20여 명의 직원들이 동요하고 위 임원들에게 애로사항을 털어놓아도 회장님의 기본방침은 거역할 수가 없었다. 나는 부서장으로서 착잡한 심정으로 직원들을 다독여야 하는 깊은 책임감을 느꼈다. 결국 우리 부서는 명령이 떨어진 지 4일 만에, 장맛비가 억수같이 오는 7월 어느 날, 천일고속버스에 몸을 싣고 5시간 만에 울산조선소에 짐을 풀었다.
  울산의 5층짜리 본관 건물에 도착해 보니 막상 4층 한구석에 한 부서를 몽땅 받을 준비조차 되어있지 않았다.
  그러나 부서원 모두가 적응하고자 하는 노력으로, 울산의 중공업 본사로 이전한 몇 개월 후에 직원 2명만 사직함으로써 예상보다는 큰 동요

1985년 중동지역 해군함정 신조 입찰참여 및 프레젠테이션을 위하여 출장가는 현대중공업 특수선 사업부 영업팀. 당시만해도 중동행 직항이 없어서 홍콩공항에서 경유했다. (조태연, 김정환, 하경진 등)

없이 조직이 안정되어 가고 있었다.

    선박부 전체가 중공업으로 이전함에 따라 자연히 선박 영업은 정몽준 사장 휘하에 들어갔다. 나는 정기적으로 정 사장께 업무 보고도 하고, 해외 출장도 수행했다. 당시 사장실 한모 비서의 말에 의하면 자주 업무 보고차 사장실에 드나드는 부서장이었던 내가 복도 밖에서 기침하면서 오는 소리가 나면 내가 문을 곧 노크할 것이라는 사실을 미리 알았다고 한다. 1980년대에 회사에서는 영어 테스트를 하고 90점 이상 득점자에게 영어 수당을 지급했는데, 나도 영어 수당을 받았다.

    호황이었던 1983년과 달리 이듬해인 1984년에는 선박 수주가 뚝 끊겨서 4월이 되도록 1척의 선박도 계약하지 못했다. 1984년 당기순이익도 전년도에 비해 10분의 1 수준으로 급감했다. 수주 부진은 그해 6월까지 이어졌고, 건조 중인 선박들의 인도 지연이 생기기 시작했다.

    그해 시무식에서 정몽준 사장은 해외 영업 강화와 원가절감을 강조했

인도 국영해운사 SCI의 간디 회장 댁에 초대받아 식사를 대접받고 사모님과 함께 방담도 하고. 해군 제독 출신인 간디 회장은 항상 빨간색 양말을 신고 다녔다.

다. 해외지사에도 초비상이 걸렸다. 임원들의 해외 출장도 잦아졌고, 4월에는 나도 정 사장을 모시고, 황모 전무와 함께 런던에서 현대중공업, 현대종합상사 공동 구주지역 영업 회의에 참석한 후에 암스텔담, 코펜하겐, 오슬로, 함브루크, 스톡홀름 등 서유럽지역 선주사들을 순방했다.

선주들의 반응은 2차 oil shock 이후 유조선의 수요는 좀 더 관망해야 한다는 것이고, 살물선도 1983년 대량 발주로 인하여 선복량의 과잉이 우려된다는 반응이었다.

당시 현대중공업의 이춘림 회장도 일본, 대만, 동남아 지역 해운회사들을 방문하면서 지역을 분담한 전방위 영업 활동에 나섰다.

1984년, OPEC의 고유가 정책과 산유량 감축으로 인하여 전 세계적으로 유조선이 100여 척, 1억 톤 가량이 계선 중이었는데, 이는 전체 유조선 선복량의 40%에 해당했기 때문에 신규 발주는 거의 없는 상태였다. 이렇게 신조 발주가 뜸해지고 채산성이 악화하자 조선소들은 수주

암스텔담 출장중 주말에 실내에서 테니스하면서 스트레스를 풀고...

경쟁이 극심해지고 일부 한국의 조선소에서는 선가를 과도하게 낮추기 시작했다.

유럽과 일본의 조선협의체는 대우조선해양 등 일부 한국의 조선소의 저(低)선가에 대해 문제 삼으면서 규제 움직임이 일기 시작했다.

일본은 조선소 설비 감축을 통해서 외견상 저선가를 탈피하는 모양새를 취하긴 했으나, 저부가가치 선박 위주의 설비 감축이었다. 중국조선소들의 추격도 있었지만, 소형 저(低)부가가치의 배들은 중국조선소들도 선가 경쟁력은 있었으나 납기를 못 맞추는 바람에 1990년대 말까지만 해도 소형선 역시 한국조선소가 비교우위를 점할 수 있었다.

일반상선 수요가 주춤한 사이, 유럽 북해지역에서 석유 시추 붐이 일면서 1984년 연말에는 해양 시추선을 대량 수주했는데, 노르웨이의 NFDS사로부터 3척, 미국의 ODECO로부터 3척 건조 계약을 맺었다.

그러나 시추선을 많이 수주한 것이 시행착오에 의한 뼈아픈 교훈으로 돌아왔다. 1980년 말에 배럴당 40불이던 유가는 1986년에 10불로 떨어져 시추선의 채산성이 악화하자, 발주처들은 계약취소에 나섰고, 건조 중인 시추선도 여러 가지 부당한 기술적 하자를 걸어 인도를 지연시켰다. NFDS는 계약된 시추선 3척 중 1척을 취소했고, ODECO도 3척 중 1척을 취소했다. NFDS는 건조 중인 2척의 시추선도 인도를 지연시킬 의도로 도면승인을 의도적으로 미루고, 기존 계약상의 설계를 변경하는 요구도 하며 필요 이상의 까다로운 검사를 하곤 했다.

선주의 고의적인 공정 지연 작전과 추가요구 사항 등으로 시추선의 진수가 8개월이나 지연되었다. 설상가상으로 시운전을 위해 방어진 앞바다에 떠있던 이 시추선은 1986년 8월 28일에 40년 만의 가장 강력한 태풍 베라호에 떠내려가서 좌초되면서 스러스터 4개 중 2개가 파손되는 대형 사고가 발생하고 말았다.

이 불의의 사고를 기회로 선주는 이 시추선 계약을 해지해 버렸다.

회사에는 초비상이 걸렸다. 나는 70년대 말에 휴스턴지사에 6개월 근무했던 이력 때문에 대(對)선주 협상에 나섰다.

태풍은 분명히 불가항력 사항이었으나, NFDS는 이 시추선의 공정을 의도적으로 지연시키고 인도를 거부할 목적으로 미국항만청에 이 시추선의 완공을 승인하지 말아 달라고 요청했던 선주의 불공정한 행위가 나중에 밝혀진 일도 있었다. 이 사실은 본사 전담반이 중재를 위한 법적 절차를 추적하던 중에 항만청 서류 조회에서 발견되었고, 이 시추선은 우여곡절 끝에 1987년 4월 완공된 후에 1990년 8월에 노르웨이의 Sonat Acade Froler에 매각되었다.

ODECO 시추선의 경우도 해양 시추 시황이 악화하자 발생한 선주 측의 위법적인 행위 때문에 현대중공업은 큰 손해를 보았다. ODECO는 이 시추선의 공정을 의도적으로 지연시키고 인도를 거부할 목적으로 미국선급협회(ABS)와 사전에 협의하여 기술적인 부분 승인을 지연시키는 방법으로 공정 지연을 유도했고, 나는 1988년 뉴욕 지사 주재할 때 뉴저지에 소재했던 ABS 사무실의 담당자 M씨를 수차례 방문하여 강력하게 항의했다.

ODECO는 결국 이 시추선을 인수해 갔지만, 현대중공업은 이런 유사한 선주들의 market claim에 의해 막대한 손실을 입었다.

마켓 클레임은 선주가 선박을 인수해 가도 바로 시장현장에 투입할 수 없을 경우 고의적으로 선박의 인도를 지연시키기 위해 공정 진행을 방해하는 행위이다. 우리는 이러한 일련의 ODECO 불공정 행위에 Dr. P가 개입했던 것으로 보았다.

제13화 해군함정 영업에도 귀중한 발걸음 내딛다

1984년에 이어 1985년 초에도 특수선사업부에는 국내 해군 함정 수주가 부진하였고, 특수선사업부도 소형 일반상선 수주에 나서야 한다는 분위기가 팽배하면서, 일반상선 해외 영업 경험이 많았던 나는 7월에 특수선 사업부 해외영업부로 소형 일반상선 수주 지원을 위해 발령이 났다. 나는 특수선 사업에서 건조 가능한 20,000톤급 이하 선박과 해외 함정 수주에 나섰다. 나는 당시 특수선사업부 본부장이던 김 모 부사장과 함께 함정 수주를 위해 수없이 대만으로 출장을 다녔고, 중동지역 함정 수주를 위해 쿠웨이트, 이라크 출장도 다녀왔다.

대만 해군에서 발주하는 구축함 수주를 위해 수년간 엄청난 시간과 노력을 투입했지만, 결국 실패했다.

또 내가 영업, 설계 직원들을 대동하고 호주, 뉴질랜드, 동남아, 인도,

1985년, 버뮤다 소재 Gypsum Carrier 사(社)와 8,000톤급 집섬 운반선 4척 계약 협상 장면.

파키스탄, 방글라데시 등지에도 출장하여 해군 당국자들을 만나 프레젠테이션을 하면서 함정 수주 활동을 벌였다.

가장 기억에 남는 해외 해군 함정 수주 에피소드는 뉴질랜드의 경우를 꼽을 수 있다. 1985년 뉴질랜드 해군에서 발주한 1만2000톤급 AOE(군수지원선) 건조 계약을 위해 뉴질랜드 남(南)섬에 위치한 웰밍턴으로 출장 갔을 때의 일이다. 약 일주일에 걸친 계약서 협상을 마치고 계약서에 서명하는 날 뉴질랜드 측에서는 해군 참모총장이 서명을 했는데, 배석한 제독들의 별의 숫자가 모두 12개였다.

일주일 동안의 계약 협상 중간에 주말이 겹쳐서 우리 일행은 북(北)섬에 있는 타우포 호수에 trout를 낚시하러 갔는데, 내가 하루 최다 허용 마릿수인 8마리를 2시간 이내에 낚아서 화제가 되기도 했다. 나는 그 8마리를 훈제해서 귀국 짐에 싣고 집으로 가져와 가족과 함께 잘 먹었다.

뉴질랜드 해군의 군수지원선 수주는 무장을 갖춘 전투함은 아니지만, 해군 함정 해외 수출의 시발점이 된 획기적인 실적이었다. 1985년 군수지원선을 발주했던 뉴질랜드 해군은 30년이 지난 2016년, 군수지원선의 퇴역을 앞두고 후속 현대식(Polar-Class) 2만3000톤급 대형 군수지원선을 다시 발주했다. 1985년에 내가 직접 뉴질랜드 현지에서 계약 협상에 성공하여 수주한 군함의 후속선이 31년 만에 후배들 손에 의해서 수주에 성공한 이례적이고 역사적인 경사스러운 일이 벌어진 것이다.

 이 대형 군수지원선(아오테아로호)은 2020년 뉴질랜드 해군에 성공적으로 인도되었다. 1985년 당시 설계부의 담당자로서 위의 군수지원선 1호선 일반 배치도 도면에 서명하였던 당시 김 모 사원은 33년이 지난 2019년 2호선 명명식 때에는 조선사업본부 사장으로 성장해 있었다.

 1985년에 나는 金모 부사장과 함께 중동 지역의 두바이, 쿠웨이트, 이라크에서 해군 본부 군수 담당자들과 상담을 가졌다. 두바이에 처음 간 나는 뜨거운 햇볕을 견디기가 어려웠으나 이내 건물 안으로 들어가면 에어컨이 나를 반기곤 했다.

1986년 6월, Gypsum Carrier 사의 O'Connor 회장, 부인, 딸이 방한하여 강원도 경포대 일원을 관광 안내했다.

두바이는 무슬림 국가이지만 외국인에게는 일정한 허가 구역 안에서는 음주가 가능하여 미팅이 없는 저녁시간에 맥주 정도는 즐길 수 있었다. 다음 행선지는 쿠웨이트, 여기서는 이슬람 율법이 더 엄격한 국가라서 음주는 생각조차 못 하였지만, 우리는 해군 본부 인사들과 미팅하면서 만찬 등을 비교적 융숭하게 대접받았다.

쿠웨이트는 조그만 도시국가이고 해안선도 짧아서 해군의 규모도 작다. 우리는 이라크 수도 바그다드로 가기 위해 쿠웨이트에서 미제 올즈모빌 택시를 한 대 대절했다. 당시에는 이란-이라크 전쟁이 한창 진행 중이던 시기라서 항공편은 위험하여 육로를 택했던 것이다. 수도 바그다드로 향하는 고속도로에는 전투용 탱크를 실은 기다란 트레일러가 쉴 새 없이 오가고, 하늘에는 전투기들의 초음속 돌파 소음도 간간이 들렸다. 이라크의 사담 후세인과 이란의 호메이니 간의 전쟁은 8년 동안 지속되었다. 열악한 고속도로를 달려서 약 7시간 만에 바그다드에 도착하

1986년, 인도 국영석유사 ONGC와 Seismic Vessel 건조계약 체결. 계약서 협상하는데 선주 측이 매우 까다로워서 난관이 있었음.

현대와 함께 조선입국(造船立國)의 길 위에서 _ 조태연

1985년 6월, 이집트 카이로, 중공업 함정 건조 실적과 능력 설명차 해군본부 방문 후에 피라미드·스핑크스 관광.

니 바그다드 시내 도처에는 방공 대피 시설이 널려 있고, 사람들은 모두 바쁜 듯이 총총히 걸음을 재촉했고, 하루에도 몇 번씩 공습경보 사이렌이 울리곤 했다.

우리는 우선 현대건설 바그다드 지사에서 마련해준 시내의 쉐라톤 호텔에 투숙했다. 특수선 사업부 金모 본부장은 현대건설 중동본부장 출신이기 때문에 현대건설 현지 지사원들의 대접이 융숭했다. 지사장 사택에 초대되어 들어서니, 양고기 파티 준비를 하고 있었다. 털을 다 깎아내고 내장을 파낸 한 마리의 양을 통째로 스팀에 쪄서 여러 사람들이 칼로 썰어 먹는 재미가 특색이 있었다.

다음날 우리는 해군본부로 향했다.

전쟁 중이라서 그런지 해군 군수 담당관들도 정장 차림이 아니고 전투복 차림으로 우리와의 미팅에 임했다. 이라크는 이란과 육군, 공군이 주로 전투에 투입되고, 해군에는 긴급한 함정 수요가 없었으나 우리는 장기적인 협력 차원에서 현대중공업의 1,200톤급과 1,500톤급, 그리고 2,000톤급 해군 함정 건조능력을 presentation했다.

이라크는 남쪽 페르시아 만(灣)에 연해 있는 해안선이 짧지만 주변에 이란, 사우디 아라비아등 강대국들이 버티고 있어서 중장기적으로 해군력 증강을 계획하고 있었다.

시내의 거리마다 촘촘히 모래주머니를 쌓아 조성되어 있는 방공호들은 이 나라가 전쟁 중인 나라임을 가시적으로 증명해주고 있었다. 공습경보가 울리면 시민들은 시내 곳곳의 방공호로 대피해야 했다.

대만에도 나는 해군 호위함(corvette), frigate 건조 사업 수주를 위해서 2년간 출장을 여러 번 다니면서 해군본부 관계자들과 상담을 했으며, 입찰에도 참여했으나 낙찰에는 실패했고, 그 함정들은 1986년 네덜란드 조선소가 수주했다고 한다.

대만 사람들은 낮에도 술을 즐기는 편이라서 선주, 고객들과 오찬을 하면 꼭 술을 과하게 권해서 나도 자주 당하곤 했다.

나는 1985년, 1986년에 걸쳐서 특수선사업부 재직 시에 스위스의 Tradax로부터 Orange Juice 운반선 2척을 신조(新造) 수주했다. Orange Juice를 운반하는 생소한 개념의 선형이었고, 따라서 화물창 재질이 스테인리스 스틸 소재로 용접도 배관도 건조도 까다로웠다.

일본의 도요라인으로부터는 10,000톤급 일반 화물선 2척도 수주 받았다. 일본 선주에게서 신조를 수주한 것은 획기적인 일이었으나, 도요라인에서 수주한 2척은 울산에 소재했던 소형조선소인 동해조선과 함께 수주했는데, 동해조선소는 납기를 맞춘 반면 우리는 납기를 지연시켜서 일류 조선소로서 체면을 구긴 흑(黑)역사도 있었다.

이런 수치스러운 일로 인해 당시 위 선박 건조 담당인 모 상무는 李모

회장한테 현장에서 심한 질책을 받았는데, 나는 그 모습을 보고서 건설현장에서나 볼 수 있는 장면을 제조업 현장에서도 보는구나 하면서, 개발시대에 수출산업을 일군 일선 역군들의 애환을 요즘 젊은이들은 상상이나 할 수 있을까 의문스럽다.

나는 해외 선박영업을 수행하면서 위험에 노출된 적도 여러 번 있었다. 1986년 서울 아시안게임이 시작되기 두 달 전에 김포공항에서 폭발물이 터져서 옥씨 일가 가족 4명이 사망하고 수십 명이 부상당한 테러 사건이 있었다.

나는 폭발 지점으로부터 불과 30m 떨어진 거리에서 버뮤다 선주사 오코너 회장, 부인과 딸을 영접하기 위해 도착 홀에서 그들을 기다리고 있었다. 나는 귀를 때리는 폭발음과 함께 무의식적·반사적으로 아내의 손을 잡고 반대편으로 뛰어나갔다. 한 2백여 미터 뛰어간 후에 뒤를 돌아보니 사고현장은 아수라장이 되었고, 연기가 치솟으면서 화약 냄새가

선주와 선박 계약 협상을 위해서 해외 출장 중에는, 호텔 방에서 밤늦도록 동료 출장자들과 계약서, 사양서에 관한 전략협의를 해야 한다.

진동하는 데다 비명소리가 여기저기에서 들렸다.

이 폭발 사고로 입국 승객들 입국 수속이 한 시간여 지연되었으나 나는 오코너 회장 일행을 무사히 모시고 시내 호텔로 향했다.

우리는 이 버뮤다 집섬 캐리어 선주사와 집섬(Gypsum)운반선(8,000톤급) 4척 신조 계약을 체결했다.

1986년 나는 파키스탄 카라치에 소재한 해군 조선소를 방문한 뒤, 라호르에 있는 해군본부를 방문하여 현대중공업의 함정 건조 실적과 능력을 presentation했다.

당시 해군 조선소는 소형 해군 경비선 수리를 하고 있었다.

귀로에 방글라데시 다카에 들러 역시 해군본부를 방문했다. 방글라데시는 매년 여름 남부지방 델타지역에 대홍수가 발생하고, 그 여파로 연이어 늘 다카에서는 폭동이 일어난다. 이날도 시내 곳곳에서 일어난 폭동을 뚫고 지사에서 보내준 가짜 앰뷸런스를 타고 무사히 지사 사무실에 도착한 기억이 난다. 폭도들이 일반 자동차에는 돌을 던지고 차를 세워서 돈을 강탈하기 때문이다. 우리는 방글라데시 해군과도 1,100톤급 Corvette 1척의 건조 계약에 성공했다.

1986년에 인도네시아 해군 방문차 자카르타 출장 중에는 이면도로에서 노상강도를 만나는 바람에, 나를 태워 해군본부로 가던 중에 당시 종합상사 지사원인 이모 과장이 결혼시계를 강탈당한 사건도 있었다.

제14화 뉴욕지사 재차 근무로 지역전문가의 길에 들어서다

1986년에 이르러 조선사업본부는 해외 선박 수주가 활발해졌다. 싱가포르 넵튠 오리엔트사로부터 10만 톤급 탱커와 4만 톤급 석유 제

1988년 8월 뉴저지 지사 근무 시절, OSG 선주사와 tanker 건조계약 협상 중에 본사 출장자와 망중한.

품 운반선 등을 수주했다. 1986년 말에 무엇보다 특기할 사항은, 12년 만에 VLCC 수주가 봇물처럼 이어졌다는 점이다. 그해 전 세계적으로 VLCC 발주가 15척이었는데 현대중공업이 9척을 수주한 것이다.

중형 탱커를 포함하면 총 29척을 수주했다. 석유공사로부터 25만5천 톤급 3척, 벨기에 페트로피나로부터 25만4천 톤급 2척, 홍콩의 월드와 이드로부터 3척, 일본의 이이노 해운에게서 23만 톤급 1척을 수주했다. 1985년에는 현대중공업이 세계에서 선박을 가장 많이 건조해서, 일본의 시사주간지 '다이야몬드'지는 조선부문 세계 제1위로 선정하기도 했다.

1986년 연말에 경영진에서는 미주지역 선박 영업도 강화해야 한다는 방침을 세웠고, 나를 뉴욕지사에 발령을 냈다. 1970년대 말에 뉴욕에 주재한 경험이 있으니까 유경험자를 보내야 시장에 빨리 적응한다는 판단이었던 것 같다.

1978년에 뉴욕지사에 부임할 때는 현대종합상사 소속으로 주재하였

맨해튼 소재 선주사 MOC의 기술이사 Mr. Cruickshank의 뉴저지 집에 초대받아서 바베큐도 해 먹고, 개인적 친분을 다지곤 했다.

으나, 이번에는 현대중공업 지사장 자격으로 부임한 것이다.

6년 반 만에 뉴욕에 부임하니 현대그룹사 사무실도 맨하튼 Five World Trade Center, One Penn Plaza에서 뉴저지주 Fort Lee에 있는 One Bridge Plaza로 바뀌었고, 여러 그룹사 지사들이 한 빌딩 전체에 모여서 인원도 수십 명이 되었다.

미국에서 다시 주재원 생활을 시작하며 해외 시장에서 몸으로 직접 고객들을 접촉하고 생생한 영업을 경험하는 일이 나에게는 직장인으로서 career를 쌓는 데 도움이 되었다.

하지만 아이들이 어떻게 적응을 해 나갈지 처음에는 걱정도 되었다. 아들은 중학교에 입학한 지 한 달 만에 미국에 왔고, 딸은 초등학교 5학년에 진학한 지 한 달 만에 미국에 와서, 영어도 제대로 소통이 안 되는 처지로 각각 뉴저지 중학교와 초등학교에 전학한 것이다.

그런데 다행히도 아이들은 ESL(English as Second Language) 과정

과 학습 과정을 빠르게 적응해 나갔다. 유소년 시절에는 언어 습득 능력이 대단히 빠르다는 것을 느꼈다. 아들은 현지 Old Tappan 고교에서 학생회 총무로 피선되기도 했다.

나는 우선 시장조사와 고객에게 부임 인사를 위해서 미국 내 선주사들이 집중되어 분포하고 있는 뉴욕지역, 서부 샌프란시스코지역, 마이애미 지역, 토론토 지역 등의 선주사를 순방하며 영업에 매진했다.

뉴욕에 주재하면서 또 정주영 명예회장과 얽힌 잊지 못할 에피소드가 있다. 1980년 3월이었다. 1980년대 초 2차 오일쇼크 후 몇 년 침체했던 세계 선박 경기는 1980년대 중반에 몇 년 호황을 맞더니 1987년부터 다시 냉탕이었다.

노동집약적인 생산을 하는 조선소는 선박 건조용 선대(dry dock)가 몇 개월만 비어도 운영난에 봉착한다. 해외 수주가 극히 저조하자, 1987년 초에 현대상선이 선주가 되는 현대그룹 자체 용도 형식으로 조

현대그룹 뉴저지 주재원 동계 산행 훈련대회(1989.12.9).

선소의 빈 선대를 채우는 대형 자동차 운반선 2척을 건조하고 있으니, 속히 용선주(최종수요자)를 물색하라는 본사의 지시가 떨어졌다.

통상 용선주가 운송물량을 확보하고 선주를 내세워 선박 건조를 발주하는 순서를 역(逆)으로 진행한 것이다.

이렇듯 정 명예회장의 사업 구상은 늘 역발상적이고 창의적이었다. 또 저돌적·도전적이기도 했다. 남들이 연목구어(緣木求魚)라고 무시하거나 무관심해도 그는 특유의 추진력으로 밀어붙였다.

나는 당시 본사의 그런 엄명을 받고 미국에 있는 몇 개 용선주들을 탐문(探聞)하다가 평소 잘 알던 맨해튼 소재 센트럴 걸프의 존슨 회장을 마지막으로 찾아갔다. 나는 수주 부진으로 우리 조선소가 처한 어려운 사정은 일체 언급도 하지 않고, 향후 유럽에 자동차 해상 수송 전망이 좋다고 개략적인 근거를 제시하며 열을 내어 낙관적 수요를 설명했다.

당시만 해도 현대자동차의 대미국 수출이 미미하여 이 신조 선박을 유럽에 수출 차량 운반 용도로 센트럴 걸프에서 용선해 달라고 하는 점잖은 절규였다. 존슨 회장은 나의 설명과 제안을 경청하더니 며칠 검토할 시간을 달라고 한다.

그러나 며칠이 지나도 아무 연락이 없었다. 존슨 회장의 아들인 부사장에게 연락해도 좀 더 기다려 달라고만 한다. 백년하청으로 끝나나 실망하고 있는데, 한 달쯤 지나서 존슨 회장이 나를 불렀다.

그는 가격, 지불조건, 납기 등을 다시 내게 확인받고는 다시 연락해주겠다고 사람 속을 태운다. 그럼에도 나는 존슨 회장이 일단 긍정적으로 검토하고 있다는 낌새를 느끼고는 바로 본사에 그대로 보고했다.

며칠 후 놀랍게도 정주영 회장은 존슨 회장을 직접 만나러 뉴욕으로 오시겠다는 것이 아닌가. 센트럴 파크 앞에 있는 파크레인 호텔에서 정 회장과 존슨 회장은 오찬 회동을 했고, 장시간 양 회장은 세계 해운 시황, 조선 시황에 대해서 의견을 나누었다. 위의 자동차 운반선에 대한 우리 측 오파 조건들도 자세히 논의된 것은 당연하다.

나와 당시 존스 홉킨스 대학원에서 국제정치학 박사과정을 공부하고 계시던 정몽준 사장이 배석했다.

정 회장은 특히 그 선박이 이미 조선소에서 건조를 시작했다는 점을 부각하면서 빠른 납기(같은 해 가을)가 가능함을 강조했다.

정 회장과 미팅하고 나서 며칠 후 존슨 회장은 몇 가지 추가 조건을 제시하면서 동 선박들을 용선하겠다고 결정을 내렸다. 그는 나와의 첫 미팅 후 이미 자체 시장조사와 금융 조건에 대한 조사를 마쳤고, 우리 측의 빠른 납기에 경쟁력이 있다고 생각하여 결정한 것이었다. 현대상선과 현대중공업 양사에 혜택을 주는 일거양득의 효과로, 이미 건조를 시작했던 동 선박의 용선주 물색은 그만큼 우리에게는 절실했던 셈이다. 이 센트럴 걸프라인 용선 건은 오랫동안 기억에 남는 성공 사례였다.

나는 미국뿐만 아니라, 캐나다, 멕시코 등 북미지역과 중남미지역도 관할이기 때문에 멕시코, 베네수엘라, 콜롬비아, 칠레, 에콰도르, 브라질 등지의 선주사들을 방문했다. 1988년 서울에서 88올림픽이 개최될 때이다. 베네수엘라 국영석유회사가 발주하는 8만 톤급 유조선 5척 신조선 입찰이 있었다. 나는 입찰 전에 2주간이나 카라카스에 머물면서 국영석유회사 임원과 직원들을 괴롭혔다. 제갈량의 6차에 걸친 북벌의 장정인 육출기산의 집념을 떠올리면서 너무 자주 온다고 면담을 거부당하면 사무실 밖에서 2~3시간 기다리다가 칼퇴근하는 그들을 붙잡고 저녁 식사 합석을 졸라댔고, 그 자리에서 와인을 선물하면서 다음 날 미팅 약속을 받아내 유용한 정보를 입수하곤 했다.

경쟁사에 대한 가격정보, 납기 정보 등을 사전에 알아내는 일은 우리

현대그룹 뉴저지 주재원 친선
골프대회(1987년 9월)

의 입찰 경쟁력을 제고하는 지름길이었다. 우리는 결국 이 대형 신조 프로젝트 수주에 성공했다. 이들 선박이 인도되는 시점인 1991년에는 베네수엘라 차베스 대통령이 현대중공업을 내방(來訪)한 적이 있었다. 영관급 젊은 나이에 쿠데타로 집권하여 대통령까지 되었으나, 그는 철저한 포퓰리즘 정책과 반미 노선을 표방하면서 석유 부국을 가난한 사회주의 국가로 전락시켜 실패한 지도자로 꼽히는 전형적인 독재자였다.

에콰도르 출장을 갔을 때 잊을 수 없는 한 가지 나쁜 기억이 있다. 항구도시 과야킬에서 해운회사와 미팅한 후 수도인 뀌또에 가서 해군 함정 담당자도 만나고 KOTRA 직원들도 만날 계획이었다. 이튿날 아침 일찍 어제 만났던 KOTRA 직원한테 호텔로 전화가 와서 말하길, "대사관에서 조 이사님을 보자고 하십니다. 대사가 뀌또에 온 조 이사님이 인사도 안 왔다고 화가 나셨네요."라고 하는 것이다. 나는 공무원의 권위주의가 원망스러웠지만, 바로 오후에 대사님을 방문하고 인사를 드렸다.

1989년, Mexico Coast Guard(해안경비청)를 방문하여, 현대중공업의 해안경비정 건조 실적과 능력을 presentation했다.

 1988년에는 본사 특수선사업 본부장이셨던 金모 부사장과 함께 칠레, 콜롬비아의 해군본부를 방문하여 1,100톤급과 2,000톤급 함정 건조 능력에 대해 판촉했다. 정부 고위직에 부정부패가 만연한 대부분의 중남미 국가에는 고가의 함정 건조가 실현되기 힘든 숙제였다.

 뉴저지지사에서의 4년 동안은 나의 해외 선박 영업 career에서 가장 값진 경험을 축적한 기간이었다. 1978년~1981년에 걸쳐 1차로 미국에 근무한 3년간에 이어 두 번째 미국 생활을 하면서 영어 구사 능력도 많은 발전을 했다고 본다. 나는 미국 이외의 해외 출장이 없는 때에도 한 달에 2~3번은 토론토, 캘리포니아, 시카고 지역에 출장을 다니면서 신조(新造) 선박 주문 개발에 나섰다.
 내가 가장 많이 방문했던 선주사는 유태인계가 소유주인 OSG(Overseas Shipholding Group)의 MOC사였다. 주로 탱커를 운영하는 선사로서 현대중공업에 10만 톤급 유조선을 꾸준히 발주하는 단골 선사였

다. 이 선사의 부사장인 Mr. Blake를 나는 매주 한두 번씩 만났고, 기술이사인 Mr. Cruikshank의 뉴저지 집에는 몇 번 초대받아 가기도 했다.

1998년에 내가 현대종합상사 재직 시에 Mr. Blake 부부가 서울에 왔을 때 나와 아내는 부부 동반으로 롯데호텔 스카이라운지에서 저녁 식사 접대를 해준 기억이 있다. 그런데 Mr. Blake는 몇 년 전 80대 중반 나이로 별세했다는 소식을 들었다. Mr. Blake에 대한 생생한 기억은 그가 업무적으로 상당히 꼼꼼하다는 것이었고, 다혈질인 성격 때문에 을(乙)의 위치인 나로서는 다소 어려움을 겪었지만, MOC사는 현대중공업의 고정고객으로서 뉴욕지사와 오랜 기간 우정의 관계를 유지했다.

나는 engineer 출신이기 때문에 선박 사양서의 기술 사항들도 개략적으로 협상할 수 있었고, 계약서 조건 협상은 MOC사의 in-house lawyer인 Mr. Mark Law와 하곤 했다. 그는 뉴욕주 변호사 시험에 합격한 후 law firm에서 law practice를 한 후 MOC의 in-house lawyer

로 활동 중이었다. 내 아들도 2011년도에 New York 주의 변호사 시험에 합격한 후 미국 대형 law firm인 맨해튼 소재 Simpson, Thacher & Bartlett에 attorney로 12년 근무한 후, 지금은 KKR이라는 미국 2대 사모펀드 회사에 in-house lawyer(Director)로 근무 중이다.

1988년 들어 세계조선 시황은 서서히 회복 국면에 접어들었다. 원유 해상 운송 수요가 증가하고 선령 20년 이상 된 노후 선박의 해체 수요가 발생하면서 신조 문의도 증가해 갔다.

이에 발맞추어 본사에서도 조선, 플랜트, 해양, 건설장비 4개 본부제를 도입하면서 조직개편을 단행했고, 1988년 3월에 18명의 임원진 승진 인사를 했고 나도 뉴욕 주재 시에 이사대우에서 이사로 승진했다.

1989년에는 멕시코의 Coast Guard(해양경찰)에서 신조 계획 중인 연안경비정 입찰에 참여하기 위해서 멕시코 시티 해양경찰청 본청도 방문했으나, 이 신조 계획은 취소되었다.

제15화 중공업 본사 영업부로 귀임하자 부딪친 노사분규

나는 만 4년의 뉴욕 주재 근무를 마치고 1991년 3월 울산 본사 해외 선박 영업 담당 임원으로 귀임했다.

현대중공업 뉴욕지사에서의 나의 두 번째 주재 생활과 경력은 내 인생과 내 가족 인생의 커다란 이정표이자 동기 부여가 되었다.

나는 1991년 본사 귀임 후에도 울산 본사 선박영업부에 발령받아서 해외 영업 전체를 총괄하는 임원으로 활동하였고, 자신감을 가지고 본사를 내방(來訪)하는 외국 선주사, 정부 관료 등 해외 귀빈들을 영접하고 이들과 면담하며 회사소개를 전담하였다. 선박 계약 협상이 해외에서 개최될 때는 인도, 남아프리카 등 후진국 출장도 마다하지 않았다. 또한

1991년, 중공업 울산 본사 5층 영업이사실. 뒷벽에 붙은 세계지도가 대변하듯이 전 세계가 영업 영역이었다.

나는 미국 주재 시에 변호사들과 어려운 계약 협상을 여러 번 해본 경험이 밑천이 되어, 유럽 선주들과의 계약서 협상에 임할 때도 유연하게 설득하거나 대등하게 협상력을 발휘할 수 있었다.

본사 귀임 후 얼마 지나지 않아 나는 홍콩으로 가서 홍콩의 세계적인 Tanker 운영사와 VLCC 신조 계약 협상을 했다.

며칠 동안 계약 협상을 해도 이견이 좁혀지지 않자 급기야 선주 측은 거의 겁박 수준의 협상 자세를 보였다.

우리는 가격도 저가였고 계약조건도 너무 불리해서 발길을 돌렸다. 본사에서는 선주 측의 고압적인 자세에 정식으로 법적 문제를 제기하자는 의견도 있었다. 국내의 다른 경쟁사는 이런 경우 관례대로 저가 수주를 수용하면서 수주를 받아왔고, 이번 경우에도 예외는 아니었다. 현대중공업 임직원들은 해외 출장에서 임무를 마치고 귀국을 한 후 가족이 서울에 있어도 서울집에 들르지도 못하고 바로 울산행 비행기를 타

1992년 9월, 마가렛 대처 영국 수상이 부군과 함께 울산 조선소 방문. 오른쪽 필자 Yard tour에 동행함.

고 울산 본사로 귀임하여 출장 보고하는 게 우선시 되었다. 그러나 다른 국내 경쟁사 임원들은 일반적으로 해외 출장을 가면 주중에 일을 보고 주말을 끼워서 현지 여행을 하고 귀국한다고 했다.

이른바 '현대정신'에 입각한 프로정신은 무엇이 다른지 차별화에 대해 잘 설명해 주는 좋은 예이다.

영어 등 외국어는 교과서에서 배운 것만으로는 의사소통을 원활하게 할 수가 없다. 현지에서 현지인과 부딪치면서 생활 외국어를 습득해야 진정으로 외국어를 구사할 수 있다. 나와 내 아내도 영어 구사에는 문제가 없었지만, 아이들은 미국에서 중등교육을 받았기 때문에 영어가 모국어처럼 능숙함을 부인할 수 없다.

이런 이점과 주경야독한 본인의 노력으로, 앞서 언급한 바와 같이, 내 아들은 한국에서 법과대학을 졸업하고 미국의 Law School을 졸업한 다음, J.D.(법학박사)를 취득하고 뉴욕주 변호사(New York BAR) 시험

1991년7월 현대중공업과 현대종합상사는 베네주엘라 국영석유사 계열 해운사 Venfleet와 5억불상당의 86,000톤급 탱커 건조 계약을 체결. 필자가 뉴욕지사 근무시에 1990년도 입찰에서 수주한 대규모 프로젝트.

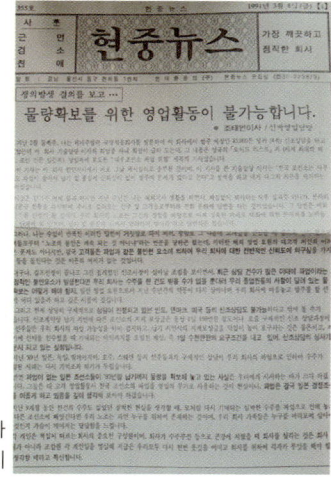
1991년3월, 노사분규가 극심할때의 〈현중뉴스〉지

에 합격했다. 미국에서 법률적인 지식과 경륜을 갖추고 법조인으로 생활하는 아들의 모습이 자랑스럽고 대견스럽다.

　1991년 3월 울산 본사에 귀임하니, 노사분규로 하루도 조용한 날이 없었다. 1987년부터 시작된 노조 파업은 1989년 120일간의 장기 파업으로 극에 달했고, 회사의 손실도 엄청났으며, 사내 하청업체들도 부도를 맞았다. 정치투쟁을 앞세우던 노조 운동은 1991년에 접어들면서 실제적인 임금. 복지, 근로조건 개선 등 경제적인 문제로 전환되고 있었지만, 여전히 강력한 준법투쟁을 일삼았다. 실제로 1989년 현대중공업의 선박 수주량도 세계 전체 신조 수주량의 10%에 그쳐서 1987년 시작된 노사분규 이후 그 영향으로 1987년의 12.3%, 1988년의 13.7%에 못 미쳤다. 따라서 해외 영업이 더욱 강화되어야 할 시점이었다.

　당시 노조에서는 노조 활동 전단을 작성해서 노조원들의 가족들이 많이 사는 일산동, 전하동 만세대 등의 지역에 매일 살포했다. 회사에서도 이에 대응하여 방어해야 할 필요성이 생겼다. 나는 당시 장모 조선사업

1992년 12월, Charles 영국 왕세자 울산 조선소 방문. 정문에서 영접하면서 Charles 왕세자와 악수했음.

부 본부장으로부터 선박영업부를 대표해서 매일 '현중뉴스'지에 노조의 파업이 해외 선박 영업에 얼마나 악영향을 미치는지 사례를 들어 기사를 쓰라는 명을 받았다. 선주사들은 노조의 파업이 몇 주, 몇 달씩 지속되면 선박 납기가 몇 달씩 지연될 수 있음에 깊은 우려와 함께 발주를 기피(忌避)하거나 노골적으로 계약조건을 까다롭게 했다.

반면에 1987년 한국 노사분규 이후 반사이익을 얻은 일본은 1989년에 다시 한국을 능가하여 세계 1위 자리를 회복하며 세계 수주량의 50%, 건조량의 40.5%, 수주 잔량의 33%를 차지했다.

1992년 9월에는 마가렛 대처 전 영국 수상이 울산 본사를 방문했고, 나는 부군과 함께 방문한 그녀를 정몽준 의원과 함께 경주 관광에 수행했다. 1992년 11월에는 영국의 찰스 왕세자가 울산 본사를 방문하여 각 사업본부장, 선박영업부 임원진들이 그를 영접하였는데, 나는 찰스 왕세자와 악수했고, 그 사진을 아직도 보관 중이다.

그때에도 이미 왕세자와 다이애나 왕세자비는 사이가 안 좋았고, 별도 일정을 잡고 따로 다니는 모습이 흥미로웠다.

1992년 12월에 정주영 회장은 대통령으로 출마하셨다. 수많은 현대 임직원이 선거에 동원되었다. 나도 예외 없이 선거 운동원이 되어서 선거판에 뛰어들었다. 나는 그 당시에는 정 회장이 정치인이 되신 것을 이해도 했고 대통령이 될 가능성이 있다고도 믿었다.

제16화 엔진사업부에서 선박의 심장, 엔진 영업도 해보고

1993년 봄에 나는 엔진 사업본부 엔진영업부로 발령이 났다. 직속상관으로부터 기계공학을 전공했으니, 엔진 사업본부에서 일해 보는 것이 어떠냐는 문의가 먼저 왔다. 원래 대학에서 기계공학을 전공했고, 조선사업부 기장설계부에서도 기관실 배관계통을 설계했기에, 나는 선박용 디젤엔진 영업에도 관심이 있다고 대답했다.

1978년에 독립회사로 출발한 현대엔진은 처음에는 6,000마력 이상 엔진만 생산했고, 국내에서는 독점이었다. 조선 시황이 부진했던 1985년, 1986년을 제외하곤 매년 100만 마력 이상 생산했고, 1988년에는 500만 마력 생산의 대기록을 세웠다.

현대중공업 노사분규는 1987년 현대엔진으로부터 촉발되었다. 이 여파로 1988년 3월 대대적인 인적 개편이 있었다. 현대엔진은 1989년 12월에 현대중공업 엔진사업부로 합병되었다. 엔진사업부로 전근된 나의 주 업무는 국내외 엔진 수주 활성화였다. 이러한 영업 활동을 위해서는 해외 출장보다 국내 조선사들의 기술영업부와 구매부에 자주 판촉 활동을 하는 것이 절실했다. 나는 부산지역의 한진중공업 등 중소 조선사, 진해의 STX조선해양, 거제도 지역의 대우조선해양, 삼성중공업을 자주 방문하는 발걸음을 게을리하지 않았다.

덴마크의 B&W와 스위스의 Sulzer(후에 MAN에 합병) 등 Licensor들과의 관계도 지속적으로 돈독히 해야 했다. B&W 서울지사장인 Reimers 씨는 자주 만나고 골프 운동도 자주 했다. 멕시코 출신이었던 그의 부인은 수년 후에 별세하였는데, 마침 부인이 멕시코 고향에 잠시 방문했다가 현지에서 사망하여 Reimers 씨는 내게 전화를 걸어와 울면서 부인의 타계 소식을 전할 만큼 그와는 친분이 두터웠다.

선박용 엔진의 수주량에 대한 중공업 자사 의존도는 1985년까지 90%가 넘었으나, 1986년 73.5%, 1987년 60.2%, 1988년 58%, 1989년 54.5%로 점차 축소되었고 1990년대에 들어서는 50% 이하로 줄었다. 그만큼 타사용 엔진 수주가 증가했다는 긍정적인 성과였다. 엔진 사업본부는 1989년에 박용(舶用) 엔진 500만 마력 생산기록을 달성했다. 나는 엔진 사업본부에서 1994년 1월에 상무로 진급했다.

내가 엔진영업부에 근무할 때 직원들 간에 재미있는 에피소드가 있다. 법대 출신이었던 나의 전임 이 모 이사 때에는 직원들이 한자 옥편을 책상 위에 한 권씩 비치했는데, 해외 영업을 강조한 내가 부임하자 모두 한영, 영한사전을 한 권씩 비치했다는 사실이다. 부서장의 리더십에 따라 부서가 어떻게 운영되는지 짐작할 만한 이야기다.

제17화 서울 현대종합상사 선박 본부장에 부임

1993년 2월에는 아들이 서울대학교 법과대학에 합격한 경사스러운 일이 있었다. 엔진 사업본부에서 영업 실적 제고를 위하여 안정적으로

1993년 11월, 소련 붕괴 후, 러시아 블라디보스토크의 Primosk Shipping과 현대미포조선 건조용 소형 탱커 신조 상담차 선주사 방문(왼쪽 두 번째 필자).

업무를 보고 있던 그 이듬해 가을에 갑자기 조선 사업본부의 영업 담당 李모 부사장의 호출이 있었다. 조선 사업본부 李 부사장실에 앉자마자 그가 물었다.

"서울 종합상사에 선박본부장 자리가 결원이 생겨서 자네를 적임자라고 보내 달라는 요청이 왔다. 자네 생각은 어떤가?"

전혀 예상하지 못했던 물음에 나는 집과 가족이 서울에 있어서 내심으로 좋았으나, 순간적으로 머리를 스치는 '종합상사 연봉 수준이 중공업보다 낮다.'라는 객관적 사실을 잘 알고 있던 터라, 금방 대답하지 못하고. "아내와 상의해 보고 금명간(今明間)에 답변을 드리겠습니다."라고 대답하고 사무실을 나왔다.

엔진 사업본부의 내 사무실로 오자마자 아내에게 전화를 거니 아내는 바로 서울 근무가 좋다고 반긴다.

1997년 9월, 현대미포조선 M/V Western Osprey, 탱커 건조계약식.

1999년 8월 9일, Nigeria NLNG, 137,000M3 LNG선 2척 건조계약식.

1994년 9월 러시아 연방 문화부 장관 울산 조선소 내방.

1992년 9월, 이란의 국영해운회사 IRISL과 본사에서 40만 톤급 살물선 계약 서명을 했고, 나는 테헤란 현지에서 계약서 협상을 사전에 수행했다.

뉴욕지사에서 귀국한 1991년 이후 3년을 남편과 떨어져 살아서 이제 함께 살 때도 되었다고 생각하는 것 같았다.

이렇게 해서 나는 며칠 만에 울산 독신자 숙소 신세를 면하고 짐을 싸서 서울로 향하는 고속버스를 탔다. 처음 현대중공업 울산 공장에 공채 입사 1기로 입사한 후 20여 년 고생했던, 그러나 보람 있었던 기억이 주마등처럼 스쳐 지나갔다. 그리고 1971년에 현대건설에 공채로 입사 면접을 볼 때 정주영 명예회장께서 "울산에서 근무할 수 있겠느냐?"고 물어보셨던 말씀이 다시 떠올랐다.

나는 이미 1978년에 뉴욕지사에 첫 번째로 부임할 때, 종합상사로 소속이 변경된 바 있었고, 1981년에 본사 귀임 후, 다시 중공업 울산 본사로 전근가기 전 1983년 7월까지 서울 신사동 종합상사 본사에서 근

1992년, 베네수엘라 차베스 대통령 울산 조선소 내방. 국영탱커사(PDVSA)용 80,000톤 탱커 5척 인도식 참석. 이 탱커들은 내가 뉴욕지사에 근무할 때 수주한 건이라서 그의 내방이 더 뜻깊었다.

무한 바 있었다.

　종합상사 선박 본부는 중공업 해외 지사가 없는 지역의 선주, 해운회사를 상대로 선박 영업을 담당하고 있었다.

　중공업지사 부재 지역으로 대표적인 곳은 대만, 베이징, 쿠알라룸푸르, 싱가포르, 호주, 두바이, 테헤란, 파키스탄, 남아프리카, 멕시코, 블라디보스토크, 모스크바, 남미 지역이었다.

　그리고 국내 중소 조선사들의 해외 영업도 대행하였다. 정부의 수출 주도 정책에 따라, 현대그룹도 현대종합상사를 1976년에 설립했다. 선박 본부는 1980년대 초까지만 해도 회사 전체 매출액의 절반을 차지했으나, 1983년에 중공업 해외 선박 영업까지 맡았던 조직이 중공업으로 이전되면서 선박 영업 매출이 현저히 떨어졌다. 따라서 1993년까지 선박 본부는 중고선 거래(Sale & Purchase), 선박 해체 중개, 현대미포조선에

1995년 이스라엘 해운사 ZIM Line 방문 후, 예루살렘, '통곡의 벽'에 당도하여 벽에 손을 대고 가족의 안녕을 기도드림.

해외 수리선 중개, 국내 중소 조선소의 해외 영업 대행 업무에 치중했다.

앞서 제10화에서도 언급했듯이, 1983년까지 종합상사 선박 영업 임직원들은 국내 최고의 국제 감각을 갖춘 최고의 해외 영업 요원들이었다. 그러나 그해에 선박 해외 영업 기능과 조직이 중공업으로 그대로 이전된 이래 1993년까지 종합상사 선박 해외 영업 매출 규모는 상당히 위축된 상태로, 주로 국내 타사 해외 영업을 했지만, 선박부 임직원들이 정작 중공업에서는 근무한 경력이 없어서 전문성 부족으로 다소 어려움을 겪었다.

그래서 현대종합상사의 당시 李모 회장은 중공업에 근무한 경력이 있고 엔지니어링 백그라운드가 있는 선박 영업 전문요원이 필요했을 것으로 짐작된다. 앞서 언급했듯이 나는 Scott Lithgow 조선사에서의 기술 연수를 다녀온 후 기장설계부에서 기관실 배관 설계를 담당했고, 7301, 7302호선에 기관실 배관 설치·시공, 시운전까지 참여했고, 뉴욕지사와 울산 본사에서 부서장으로 해외 선박 영업에 풍부한 경험을 쌓아왔다. 그리고 다시 시작된 글로벌 조선 시장 회복에도 대비해야 한다는 경영진의 정책적인 결정이 작동했다고도 볼 수 있다.

내가 선박 본부장으로 부임하면서, 선박 본부는 국내 타 조선사 해외 영업뿐만 아니라 자사 중공업 해외 영업에도 새로운 일대 전환기를 맞이하게 되었다는 평가를 받았고, 1980년 초에 선박 본부 매출이 회사 전체 매출의 절반을 차지하던 시절로 돌아가서 회사 전체 매출 증대에도 획기적인 이바지를 하게 된다.

제18화 종합상사 선박 본부에서 상사의 해외 선박 영업 역량 극대화

1990년대 초반부터 점진적으로 회복되기 시작한 글로벌 해운 경기는 1993년 들어 세계 시장에서 신조선 발주가 증가하는 결과로 이어졌다. 또한 1985년 현대중공업이 단일 조선사로 선박 건조량에서 세계 제1위를 차지한 이래, 1993년에는 한국 조선사들이 조선 수주량에서 세계 제1위를 차지했다. 내가 종합상사에 부임한 후 1995년 1월, 2년 전의 아들에 이어 이번에는 딸이 서울대 문리과 대학에 합격했다.

나는 종합상사 선박 본부장으로 부임하자 우선 중공업의 지사가 없는 지역, 특히 중·후진국들의 해운회사에 대한 정보를 모두 전산화하여 Data Base를 구축하는 작업을 시작했다.

이 선주사, 해운사 정보에는 보유하고 있는 선대의 선종, 선형, 선령,

현대종합상사 선박본부장 재직 시에 현대중공업, 현대미포조선, 청구조선 등과 인도, 일본, 대만, 인도네시아, 말레이시아, 나이지리아, 이란, 러시아 등 해외 여러 나라의 많은 신조 수주 계약들이 성사되었다.

인물 정보 등이 총 망라되었다. 선박 대체를 계획하고, 발주하려는 선주사인 해운회사들의 계획을 체계적·효율적으로 관리하기 위한 것이었다. 선박 본부 임직원들도 발 빠르게 호응해 주었다.

나는 다음과 같은 구체적인 영업 전략을 세웠다.

첫째, 위에 언급한 Data Base는 각 해당 해외 지사와 공유하고, 이들 지사의 지사장들과 수시로 교신하면서 선주사 동향 파악을 채근했다. 나 자신도 거의 매달 해외 지사를 순방하는 일정을 잡아 적극적으로 맨투맨 세일즈맨 역할을 했다. 중공업 해외 지사 부재 지역인 베이징, 대만, 쿠알라룸푸르, 싱가포르, 자카르타, 시드니, 남미, 두바이, 블라디보스토크, 파키스탄, 남아프리카, 카이로, 테헤란, 이스탄불, 멕시코, 토론토 등지를 중점 전략 지역으로 설정했고 이들 지역에서는 종합상사가 능

1994년 나는 베트남 국방장관을
면담하고 현대중공업의 해군 함정
건조 실적과 능력을 소개했다.

동적·선제적으로 세일즈 활동을 벌인다는 방침을 세웠다.

특히 대만, 블라디보스토크, 토론토, 테헤란에는 선박부 출신이 주재하도록 배려도 했다.

둘째, 선박 본부 직원들을 선박 영업에 전문화하는 노력을 했다. 울산 조선소에 자주 출장을 보내 생산 현장에서 선박과 선박의 설계, 생산 과정을 이해하는 기회를 주었다. 선박 사양서에 나오는 전문 기술 용어도 공부하도록 했다. 또한 해외에서 선주들과 면담이나 상담할 때 필요한 국제적으로 통용되는 영어 시사용어도 숙지하도록 했다.

셋째, 제조업체인 중공업과는 달리 종합상사는 나용선(Bare Boat Charter), 장기정기용선(LTTC) 등 금융기법을 가미할 수 있는 고유기능을 적극 활용하기로 했다.

우리가 용선주를 직접 물색하여 선주에게 신조(新造) 발주하도록 유도하는 방식 등 입체적인 영업역량을 키워나가는 노력을 했다.

넷째, 국내 타 중소 조선사의 해외 영업에 더욱 적극적으로 대처하기로 하였다. 중소 조선사들은 해외 네트워크가 없어서 종합상사의 지사망을 활용해야 하는 점도 있지만, 영업조직이 미약한 데다 해외 선주와의 협상력이 부족하고 영업 지식도 부족하므로 종합상사의 지원이 절실하였다. 타사 지원의 경우, 울산에 있는 청구조선과 러시아 블라디보스토크의 프리모스크 쉬핑에 5,000톤 살물선을 수주함으로써 러시아 시장을 개척했다. 같은 청구조선소와 말레이시아 국영선사로부터 8000톤급 선박도 수주했다. 건조계약서 협상에는 물론 내가 직접 참석했다. 일본 선주와의 엔화 계약도 성사(成事)시킨 바 있다.

1998년 말레이시아
국영석유사(PETRONAS)와 호
임원들과 골프 라운드(정몽헌 회
박세용 회장, 조태연 전무)

1990년대 초반만 하더라도 엔화가 강세였기 때문에 엔화 계약에 어느 정도 위험 부담도 따랐다. 국내 중소 조선사일 경우 해외선주사는 종합상사가 공동 건조자(Co-Builder)가 되어 건조 위험 부담을 분담하길 원했으므로 중소 조선사의 공정 관리 등 risk 관리도 철저히 해야 했다. 실제로 청구조선과 Co-builer로 수주했던 말레이시아 선주 향 살물선은 청구조선의 부도로 인하여, 현대중공업에서 잔여 공사를 마치고 완공하여 선주에게 인도하기도 했다.

이 공사로 인하여 회사에는 금전상의 손실도 있었다.

1996년에는 종합상사가 인도네시아 국영석유공사(Pertamina) 향 40,000톤급 정유 운반선 2척 신조 계약을 성사시켰고, 현대미포조선에서 건조했다. 이 공사로 현대미포조선은 건조 기간 동안 미화 대비 원화 환율의 가치가 급격히 하락하여 많은 환차 이익을 실현했다.

일부 시행착오도 있었지만, 전문화된 조직력과 영업력을 바탕으로 선박 본부는 그 어느 때보다 가시적·구체적 성과를 올리면서, 내가 부임한 1994년에 미화 6억 6천만 달러의 수주 실적을 올렸고, 이듬해인 1995년에는 수주 목표 미화 12억 달러를 초과한 미화 12억 7,000만 달러를 달성하는 획기적인 실적을 거둠으로써 종합상사의 선박 영업 능력을 크게 도약시키는 계기가 되었다.

현대종합상사 선박 본부는 현대그룹 내의 조선사인 현대중공업뿐만 아니라, 현대미포조선, 현대삼호중공업의 해외 영업 실적 제고에도 이바지한 바 크며, 국내 어느 타 종합상사 선박 영업조직보다 글로벌 신조(新造) 시장에서 더 탁월한 능력을 발휘하면서 글로벌 선박 영업의 기반을 구축했다고 자부한다.

나는 1997년 1월에 전무로 승진했다. 1998년 초에 나는 현대그룹 회장으로 부임하신 정몽헌 회장과 종합상사 박세용 회장을 수행하여, 필리핀 국방부 장관을 예방했다. 당시 필리핀 해군에서 계획하고 있던 2,000톤급 구축함 건조에 관심을 표명하고 현대중공업 건조 능력을 소개하였다. 필리핀 해군은 예산 부족으로 이 신조 계획은 무산되었다.

1997년에 종합상사에서는 임원을 상대로 TOEIC 시험을 실시했는데, 나는 870점을 받아 전체 수십 명의 임원 중에서 3위를 기록했다. 임원들 모두 50대 이상이었기에 900점 이상 득점자는 없었다.

1999년에도 나는 정몽헌 회장을 수행하여 말레이시아 마하티르 수상을 예방했다. 당시 말레이시아 국영해운회사인 MISC의 컨테이너선, 국영석유회사(PETRONAS) 탱커 신조 프로젝트와 정부의 대단위 주택단지 사업, 석유 플랜트 사업에 현대건설의 참여를 표명하고자 김광명 사장도 함께 마하티르 수상과의 면담에 참석했다.

나는 종합상사 선박 본부장으로 재직한 7년 동안 말레이시아, 인도네시아, 대만, 베이징, 파키스탄, 방글라데시, 싱가포르, 테헤란, 두바이, 베트남 등 중진국과 후진국 해운회사를 수시로 방문하여, 일반상선은 물론이고 해군함정도 판촉 영업 활동을 했고 1년에 평균 120여 일은 해외에 체재한 것 같다.

1998년에서 2000년 사이에는 현대상선이 금강산 관광 개발 사업을 개시하면서, 종합상사는 매년 1월에 해외지사장 연례 회의를 금강산 관광과 연계해서 실시하곤 했다. 묵호항을 출발해서 외금강에 도착하는 크루즈선 풍악호 선상에서 우리는 영업 회의를 했다.

풍악호는 동해안 해안선을 따라서 곧바로 북한 영해로 올라가는 것이

1999년 1월, 금강산 일만이천봉 앞에서. 현대종합상사 해외지사장 영업회의차 귀국한 해외지사장, 국내임직원 합동영업회의를 크루즈선 풍악호 선상에서 마친후 금강산 관광.

1999년 현대미포조선, 대만 선주와 25,000톤 케미컬 운반선 2척 건조계약 체결함.

독일 선박 Broker, Begemann GmbH 사장 Mr. Begemann과 Hamburg Binnenalster 선상 레스토랑 Alex Hamburg에서 오찬.

1998년 말레이시아 마하티르 모하맛 수상 예방(정몽헌 현대그룹 회장, 김광명 현대건설 사장, 조태연 현대종합상사 전무)

금지되어 있어서 공해상으로 멀리 나갔다가 다시 내항으로 입항(入港)하는 영해 밖 해상 루트를 택하기 때문에 저녁 시간에 묵호항을 출항하면 밤새 항해한 끝에 새벽에 금강산 외항에 입항했다.

최근의 북한과의 관계로 볼 때, 그때 금강산에 다녀왔던 것이 얼마나 정주영 회장님께 감사한 일인가 다시 한번 느끼게 된다.

후진국을 여행할 때는 위험에 노출되는 경우가 많이 있었지만, 1999년에 러시아 사할린섬 오카에 있는 석유 시추회사에 출장 갔던 일도 잊을 수가 없다.

오카에 가려면 연해주의 하바로프스크에서 쌍발 프로펠러 비행기를 타고 가는데, 내가 오카를 다녀온 후 정확하게 1주일 후에 바로 그 비행기가 바다에 추락했다. 만일 내 출장 일정이 1주일 늦었으면 나는 바닷

1999년 인도네시아 포르투나토 아바트 국방장관 예방(정몽헌 현대그룹 회장, 박세용 현대종합상사 회장, 김광명 현대건설 사장, 조태연 현대종합상사 전무)

물에 수장되었을 가능성도 있었다.

  나는 1980년 시애틀지사 주재 시에 처음으로 골프채를 잡아 본 이후 꾸준히 여가 운동으로 골프를 즐겨왔다. 1996년 9월 15일 금강CC에서 처음 80타로 싱글을 기록한 이래, 2019년 7월 9일 한성CC에서 74타로 첫 에이지 슛을 기록했다.

  이후 에이지 슛은 매년 몇 번씩 기록해 왔고, 홀인원도 2019년 5월 7일 아리지CC에서, 그리고 2023년 5월 18일 중부CC에서 두 번째 기록했고, 이글도 두 번 기록해 봤다. 지금도 건강 유지를 위해서 골프 운동을 매주 2회 정도 열심히 하고 있다.

  우리나라는 1997년 연말에 이르러 외환보유고가 미화 39억 달러까

1995년 러시아 블라디보스토크의 Primosk Shipping과 청구조선 신조용 5000DWT급 살물선 2척 계약 체결.

지 급감하면서 외환위기를 맞았다. IMF에서는 한국에 구제금융 제공을 제안했고, 강력한 구조조정을 요구했으며, 1998년 2월에 정부는 IMF의 요구를 수용하고 전면적으로 국가적 구조조정에 들어갔다.

수출과 해외 투자에서 수익을 도모하고 외화거래가 많았던 종합상사는 외환위기의 직격탄을 맞았다. 회사도 대대적인 구조조정을 단행하면서 많은 임직원이 1998년~2000년 사이에 대거 정들었던 회사를 떠났다.

이런 와중에도 타 본부와는 달리 선박 본부에서는 수익사업에 매진하면서 홀로 수익을 많이 올려서 나는 1999년에 부사장으로 승진했다.

종합상사 설립 이래 엔지니어 출신으로는 최초의 부사장 승진 기록을 세웠다. 그 이후에도 회사 전체적으로 큰 손실을 보고, 외환위기의 높은 파고를 극복하기 힘들었던 회사는 고강도 구조조정에 들어갔고, 나는 '타의 반'에 의한 '자의 반'으로 2001년 30년 동안의 현대그룹에서 수출산업 최전선 역군으로서 보람 있었던 인생 1막의 파란만장한 무대를 뒤로하고 퇴사하였다.

Lloyd's Register's Technical Committees

This is to certify that

MR T Y CHO

was elected a Member of the

Korean Technical Committee

at its meeting held on

13th October 1995

and will serve in accordance with the Rules and Regulations of that Committee.

This appointment is made in compliance with Article 30(a)(vii) of the Rules relating to the Constitution of Lloyd's Register of Shipping, a Society established in 1760 to uphold and further the aim of maintaining safety of life and property at sea and on land worldwide.

Term of Appointment: 2 Years

Chairman

Date **28th November 1995**

Lloyd's Register of Shipping
71 Fenchurch Street, London EC3M 4BS

제19화 현대그룹 퇴사 후 인생 2막도 조선산업 분야에서 종사하다

현대종합상사에서 퇴사한 후 2001년에 나는 서울 여의도에 소재한 한 구조조정 전문회사의 고문으로 당시 IMF 사태로 인수합병 상황에 놓인 많은 기업체의 평가 작업에 참여했다. 엄청나게 두꺼운 영문 인수합병 제안서들을 해독하고 요약하는 일이 쉬운 일은 아니었다.

2002~2004년에는 울산에 소재한 소형 조선사인 INP중공업 대표이사 사장을 역임했다. 이 소형 조선소에서는 덴마크, 독일, 노르웨이 등 선주들을 상대로 Stainless Steel Tanker, Anchor Handling Towing Tug Vessel 등 신조(新造) 수주 실적을 올렸다. 이후 한국해사기술 상임고문, 태성엔지니어링 회장, 신안중공업(전남 신안 소재) 부회장을 역임했다. 나는 이들 회사에 출근하면서 2004년 해외 선박 중개회사인 제티머린서비스(Jetty Marine Service)를 설립해서 국내 중소조선소들의

현대그룹 퇴직 후 울산의 조선사 INP중공업(주) 대표이사 사장에 취임.

INP중공업 생산 현장에서 외국인 근로자들과 함께.

호주 선주 BHP 용 AHTSV 명명식 행사.

해외 영업을 지원해 주면서 많은 실적을 올렸다.

　독일, 프랑스, 스위스 선주 향으로 목포의 세광중공업, 여수의 신영조선소, 신안의 신안중공업 등에 작게는 10,000톤급 cargo ship부터 크게는 34,000톤급 살물선까지 신조 수주를 중개하였다. 신영조선소에서 건조한 12,000톤급 MPC(다목적 화물선)는 처음에는 4척으로 시작했으나, 7척까지 척수가 늘어나서 나는 중개인의 위치에서 운이 좋았다

현대와 함께 조선입국(造船立國)의 길 위에서 _ 조태연

2002년 덴마크 선주 원실드 용 8,000톤급 Stainless Steel 탱커 건조계약식, 코펜하겐

2013년 2월 독일 Bremen 전독일선주협회 연례 만찬회 참석후. 오른쪽 Mr. Bollmann

고 볼 수 있다. 세광중공업에서 건조한 15,000톤급 탱커는 4척 중 3척만 완공되고, 조선소가 부도나서 1척은 계약 취소되는 불운도 있었다.

2008년 리먼브러더스 사태 이후 그 영향은 서유럽의 선박 금융시장에도 악영향을 끼쳐 특히 독일 선박 금융시장은 몇 년에 걸쳐서 완전히 붕괴했고, 나의 선박 중개 사업도 타격을 입기 시작했다. 그래도 나는

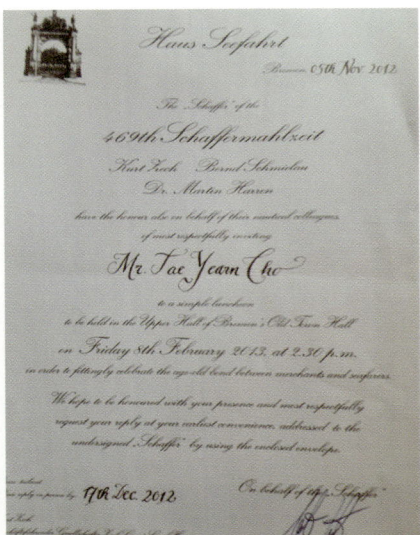

2013년 2월, 독일 469회 전국선주협회 연례만찬(Schaffermahlzeit)에 Gottfr. Steinmeyer 사의 사장 Mr. Bollmann에 초대되어, 독일과 유럽 각국에서 참석한 귀빈들과 장시간의 만찬과 친교를 즐겼다.

독일선급(GL) 한국조선 기술위원회 위원증.

2012년 11월, 인천의 삼광조선공업(주) 영업 담당 고문 재직 시에 이라크 항만청과 50T BP Tug Boat 3척 신조 계약 체결함.

2019년 7월 9일, 한성CC 오렌지/그린 코스에서, 골프에 입문한 지 41년 만인 만 74세 때에 74타를 기록하여, 영예의 Age Shoot을 달성했고, 이후 매년 AS을 달성하고 있다. 현대그룹 고위임원 출신 골프월례회 '이화회' (동반자 : 음용기, 이연재, 김동식)

2011년 6월, 스위스 아트란틱 사장 에릭 앙드레와 신안중공업 박길식 사장, 34,000DWT 살물선 4척 신조 계약 체결. (필자가 선박중개업 할 때 중개)

2015년경까지는 희망의 끈을 놓지 않고 유럽 출장을 매년 부부 동반으로 다니면서 런던, 파리, 오슬로, 브레멘, 함부르크, 코펜하겐에서 고객들을 방문하는 활동을 지속했다.

나는 격년으로 개최되는 세계적인 선박 박람회, Nor Shipping(Oslo)과 Posedonia(Athens)에도 부부 동반으로 여러 번 참가하여 고객들과의 친분을 유지하도록 노력을 많이 했다. 내가 해외 선박중개업을 하는

2008년 여수 대한조선(구 신영조선) 최병권 사장과 독일 선주사 Capt. Volkens 간의 10,000DWT MPC 7척 신조 계약 체결(필자가 선박 Broker업 할 때 중개함).

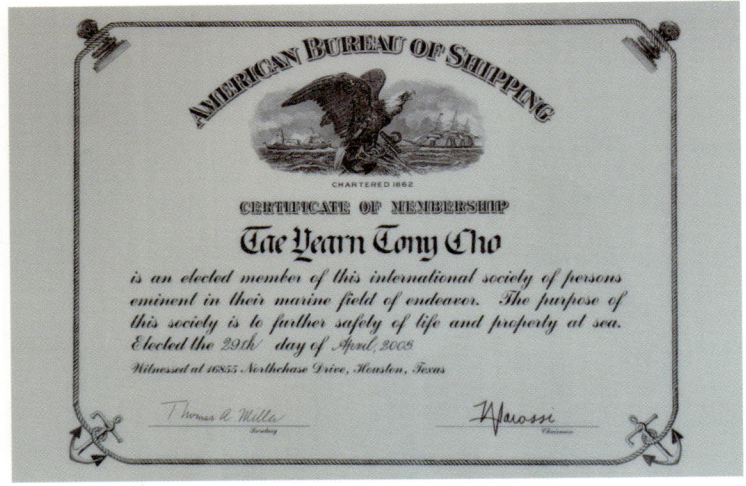

미국선급(ABS) 국제 기술위원회 선출위원 증서.

동안, 특히 나를 많이 도와준 독일의 Mr. Bollmann, Mr. Begemann 과 그들의 아들들, 프랑스 BRS의 Mr, Cadiou, Mr. Walter, 노르웨이의 broker들에게 감사한다. 나의 해외 선박 수주 실적은 거의 이들의 중개에 힘입어 성사된 신조(新造) 수주들이었다.

종합상사에서 퇴직한 후로는 중소조선소의 경영진 인맥과 독일, 노르웨이, 프랑스, 스위스 선주사, 선박 중개인들과의 친분을 활용하여 선박

독일선급(GL)에서는 매년 기술위원회 연례세미나 및 회의를 제주도, 부산, 경주 등에서 개최했으며, 회의가 끝난후에는 친선골프대회를 가졌다. (앞줄 오른쪽에서 두번째가 필자)

　브로커(중개인)로서의 인생 2막에도 성공했던 셈이다. 그리고 2023년 말까지도 삼광조선공업의 고문직을 수행해 왔다. 신안중공업에서는 요즘도 가끔 해외 선박 계약서에 대한 자문(諮問)을 요청해온다. 한글 계약서를 통째로 영문계약서로 번역해달라는 주문이 오기도 했다. 2000년대 말에는 국내 중소 조선사의 선대(dock or berth)가 모자라서 선주들이 계약 option까지 걸어놓고 선대가 나올 때까지 대기하는 사태까지 벌어졌고, 나도 상당히 바쁜 나날을 보냈다.

　신안중공업은 나의 중개로 스위스의 Swiss Atlantique으로부터 34,000DWT 살물선 4+2척 수주를 받았다. 위 선주사 사주 Mr. A는 성격이 매우 깐깐한 편이라서, 건조과정에서 조선소 임직원들이 고생을 많이 했고 중개인 입장이었던 나도 중간에서 중재 역할을 하느라 애를 많이 쓴 편이다. 우여곡절 끝에 모두 성공적으로 인도를 마친 후 박 모 사장은 나를 아예 이 회사 부회장으로 영입했다.

　전라남도 저도에 있는 신안조선소는 광주에서 차편으로 1시간 반가

현대그룹 퇴직 후 중소 조선사 사장, 개인 선박 Broker 사업을 하면서, 해외 선급 ABS, DNV, GL의 Technical Committee 위원으로 활동함.

필자가 선박중개업 할 때 가까이 지낸 선박 Broker BRS, Zurich의 빌 빌헤름센(키가 204cm). 2018년 서울에 출장 왔을 때 관광 안내해 주었음.

량 서해 바닷가로 가야 한다. 전남 서해안 지방은 1, 2월에 눈이 많이 오기로 유명하다. 2010년 2월 초 눈이 엄청나게 내리던 어느 날, 나는 신안중공업 모 과장이 운전하는 SUV 차를 타고 신안조선소로 가던 도중 차가 미끄러져 왕복 2차선 길에서 360도 돌아 오른쪽 길가 가드레일을 받고 정지하는 사고가 일어났다. 가드레일 밑은 3미터 정도 낭떠러지 배추밭이었는데, 만일 가드레일이 없었다면 우리 차는 3미터 아래로 전복

독일의 Koenig & Cie의 Koenig 회장과 Warstila design LNG선 신조 프로젝트도 추진했다.

되고, 아마도 우리 둘은 크게 부상을 당했을 것이다.

   선박 중개 사업을 한 약 15년 중에 이 사업의 정점은 2008년 리먼브러더스 금융 사태 직전 2004~2008년 무렵이었다. 미국의 리먼브러더스 사태는 유럽에서 선박 건조 수요자들에게 금융을 제공한 은행들에도 직격탄을 주어 선박 금융시장까지 크게 악영향을 미쳐서 선박 신조 시장은 급격히 나락으로 떨어졌다.
   특히 독일에서는 장기 금융이 선행되어야 하는 나용선(Bare Boat Charter)을 주로 하던 명목상의 선주사들이 폐업하기 시작했다.

   2003년부터 2015년경까지 나의 선박중개업은 유럽 등 해외에도 널리 알려져서, 2013년 1월에는 독일 Bremen 시청사 Town Hall에서 매년 개최되는 400여 년 역사의 'SCHAFFERMARHLZEIT(독일선주협회 연례만찬회)'에 초대되기도 했다. 이 만찬회에는 독일 국내는 물론이고 국제적으로 해운 업계에 저명한 인사들, 각국 대사들도 초대되며, 그 해에도 200여 명이 참석했다. Dress code는 남자들은 검정 tuxedo 차림, 여자는 evening dress 차림이어야 하고, 특이한 점은 여성들은 별개 룸에서 별도의 모임을 갖는다는 점이다. 만찬 모임인데도 오후 3시쯤 시작하여 밤 10시경에 끝이 났으니 무려 7시간 지속된 모임이었다. 부부 동반으로 참석한 인사들은 무도회도 곁들이고, 여러 연사가 연단에 올라 speech를 하므로 시간이 엄청 많이 소요되었다. 연례행사인데도 얘깃거리가 엄청 많아서 연사들은 모두 사연 많은 달변가(達辯家)였다.

만약에 2008년 리먼브러더스 사태가 없었다면 나는 해외 선박 중개 사업을 더 성공적으로 이어 나갔을 것이라는 공상도 해본다. 내가 50년 동안 다룬 선박 계약 건은 수백 건에 이를 것이다. 2018년경까지도 독일의 Koenig & Cie의 Mr. Koenig와 LNG, LPG선 등 사업을 위해 공동으로 노력했으나, 금융에서 해법이 안 보여서 성사하지 못하고 요즘도 가끔 이메일 교신만 하고 있다.

제20화 한국 조선산업의 여명기, 광명기 - 살아 있는 역사

한국의 조선산업은 고부가가치선 분야에서 현재에도 세계 제일의 첨단기술력과 경쟁력으로 글로벌시장을 선도하고 있다.

이러한 한국 조선산업의 위상을 우리 세대가 기초부터 터를 다지고 일으켜 세우고 또 성장시켰다는 실증적 사실은, 우리 세대가 이 세상에 존재하지 않을 장래에도 역사에 남아있을 테고, 그 역사는 영원히 큰 발자취로 지워지지 않을 것이다. 칼은 부러져서 없어지는 것이 아니라, 녹이 슬고 삭아야 없어지는 것이다.

나는 아내의 내조와 아이들이 제 몫을 해내는 가정의 화목 속에 현대

1972년에 Scotland, Scott Lithgow 조선소에 1차 29명, 2차 15명이 선진 조선 기술 연수 차 Greenock에 파견되어 훈련받았고, 현재 단체 카톡방에 가입된 회원 수가 20여 명이고, 'Greenock Club'이라는 이름으로 3개월마다 열리는 정기모임에 참석하는 회원 수가 10여 명 된다. 회장은 황성혁, 총무는 조태연. 사진 오른쪽부터 김익영, 김종기, 정호현, 박정봉, 김응섭, 정태조, 이병남, 황성혁, 김헌, 최재영, 조태연.

그룹과 창업자 정주영 회장의 창업 정신인 '현대정신'이라는 훌륭한 환경을 거울로 삼아 내 경험과 열정을 연료로 태우며, 함께 길을 걸었던 국내외 동료, 고객, 선후배의 협력으로 나의 지난 생애 중 적어도 50년을 조선산업에만 종사하면서 초지일관 전문성을 키우고 다듬으면서 뚜렷한 족적(足跡)을 남겼다고 자평한다.

이 기회에 이 회고록을 쓰는 계기를 제공해 준 'Greenock Club(1972년 영국 Scott Lithgow 조선소 기술 연수 이수자들 모임)' 회원 여러분과 펴낸이 이재욱 사장에게 감사의 말씀을 드린다.

*참고 문헌: 『현대중공업사(1992.3.14.)』, 『현대종합상사 20년사(1996.12.8.)』